故事大王王刚：热点追踪

故事里面有文化，文化背后见人性

2015 年母亲节，《故事大王》与沈阳团市委联合举办大型诗会

王刚与栏目组工作人员合影

王刚在录制现场

故事大王 STORY MASTER 王刚

辽宁卫视《故事大王》栏目组◎编著

热点追踪

中国工人出版社

王刚为本书的题字

序言

时光径直向前奔走，从来不肯做任何停留。恍然间，谁的荣光，谁的挫折，许多都已经烟消云散，不留一丝痕迹。

不过，世间百态中，总有些起承转合，却可以留下来换成一次次的回味，这些故事像是社会的标本，已经逝去，但样貌依旧鲜活。将它们适当展示出来，能够把人带进寒冬，也能够把人带进暖春。就如同我这些年来，专注地说着别人的故事，带着自己的口气。坚信那些能被人记住的故事，一定值得我虔诚对待。

我生在东北，2008 年与辽宁电视台携手合作，一来彼此理念一拍即合，二来也有些许对乡愁的疗愈之想。我们携手打造这个品牌，关注社会万象，搜寻重大新闻里的精彩故事，也有闻所未闻的民间传奇。无论是旧闻秘史，还是社会热点，这些故事都与我有缘，它们被我再次塑造，同时也塑造了我。

一个讲故事的人，必须要是一个情感丰富的人。虽然讲的都是别人的喜怒哀乐，但字字句句融入了讲述者的心血。讲述爱情，就仿佛在当下真的谈了一场恋爱，心头同样体味着甜蜜和哀伤；讲述死亡，就会真的触摸到生死边界的冰冷，感受每一个毛孔流淌出的寒意；讲述罪恶，就像闯过一场噩梦，恨不得大声呐喊唤醒所有执迷的当事人。

总之一句话，要把自己全身心地投入到故事当中，沉沉浮浮，这样讲述出来的故事才能够令人喜欢和感动。所以，在讲述每一个故事的过程中，我常常忘记自己，一头扎到当事者的灵魂中去。

我曾听人说起过一个比喻，真觉得恰当无比。说讲故事如同孕育一个新生命，必定要参与爱恨，共享悲喜，最后在阵痛之后，方可诞生出一篇动人的故事。

当然，与我共同孕育这些精彩的，还有节目组的所有成员。尤其是栏目创建初期，我看着那些年轻的孩子们不分昼夜地忙碌，时刻要拉紧神经，生怕出现任何差错。这样做的目的，就是为了四个字——打造精品。

为了寻找到最好的故事，栏目组经常会将收集上来的一百多个选题砍到个位数，而这样严苛留下的精品，每一篇制作出来都如同精准的子弹，可以击中观众的内心。

在电视荧屏中，人们跟随着我的讲述心情起伏，并记住了栏目的名字——《故事大王》。但这背后隐藏的，还有编导的苦心、摄像的精心、文字统筹的细心和制片人的责任心。我已在媒体走过多年，仍不由自主要为这样一些热血青年的执着而感动。

中国人爱听故事，也爱讲故事。故事本就是人类对自身历史的一种记忆行为。从一个孩童刚刚能听懂话语的时候，就会喜欢缠着长辈讲故事，可以是童话传奇，也可以是旧时代的成长往事；老人走向暮年，也会喜欢当着后辈的面激昂话当年，以此完成生活的反刍，往事的传承。所以说，其实每个人的口袋里都有一本故事书。

一个故事，就是一段人生，或许你与我，都有可能在其中找到自己。

在《故事大王》系列中，我们将目光投向社会万象，网罗各种事件。因为真实，才会震撼人心。其中有基于纠结情感之上的惊心动魄，也有浮世绘里雕琢的阴谋与猜忌，更有传递着正能量的社会温情，充分呈现出生活本身的多样性。一个眼神，一声叹息，一句话语，都散发着爱与感动，挥洒着悲伤与灰烬。而我要做的，就是将它们一一拾起，串成故事，说给想听的人听。

整理这套图书，更像是一种回顾。把昔日的故事都翻出来，挑选，归类，仿佛又鲜活地排练了一场。我有时笑，有时流泪，感慨于故事本身，也怀念过去的时光。

作为一个爱书人，我欣慰于那些故事最终落在纸上，被传递到你们的手里。伴随着墨香，触摸着时间的肌理，大家不妨再去每个故事里走一遭。虽然选取的故事大多是小概率事件，但放在一起，说不定可以读懂生活的秘密。世界这么大，或许不能走遍每个角落，却可以透过文字大开眼界。

生命不止，故事不息。人间每天仍有千千万万的感动故事发生，等待时间去将它们一一发现，再呈现出来。原来，所有的故事都没有结束，就像生活永远不会剧终。

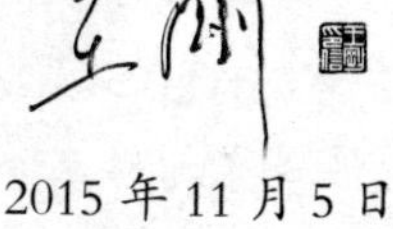

2015年11月5日

事

目录

案发现场

社会骗局

案发现场

滴水成凶

香消玉殒，青春女子竟然陈尸浴缸。

滴水的龙头，似乎宣示着一场非同寻常的死亡。

浴缸无水，小小的水滴又何以让人溺亡？

如此不可思议的死亡，究竟藏着怎样的真相？

离奇溺水

这个故事发生在2014年5月的上海。王颖和小丽是一对儿非常要好的姐妹，因为“五一”小长假，所以两个人约好了，要一起吃饭，然后再出去逛逛。可王颖万万没想到，自己再也见不到那个好姐妹了。

当天下午，王颖按照事先的约定，老早就给小丽打电话，可就是打不通，没办法，她直接来到了小丽的家，可敲了半天门，却无人应答。

手机也打不通，家里也没有人，小丽从来都没有出现过这样的情况啊。明明都约好了，人却不知道去哪儿了。王颖既生气，又担心：生气是因为小丽没有守约；担心则是因为她身体本来就不好。昨天王颖在她家里时，她人还好好的，可是今天……会不会出了什么事？

王颖越想越着急，决定必须进屋看看。她突然想起来，上次帮小丽收拾屋子，她给过自己一把钥匙。可是开门进屋一看，王颖当时就傻了，小丽竟然倒在卫生间的浴缸里，已经没有了气息。她哆嗦着报了警，5 分钟后，警方就赶到了现场。据当时的办案民警描述，他们到达现场的时候，小丽就是仰面向上，水龙头正好对着她的鼻子，药则是散落在身上的。

年纪轻轻，突然死亡，身上还散落着药，到底发生了什么？经过初步检查，小丽除了右手食指有一处新鲜的划伤之外，体表没有其他明显的伤痕，但是，这小小的伤口不至于导致她死亡。除此之外，只有口腔那里有非常明显的絮状泡沫，这是溺水死亡的特征。

就目前看来，小丽似乎是溺水死亡的，起码有溺水的症状。但奇怪的是，此时的浴缸里几乎没有水。既然浴缸的水量不足以淹死她，那么也就是说，人躺在里面的话，水量并没能淹没她的鼻子。

所谓溺水，原因是缺氧，其实这种事情时常发生，像户外野浴，意外落水，人突然淹没于水中，呼吸道被水、污泥、杂草等杂质阻塞，喉咙、气管发生反射性痉挛，从而引起窒息和缺氧，抢救不及时，就会死亡。可是浴缸是空的，根本没有足够的水量，小丽怎么可能溺水身亡呢？除非先前是有大量的水，而现在却已经排空了。

就在这时，现场勘查的技术人员注意到一件事情，浴缸上方正在滴水的水龙头，是一个破损了的龙头，如果不是有一条毛巾遮盖，水就会从破损的裂口喷射出来。

溺水的症状有了，水龙头的位置似乎也说明了一些问题，但是小丽不应该是因为这小小的水滴而溺亡的，因为这个情况一般不太会发生：水通过口腔、鼻腔，应该有一定量以后，才能形成这种溺水。现在的情况，使勘查人员也疑惑不解。

既然需要有一定的水量，那么要达到多大的量才能形成溺水症状呢？这样的事情有可能发生吗？勘查人员想起了很久以前的一个案例：那是一起心脏病突发事件，死者猝死之前的一个状态也是水滴到鼻腔里面，因为比心脏病病发快了一些，所以他就死在心脏病前面了，同时他的口腔里也出现了絮状泡沫，也就是生前溺水。全上海大概就这么一例。

这个案例所呈现的症状和现在小丽的差不多，可那毕竟是心脏病发作，小丽的身体却不存在同样的问题。更何况，水龙头又不是消防队的喷水枪，水量大而急，这是滴滴答答的小水珠，并不至于让人溺水。如果真是溺水，那么唯一有可能的就是，当时她神志不清，人已经昏迷过去了，然后引起水滴到鼻腔里倒流，水流进去之后，之所以她没有正常的条件反射，是因为她已经没有意识了。

这话的意思不难理解，言外之意就是：小丽在溺水时，可能已经没感觉了。那问题就来了，如果她是自杀，不可能神志不清，再说了，谁会用这种慢慢滴水的方式自杀呢？如果是意外，位置也不对，因为人真要是呛着水了，身体会本能地躲避。除非是她先吃了什么药，把自己弄昏迷了。

是什么原因造成她昏迷或者意识不清，这存有疑问，同时也是个问题，而且肯定是个问题。不过，这个问题一时半会儿还搞不清楚。勘查在继续，经过法医检验，小丽的死亡时间应该是在案发前一天晚上 10 点到 12 点之间。在这期间，小丽究竟遭遇了什么？技术人员将视线转向了整个房间。

房间里没有比较明显的打斗痕迹。所有的柜子抽屉，包括她的一台笔记本电脑，都是放在边上的。这些东西都没有动，柜子翻动也不太明显。这么说吧，小丽家里，房间门锁完好，没有暴力破坏的痕迹。地板上遗留的痕迹也说明，这里并没有闯进不速之客。这一点，在小丽的好友王颖那儿也得到了证实。王颖说在她前一天离开的时候，就是这个样子。

一句话，没有暴力侵入的迹象。而且，小丽的手机和背包都在客厅的桌上，背包里的钱包也在。如果真是入室抢劫，或者盗窃，不可能把这些东西留下。带着种种疑惑，勘查人员继续在房间里仔细巡视，希望能发现更有价值的线索。很快，有件东西引起了他们的注意。

整个房间是如此平静，与浴缸里的死者形成了强烈的反差。卫生间里，一个看似不起眼的洗衣盆静静地躺在那里。这说明小丽死之前在洗衣服，因为勘查人员当时闻着水盆里已经没有洗衣粉的味道了，说明当时这个水盆里的衣服，已经漂洗过一两次了。可是，女孩子一般没有这种习惯，不会衣服洗到一半，还把衣服泡在那里。

所谓探案，就是细节的发现。没洗完的衣服说明：可能突然有人到访，让小丽暂时放下了手里的活儿；当然也有可能是她的身体突然出现了意想不到的问题。散落的药可以支持后一种说法。

王颖说小丽以前有过这种情况，就是人不舒服，整个人突然就倒下去了。所以王颖才会担心小丽是不是又出什么事了。好友王颖的话进一步证实，小丽生前身体确实存在一些问题，警方立刻进行了核实，发现她有很严重的肝病。

通过对散落在小丽身上的药片进行检验，警方确认，这正是她平时一直吃的药。这个时候药片散落在身上，可能不是个巧合。

洗了一半的衣服，严重的肝病史，还有散落的药片，一切似乎都在显示，小丽是在洗衣服时发生了意外，可接下来的发现，却让案情急转直下。

疑点重重

小丽的死似乎就是一个意外，可警方仔细分析后认为，有些疑点始终无法找到合理的解释，比如说小丽手指上有一小片割伤，技术人员发现，这个伤口虽然不大，但它出现的位置却非常蹊跷：小丽不是左撇子，右手切到食指的外侧，这个是蛮难形成的，因为既然右手是一个习惯性拿东西的手，那么去戳自己右手食指的这个可能性就相当小了。

随后，技术人员在客厅的废纸篓里，又发现了带血的餐巾纸。

这或许可以说明，死者在相当长的一段时间，也就是手出血的这个过程中，她有一个自己在擦，也就是自救的过程。其实，削苹果也可能不小心把手割伤，小丽有可能是在洗衣服的时候被什么东西把手弄破了，因为伤口也不大，自己就拿餐巾纸稍微处理了一下。但是，问题的关键并不在这里——如果是这样的情况，那么她应该是回客厅处理，而不应该是倒在浴室的浴缸里！

难道是小丽正在处理手指伤口时突然发病，接着便倒在了浴缸里，而且，鼻子和嘴还正好对准滴着水的水龙头，最后溺水身亡？会有这么巧的事情吗？绝无可能！因为别的不说，那个水龙头本身就有问题。

小丽刚搬进的是一套新房子，如果说水龙头是一个坏的状态，她肯定要去修的，或者说让房东把它修好，但现在上面搭的却只是一块毛巾，也就是说，对于长期居家的人，这个是有点反常的。

不仅如此，小丽的手机也一直处于关机状态，用好友王颖的话说，这也不太正常。就王颖对小丽的了解，她平时手机是不关机的，因为工作联系比较多，有时候半夜也会有电话打进来。

实际上，警方也检查过小丽的手机，开机后发现，手机电量充足，也就是说，她并不是因为手机没电而关机，而"关机"，对小丽来说，是一个反常的动作。疑点越来越多了，就在此时，小丽的手机突然响了，两条迟到的短信显示在手机上。

手机收到了两条银行发来的短信，内容是在夜里 11 点 50 分左右，有两笔信用卡的取款：小丽的信用卡被取走了 7000 元现金。据王颖所说，前天晚上她们在一起的时候，小丽跟她说过要取钱去办宽带业务，因为刚刚搬来的房间，没有网络，非常不方便。

那么这笔钱，应该是小丽取的，用来办理宽带业务了。时间、用处都一致，好像没什么问题，可警方却从中隐隐嗅出一种异样的气息：这绝对不对劲儿，因为一般正常人不太会用信用卡取款，而且当时那么晚了。

在警方看来，或许小丽还没来得及去办宽带业务就遭遇了意外。而且，取完钱之后，这些现金应该是在家里，但是，民警们没有找到大额现金；另外，取钱的信用卡，警察在现场也没有找到。

卡没找到，钱也没找到，为了进一步核实到底是不是小丽自己去取的钱，警方专门调看了当天夜里小区的监控录像，发现死者当晚根本就没有离开过小区！

小丽的死有了越来越多无法解释的疑点，如她的手究竟是怎么割伤的，她为什么要反常关机，又是谁拿了她的信用卡去银行取钱……在专案组看来，这些问题就像一扇扇通往真相的大门，打开任何一扇门，真相就有可能会水落石出。

于是侦查员们立即分头行动，对小丽的手机通话记录和银行取款记录展开调查。他们发现，小丽的手机在案发前一天晚上 11 点 34 分有过一次通话记录。办案人员找到了这个跟她通话的手机持有人，此人是她的朋友，她向民警反映，当时 11 点多钟，虽然接通，但并没人说话。

电话打通了，没人说话，后来就关机了，这个情况绝对不正常。电话到底是谁打的？如果是小丽，她为什么不说话？如果不是她，那又会是谁？为什么用小丽的电话？在对小丽手机当天所有通话进行筛查时，一个特殊的电话号码引起了侦查员的注意。所有的来电和去电在死者的手机上都有显示，都有名字，来来去去反正就是那么几个人。当晚 7 点钟，有一个来电没有显示名字。翻看了死者的通讯录，上面也从来没有显示过，也就是说，这个号码，从来没有跟死者联系过。

其实，除了同事、同学之外，小丽的社会关系并不复杂。通过对和她最好的一个女性朋友的询问，警方得知她并没有异性朋友，而且她的生活也很简单，基本上就是单位、家两点一线，通常并不出门。

一个陌生的电话，一个陌生的名字，以前从来没和小丽联系过，偏偏在小丽出事前联系上了，这不会是个偶然。更奇怪的是，这个神秘的电话现在还关机了。警方正在追查这是什么人的时候，银行方面有了新消息，那个拿小丽卡取钱的人找到了。银行监控画面显示，晚上 11 点 40 分，一个男人走到 ATM 机旁，用小丽的信用卡取走了现金。而且当他走近 ATM 机之后，拿出了墨镜戴上，之后又把本来捂在嘴上的口罩整个戴了起来——这分明是在刻意回避监控摄像头，所以侦查人员觉得这个人很不正常。

取钱男子的可疑动作引起了侦查员的怀疑。他们马上找来小丽的朋友们进行辨认，结果大伙儿都说不认识，没见过这个男人。

死者几乎没有任何异性朋友，如果这个男的大家都不认识，他拿着死者的卡在取钱，那就说明这个情况很异常，比较严重了。

情况确实严重了。不仅因为突然冒出的陌生手机号码，突然冒出的陌生男人，更因为，这个陌生男人取钱的时间是晚上 11 点 50 分，和法医推断的小丽死亡的时间恰好吻合。小丽的死亡真相，正在一点点迫近。

天网恢恢

溺水的症状，蹊跷的割伤，散落的药片，神秘的男人，案情看似扑朔迷离，却正一步步走向清晰。在搜寻那个神秘取款人的同时，警方也对前期的勘查做了更为详细的重新检验和梳理。

经过法医的特殊处理，小丽的身体上开始显现出一些暴力侵害的痕迹。一个是在颈部出现卡扼颈的痕迹，然后在她手臂的手腕处，有一个半环形的皮下出血痕迹。这个痕迹肯定不是平时戴表或饰物能够形成的，应该说这表明有一个捆绑的过程。

案件性质越来越明确了，曾经的一连串疑问也都有了合理的解释，如小丽食指上的刀伤。这应该是一处抵抗伤，因为双方体力比较悬殊，被害人很快就放弃抵抗了，所以这个伤口才比较小。

但是，当时的办案人员曾对受害人居住的上下两层楼的邻居进行过走访，并没有人反映当天晚上听到有搏斗的声音，或者呼救的声音。

这就有点奇怪了。明明是发生了冲突和对抗，邻居们不应该一点声音都没听见，而且如果真是歹徒入侵，小丽不可能不喊。再说了，一个陌生人怎么就能轻而易举地进入小丽家呢？他到底从哪儿进来的？窗户关得好好的，肯定还是从门进来的。

受害者死亡的时间应该是在晚上10点钟左右。这段时间，如果不是熟人，一个单身的小姑娘不会给外面的人开门，更不要说让他进来。晚上小姑娘给他开门，没有一定的关系，肯定是骗不开门的。

所以，骗开门的可能最大，而且那个陌生的电话号码也肯定和案件有关。玄机，多半就在这次通话中。经过技术侦查，警方很快确认，这个手机号码属于一个叫娄伟波的男子。与此同时，追踪组的侦查员也确定了那个神秘取钱人的最后落脚点——中春路上的一个居民小区。

走访下来，这个小区里的确住着一个叫娄伟波的男子，而且这个男子应该是单独居住的。既然该查明白的都查明白了，办案人员决定动手、收网！犯罪嫌疑人娄伟波被捕后，招供说：“来上海时间长了，没钱了。查找招聘信息，偶然间看到了她出租房屋的信息。”

娄伟波看到的招租人不是别人，正是小丽。这点，在小丽朋友王颖那里也得到了证实。据王颖说，小丽因为房子有点大，一个人租的话租金有点贵，所以她想找一个人合租，分担一些租金。

看来，小丽是个节俭的姑娘，房子太大，希望找个合租的，省点儿钱，就登出了招租启事，却不承想，被不该看的人看到了——真得提醒读者们，特别是年轻的单身女孩子，不管是网上还是小招贴儿，千万别轻易发布类似信息，要找也要找知根知底儿的人。正所谓，害人之心不可有，防人之心不可无。看到这条信息后，娄伟波就产生了一个罪恶的念头。他欺骗小丽说自己的一个女性朋友想要租她的房子，然后他便将屋子里晾衣服的绳子拆下来，并准备了一把水果刀，要去小丽那里“看房子”。

既然是来租房的，小丽当然得开门了，结果，一进屋儿，娄伟波就拔出了刀，并威胁小丽不许动。但是小丽的手下意识地反应了一下，手指头也不知是哪里划破了。客厅里有纸，娄伟波就让她自己擦。他自己则看到了小丽的包，然后从包里面把钱包拿出来，里面有三百块钱和三张银行卡。

已经到这份儿上了，小丽的反抗也没什么意义了，只能挺着。娄伟波翻完了包儿，又顺手拿起了小丽的手机。这和娄伟波预想的有点不一样，他就随意拿起小丽的手机，其实心思也没在这个手机上，所以一不小心就拨出去了。

这个事情前面提到过，当时，小丽那个接到电话的朋友就很困惑，因为打了电话却没有动静。她哪里知道，那是有人做贼心虚。发现电话错拨出去了，娄伟波赶紧关了手机，可就在这时，意想不到的情况发生了。

小丽突然就喊起来了，一边喊“救人、救命”，一边冲着门口跑去，于是娄伟波赶紧把门关上。关上以后，娄伟波就捂住小丽的嘴，不想让她喊。门口离卫生间比较近，两个人缠斗的时候，娄伟波就把小丽拉到了卫生间。

那个曾经让人大惑不解的水龙头，到这里也有了合理的解释。

被害人的朋友说，她走的时候水龙头是好的，没有滴水。然而事发现场，这个水龙头却是关不住的，一直在滴水。因为被害人和犯罪嫌疑人有过搏斗，很有可能是撞在这个水龙头上面，把水龙头撞坏了。还有，在扭打的过程中，小丽的衣服被翻起来了，所以，原本装在口袋里的药片就散落了出来。

据娄伟波供述，小丽当时摔倒在浴缸里面，他也趴到上面去，并捂着受害人的嘴。警方推断，小丽在倒进浴缸后陷入昏迷，而这时，水从被撞坏的龙头中流出，正好滴在她的口鼻处，这才造成了小丽的溺水症状。

警方抓获嫌疑人娄伟波之后，追回了全部的赃款，此时距离案发还不到20个小时。

但是，在无辜摧残了一个年轻生命之后，娄伟波这个同样年轻的生命，即便能活着，也永远没有了阳光和自由，而且，还要永远经受良心的谴责和折磨。害人者注定害己，谁也躲不过。

不要老提什么冲动、后悔，还是记住那句话吧：勿以恶小而为之，勿以善小而不为。

致命电击

平和街道，突现惊人呼喊。
店内监控，记录骇人一幕。
手段娴熟，能否顺利追捕？
怪异背后，藏着什么谜团？

用一根电击棒打劫

要说爱美，那是女孩子的天性，任何一个女孩都想把自己打扮得漂漂亮亮的。所以，名牌包、名牌鞋之类的各种奢侈品，就成了一些人追捧的对象。在旁人眼里，上海的小春拥有一份让人羡慕的工作：奢侈品寄卖店的店员。成天被漂亮包和衣服包围着，想试哪个试哪个，太有意思了！可小春说，一点意思都没有，前两天差点连命都丢了！

小春所在店里的监控记录下这样的一幕，一名男子突然掏出了东西，袭击了另一名店员的后背，紧接着就扑向了小春！一把将小春推到了角落不断进行攻击！

小春回忆说：正好中午的时候，而且店里面有监控探头，谁都没有想到这个时候会有人来抢劫。

可更让小春想不到的，是那名男子掏出的凶器：电击棒！这东西最高电压能达到4万伏以上！下手也太狠了！莫非这人是对店里众多的高价值商品眼红，临时起意进行抢劫？不是！小春说，这人昨晚就来过了！

原来，小春所在的奢侈品寄卖店位于上海市淮海路商圈的南昌路，是上海最为繁华的地区之一。回想起出事的前一天晚上，小春不禁一阵后怕！她说那天晚上就只有她一个人值班，同事去了分店。大概晚上9点快关门的时候，凭以往的经验，小春觉得不会再有顾客上门了。可就在她清点商品，准备关门的时候，却突然听见门铃响了！走进来的是一位打扮十分时髦的男子，小春顿时眼前一亮。以她的经验，看出此人的行头价值不菲，很有可能是一个大金主！没准就在闭店之前，自己还能再开个大单！

正如小春所期盼的，来人三转两转就挑中了店里的几个商品，而且看上去根本没当回事，当时就准备掏钱拿货了。可小春扫了一眼他手里的货，却心里一凉。

其中有块表是刚到的，客人寄卖，价格还没有，所以小春并不清楚这表的价格，就说要查好以后才能告诉顾客，而且大约需要两天的时间。

来人见不能买，也没多说什么，扭头就走了。小春当时心里挺惋惜的，他们这是寄卖店，商品必须得先估价才能卖。一笔横财，就这么与自己擦肩而过了！可现在想想，与自己擦肩而过的不是横财，而是横祸啊！

但是这一劫，小春到底还是没躲过！事发当天中午，小春照常来开店。照理说，这个时间点是没多少人的，可谁料，刚开门马上进来个人！再一看，又是昨晚光顾的那位。

小春这时候还挺奇怪，昨晚不是告诉他得过两天才能买吗？怎么就这么着急？但想起此人昨晚出手阔绰的表现，小春心里还是一阵窃喜：说不定这是要开门红呢！

当时，这个客人还是穿着和昨晚一样的衣服，仍然用一副墨镜遮住了大半张脸。但来店里的顾客不少也是习惯戴墨镜的，小春也没太当回事，继续招呼他。只见这人，先是在门口的手表区挑选了一番，然后走到里面挑选包。据小春回忆，那人不管走到哪个区域，都不会空手离开！而且选的，都是高档货！

小春很激动，因为一个包包算给他13.8万元，还有块表是5万多元，就快接近20万元了。然后他又看中块表，是里外镶钻的劳力士，要9万多元，加在一起就快30万元了。

一开门就直接卖出去近30万元的东西，小春当时的高兴劲儿就甭提了！小春都恨不得抱着那小伙亲一口！而小伙也特别的阔气，根本不讲价！手一挥说他都要了！

于是小春和另一名店员小叶便忙不迭地给人家打包装，那小伙也递上了银行卡，要求刷卡付款，可从这儿开始，事情渐渐不对劲了。

因为小叶把POS机拿出来给他拉，但是拉了第一次没拉出来，而且刷卡死活刷不出来！她想是不是POS机出问题了？

当时小春和小叶心里非常着急！昨天就是没定价，让这个大金主跑了，好不容易今天回来了，要是再刷不了卡，回头两个人都得悔死！俩人一商量，要不带他到分店去刷吧！

两人忐忑不安地解释了一下情况，不料对方却什么也没说，依然那么敞亮，点点头就同意了。小叶赶紧准备换衣服带顾客去分店，可当小叶就这么一转身，异变突生！

还没等小叶回头，背后一阵剧烈的疼痛就让她整个人都不由自主地抽搐起来！等小叶瘫倒在沙发上时，发现顾客手中竟然拿着一支还在冒着电光的电击棍！她们两个小姑娘哪儿见过这阵势！小叶立刻就往外跑，想寻求支援。可奇怪的是，那人丝毫没有阻拦的动作，一扭身又冲着小春扑了过去！

小叶遭到袭击的时候，小春完全被吓着了！她不明白前一秒还出手阔绰的顾客，怎么突然之间就面目狰狞地掏出了电击棒？可眼看小叶已经被击倒，小春也不知道从哪儿来的一股狠劲儿，与他拼命厮打起来！

两人在店铺里打翻了天，但情况大大出乎了小春的意料。按说男人在力气上有很大的优势，小春当时也是抱着拼死一搏的心理，可一动手才发现，这人的力气似乎不比小春大多少，小春不但抵抗住了他的攻击，还逐渐将他推出了柜台！

但那小伙儿眼见落了下风，也加了不少手劲儿，那电击棒挥舞得让小春心惊肉跳，从监控中也可以看出来，伴随着两人打斗，不断有电光闪现，但凡小春再挨上几下，无论如何也起不来了。

没一会儿，小春就感觉手脚无力，打不动了！可是别忘了，这姑娘可是被结结实实电了好几下，坚持到现在全凭一股劲儿！就在小春心里发虚的时候，她发现，对方的动作也慢了下来！似乎也是力气不济！而且每次俩人比划完，这人的第一件事都是检查自己墨镜带没带好！

两人就这样气喘吁吁地僵持了大约 1 分钟。那人突然向小春走来！小春吓了一跳，心说这人缓过来了？又要动手了？谁料，他一把捡起之前打落的双肩包，就像逛街逛够了一样，要走了！

可小春这时候不敢放松，万一这人是故意想让自己放松警惕呢？店里就这么大的地方，那人手一伸就能电着自己！小春就这么按着商品，绕着柜台躲着小伙儿。可这小伙儿似乎再也没有动手的意思，奔门出去了。

眼看那人要出门，小春刚松了一口气，可紧接着琢磨过味儿来了：不对啊！这人走了，我是没危险了，可这是哪儿啊！上海最繁华的地段啊！这人一出去，上哪儿找他啊！而且从头到尾是真没见过他长什么样子。

想到这儿，小春赶紧往门外跑，可没走两步，腿一软就瘫在了地上！也是，又挨电击又挨打，谁经得起这么折腾！再看那人已经出了门，小春这时候真的叫天天不应叫地地不灵，莫非大白天进店抢劫不成之后，就这么让他溜溜达达地走了？

伪装后知法犯法

小春心里这么一着急，竟然爬向了门口！无论如何也要追上他！而此时，一直在门口的小叶看见那人出来，急忙向周围人比划：就是他，就是他！她为什么光比划？因为她已经被电得说不出话了！

等小叶比比划划好不容易说清楚，回头就看见那人已经走了出来，小叶赶紧追了过去。这时候围观群众也明白怎么回事了，也不知道谁大喊了一嗓子：抓住他！这一嗓子给那人差点吓了个跟头！可起身之后，仍然是不紧不慢地跑，似乎刚才被吓趴下的根本不是他！而且表情还很诡异！

此时，越来越多的群众都参与到了围堵他的队伍中，可那人也不知道在琢磨什么，仍然就这么慢悠悠地跑，不时还回头看两眼，拿电击棒比划两下！群众一看急眼了，你这小子什么意思！挑衅啊！

抢劫完，还敢当街行凶？这时候群众也来气了！小子你是不是觉得，没人能治你了？于是一帮人就冲上去，将其摁倒在地！可这时，那男的却扬起头，说了一句谁也没想到的话！

他说：我不跟你们玩了，我认输。

群众这时候也懵了！什么意思？认输？这可不是玩过家家！小春、小叶一听差点哭了：给我俩电成这样，谁跟他闹着玩了！可再想想他不紧不慢地出门，不紧不慢地逃跑，难道这小伙儿根本就是把这次抢劫当成了一次游戏！可奇怪的是，这小伙认输那话一说出来，当时现场却一片沉默，半晌，才有人小声问道：这是个女的？

原来，就在众人眼中的小伙，说出那句话的时候，虽然有点沙哑，但是大伙都听出来，这是个姑娘的声音！所以大家都蒙了！这明明是个小伙儿，怎么突然变成了姑娘？很快，民警就来到了现场，可一看也愣了：这人又重走老道儿了？此话一出，围观的群众更迷糊了！

原来，这姑娘叫曹冰，2年前，就在这附近的另外一家珠宝店铺，也发生过一件同样蹊跷的盗窃案，而作案的，正是这位女扮男装的曹冰！而作案手法，也与今天的大同小异：变装！

那次，曹冰在扮了男装后，故意用拙劣的技术又加了一套女性的装饰。所以当时店员报警的时候，都说是一名男扮女装的人，偷走了首饰。可谁能想到曹冰却是个如假包换的女孩！

被抓到后，曹冰因为盗窃了价值一万多元的名牌饰品，被判处有期徒刑1年3个月。没想到，才放出来半年，曹冰又走上了老道儿！更令人惊讶的是，屡次作案的曹冰，大学竟然学的是法律！她对自己的犯罪行为是有很深刻的认识的，包括对判什么刑，她都有清晰的把握。

这么一个受过高等教育的人，学的还是法律，谁都想不明白，怎么会走上抢劫这条路？莫非实在是缺钱了？可你好胳膊好腿的，干点儿什么不行？可这么一问，又一个让大家惊讶的事实，浮出了水面：曹冰家庭情况非常优越！那一身行头，就能买别人十多身衣服！这么有钱的一个人，为什么要屡次抢劫呢？莫非，她有这方面特殊的癖好？

可恨却不可怜

据说，曹冰家里条件非常优越，优越到什么程度呢？曹冰一星期就能花出去20万元！

可当时，她还是个学生，根本没有那么明确的消费观念！于是，带着朋友胡吃海塞、寻欢作乐成了曹冰生活中的重要内容。

虽然在经济上不加控制，但曹冰的家里对她的管教却是非常严格的。一方面被家长各种管束，另一方面被酒肉朋友前呼后拥，这种落差让曹冰逐渐滋生了各种负面情绪，对家庭的不满越来越强烈！

本来，曹冰的理想是拥有一家自己的咖啡店，可在家里的强硬要求下，她只能选择就读法律专业。从那时起，曹冰与家里的关系急剧恶化！为了所谓的"证明自己"，她开始疯狂地花钱！

那段时间，曹冰平均每个礼拜都会花掉两三万元。疯狂消费确实在一定程度上满足了她畸形的自尊心：朋友的追捧，挥金如土的快感，让她沉迷其中不可自拔。最多的时候，曹冰一个礼拜就花掉了20万元！

为了找到所谓的尊严，曹冰在外面一掷千金；但为了还信用卡，她又不得不低声下气地问家里要钱。这个过程非但没带给曹冰想要的自尊，反而让她在这种落差里，对自己越来越失望。她也尝试过做一些生意，但是由于经营不善，都相继关门了。而每一次失败，都将曹冰推向更深的黑暗。

曹冰一直以来的疯狂消费，引起了家里的警觉。曹冰的家里，也开始慢慢地控制曹冰的经济来源，可曹冰从小养成大手大脚的习惯却不是一时半会儿能扳过来的！用曹冰自己的话说，早晚要出事。

就在又一次信用卡到期，曹冰向家里要钱时，父母毅然决然地拒绝了她。这让曹冰感到意外的同时，更多的却是感到一种愤怒。

走投无路的曹冰，终于在错误的时间，做出了一个错误的决定，而由此产生的后果，曹冰其实比谁都清楚。

曹冰自己说：这件事我也知道是不对的，因为之前我已经跟我妈打过电话了，前一天我就打过电话了，我说我大概会出事，她说，好好的日子不过，为什么要做这种事，后来她给我打电话，我没有接，第二天就这样了。

而就在打电话的那天晚上，曹冰来到了小春所在的奢侈品寄卖店，虽然店面不大，但是曹冰还是发现，店里有一些价值很高的商品，一个念头在她脑海中开始酝酿。

曹冰说："用行话来说，就是踩点，只有一个营业员，我想成功的概率可能大一点。"

一个原本前途无限的年轻人，现在俨然一个老贼做派。隔天，曹冰又来到小春的店里准备下手，可情况却跟她想象的不太一样。她本来是想趁人家不注意拿了就走的，后来第二天去没想到有两个人，这在她的意料之外。

可事情到了这份儿上，曹冰已经没法回头了，她佯装阔气选了几个商品，其实一直都在转轴，这事该怎么办！无奈之下，曹冰只好要求店员打包，以此拖延时间。

可到了付账的时候，曹冰再也装不下去了。当时刷不了卡，小叶还以为是POS机坏了，其实根本就是卡里没钱了！事已至此，曹冰心里一横，掏出电击棒冲着小叶捅了过去！

曹冰自己坦言："最后我还是走上了暴力犯罪这条路，电击棒本来是用来防身的，可是将其拿出来抢劫，这个性质就变了。"

电击棒迸出的闪闪电光，着实让人感到触目惊心；而一个受过高等教育，家境优越的女孩子，为什么能下如此狠手？

她没意识到，这件事给小春小叶两个女孩造成了多大的伤害！

小叶的脸上和手臂上都有伤。而小春的两条腿第二天都不能走路了，就像灌了铅一样，麻麻的，痛得要死。

而相比身体上的伤害，对于两个女孩来说，更大的伤害，却是在她们心里，任凭哪个姑娘碰见这样的事，就算没吓得精神失常，也得做好一阵子噩梦！

这些，曹冰不可能想到。你曹冰不是学法律的吗？这些够判你多少年，自己说说吧！

曹冰陈述说："我这个数额算比较巨大吧，特别巨大，情节虽然也说不上特别严重，但毕竟在社会上这样的案子也是比较少见的，那肯定是要从重的，因为起刑是三年以上，我觉得八年十年都有可能。"

最后，她被判了十一年，与自己预测的就差了一年。明明是个可塑之才，为什么就走上了抢劫这条路？曹冰觉得，是严苛的家庭把她逼上了绝路，可一个人做出了任何行为，都应该负责，怨不着任何人。如果你还是怨天尤人，那只能证明，这个人，还是不成熟！

说到底，面子不是别人给的，得靠自己光明正大地挣！

诡异的劫案

午夜惊魂，出租车司机突然大祸临身。
在劫难逃，竟然有人雇凶索命。
行为怪诞，作案难道还要拍照留念？
节外生枝，看似简单却案中有案。

的哥险被劫杀

这个故事发生在辽宁省辽阳市。午夜时分，经历了一天的喧哗和嘈杂，整个城市似乎也疲倦了。就在这时，辽阳市交通公安分局的报警电话突然急促地响了起来。

有人报警说，有一辆出租车司机被抢了。而且是持刀抢劫，这已经算是重案了。而下面这个信息的出现，更引起了警方的高度警觉。因为逮捕的一名嫌疑人声称："你是不是得罪什么人了，有人花 8 万元要你的命。"

案件的性质可能又升级了。这等于是花钱雇凶，蓄意谋杀。

被劫的马师傅说："我一个开出租车的，能得罪谁？"

故事讲到这里，大家肯定会有疑问，现在有人花钱要你的命，你这会儿怎么还安然无恙？你是怎么从凶手的手里逃脱的？当天夜里，究竟发生了什么？

马师傅说，当天晚上9点来钟，他正在一家快餐店门前等活儿，3个年轻小伙儿拉开车门就上了他的出租车。

他们说去河东的本色酒吧，于是马师傅就从那里掉头开始往回走，走到下桥拐过去有五六百米的样子，在快车道上，刀就横在了马师傅的脖子上，要让他停车。

都这架势了，马师傅还能如何？只得按照对方的要求做。车停了，对方又发话了。

马师傅回忆当时的情形：他说你想活不，我说谁能不想活，你什么意思？他说拿2万块钱保命。

听这话，这几位属于用钱说话的主儿。别人给8万元让我杀你，你只要给我2万块钱，我就能让你活着。不过马师傅也实话实说了，我这开车拉活儿，没带那么多钱。要不我回家给你们拿去？对方也没那么傻，算了，你把身上的所有现金拿出来得了。

马师傅当时总共才有250块钱，这事恐怕不会轻易就完了。果不其然，几个人紧接着就把马师傅的双手双脚给绑上了，还用衣服把他的头蒙了起来。这要动手吗？

此时的马师傅已经心灰意冷，这辈子可能再也见不到自己的亲人了。他正琢磨的时候，一道刺眼的光线突然闪了一下。

马师傅回忆时仍然有些疑惑：他说给你照张相，我们回去交差，照相肯定是照了，用手机，因为闪光灯我能看出来。照完了相，旁边还有一个小孩，又把我拽起来，他说我也没扎你，我也没砍你，你多长时间走出去那是你的造化。

说完这话，三个人开着出租车一溜烟儿地走了。马师傅在原地待了半天，愣是没缓过神儿来。这几个号称杀手的人，不仅没杀自己，走的时候，还把自己扶了起来。这是在做梦吗？愣了半天，马师傅似乎被寒风吹醒了：这是伸手不见五指的荒郊野外，我得赶紧回家。他努力挣脱掉绑在手脚上的透明胶带，随后报了警。

马师傅虽然死里逃生，可车毕竟被抢了。而且，还有雇凶杀人的背景，警方不能不重视，他们立刻展开了调查。

警方顺藤摸瓜，最后，在一家超市里发现了重要线索。

他们家的这个胶带和警方现场提取的胶带的型号是完全符合的。根据票根推测，3 名嫌疑人到超市买过这样的胶带，然后顺便买了一瓶饮料。

从监控录像里，确定了 3 名犯罪嫌疑人的长相。看上去，他们年龄不大，甚至可以说就是几个孩子。从穿着打扮上看，也都挺时髦。鸭舌帽，羽绒夹克，挺时尚、挺阳光的，实在无法和杀手联系到一起。谁会雇用这么几个稚嫩的孩子当杀手？此刻，他们又会在哪里？警官突然想起当事人说过的一个细节。

他们曾经说过一句话——辽阳没有什么好玩的。而且在被害人的描述当中，说嫌疑人有背包，而且有拿出衣服，根据这些警方做了一个大胆的推测，嫌疑人可能是外地的，刚到辽阳。

如果真是外地人，那他们就一定在当地留宿过。警官们注意到，这家超市所在的地方，是西四街道，而不远处，恰恰就有这么一个能满足条件的地方。

这个路段，凭着警方以往的工作经验，年轻人比较多，有很多宾馆，所以这条街就成了警方走访的重点路段。顺着滨河路沿途走，果然查到一家旅店里曾住过这么 3 个年轻人。

从旅店出来后，民警们很兴奋，因为此时，他们已经掌握了嫌疑人的真实身份信息，这对案件的侦破无疑是重大利好。可就在离开后没多大一会儿，他们突然接到了旅店老板打来的电话，说是怎么又有警察来查了，他们说是鞍山的警方。

又来了一批警察，还是鞍山的，查的又是同一家旅店，他们是不是也在查那 3 个年轻人？或者那 3 名嫌疑人也在鞍山市作案了。于是辽阳警方赶紧和鞍山警方取得了联系，一问不要紧，居然得到了一个意想不到的消息：鞍山有个女孩儿失踪了，当地警方一路追踪，恰好就查到了同一家旅店。

失踪女孩和劫车杀手

3月1日，正是开学的日子。家住鞍山的女孩红红和所有前往学校报到的高中生一样，一大早就背着书包走出家门。可让人没想到的是，从此红红就彻底失去了消息。老师和同学都说，在学校根本就没见着她。一时间，微博、朋友圈上，寻找女孩的消息被大家疯转，媒体和警方也都加入了找人的队伍。

红红的失踪没有任何预先征兆，而接下来的这个细节，更让大伙儿感觉不妙。因为这个小女孩一直不接电话，接通了也不出声，不知道这个小女孩是死是活。

在这种情况下，鞍山警方通过技术手段，一路追查到了辽阳的这家小旅店。这边是出租车抢劫，那边是少女失踪，线索又集中在了同一家旅店，看来，这两起案子似乎存在某种关联。鞍山警方还带来一个重要信息。鞍山立山派出所说，在他们管区内，有居民反映，发现了一辆出租车。得知这一消息，辽阳交通公安分局的民警第一时间赶到了现场。

警方检查后发现，车内物品完好，车钥匙还在车座上，据居民反映，这辆车停了两天没人动。

经过核对，这就是马师傅那辆被抢的出租车。现在不妨简单梳理一下：3名犯罪嫌疑人在辽阳抢了出租车，随后把车遗弃在鞍山。几乎在同一时间，鞍山有个女孩失踪了。更耐人寻味的是，接下来，女孩的踪迹又出现在辽阳市内3名嫌疑人所居住的同一家旅店。这不得不让人怀疑，3名犯罪嫌疑人多半和女孩的失踪有关系，女孩的安全就更让人担心了。很快，警方通过技术手段，发现了3名犯罪嫌疑人的最新踪迹，在四川成都！

事不宜迟。两地警官一行数人第二天就飞抵成都，对嫌疑人居住地进行了环境侦查。侦查后，感觉事情不太好办。这家旅店在一个市场里，对抓捕非常不利。在与当地警方取得联系后，两方三地的警方开始行动了。

民警们按照原订计划同时打锁，一起冲到旅店内，当时一人正在收拾行李，一人正在睡觉。

行动相当成功。3名嫌疑人被一举拿下。需要特别说明的是，当警方冲进房间的时候，除了3名犯罪嫌疑人，他们还看到了一个女孩，当时正在镜子旁边梳头。

这个女孩不是别人，正是失踪的鞍山女孩——红红。当警察冲进房间的时候，她正在镜子前梳头，根本就没有失去人身自由的意思。看来，他们是一伙儿的，是约好跑到四川的。但是，这个女孩就算要出门，好歹也和家里说一声，这么不声不响就跑了，把家人急得不成样子不说，还害得那么多人跟着寻找，你是怎么想的？更让人不可思议的是，被问及大老远从辽宁跑四川干什么去了，他们竟然说想当杀手，想去四川的山里锻炼。

当杀手，还要去山里锻炼，这既让人哭笑不得，又让人毛骨悚然。说话的这个人叫杜海峰，尽管他是几个人中年龄最大的，可还不到20岁。他说抢劫马师傅的出租车只是一个临时的决定，是为了凑钱，前往四川的深山老林里锻炼，学习如何当杀手。

“杀手”，这么一个透着刺骨寒意的词，从这个“95”后男孩的嘴里说出来，竟是如此轻松。我们分明能感觉到，另一股冷酷更让人不寒而栗。正是充满阳光，心怀理想的青春年华，怎么会说出如此近乎疯癫的话？他们到底怎么了？

皆因爱的缺失

他们是如何萌生这荒诞念头的？又是如何一步步走上这样的歧途？

据警官介绍：杜海峰有个对象是大学生，他俩关系非常好，杜海峰说他们已经处了4年了，可是女方家长不同意，对他打击非常大，所以他有点自暴自弃。其实杜海峰工作还不错，是一个卖化妆品的主管经理，手下管着三个人，一个月工资也不低。

杜海峰是这个犯罪团伙中年龄最大的，但也不到20岁。

辽宁省教育厅心理专家杨子在分析青少年的一些犯罪中发现，他们都是以反社会人格付诸行动最后结下恶果而告终。

反社会人格这个概念，听起来有些吓人，但在现实生活中，这种心理产生的缘由非常普遍。

据杨子分析，他跟他的女朋友处了那么多年，马上就要结婚了，可是恰恰因为女方父母对这段婚姻的不认可，使这段婚姻告吹了。这势必对他造成沉重打击，反映到心理就是：我是一个被别人看不起的人。可这种自卑，则会在心里埋下仇恨的种子，而且势必会爆发出来。

因为女友父母的看不上，让这个心智未成熟的男孩受了打击，因而自暴自弃，无法自拔。可这就能成为报复社会，充当什么荒诞杀手的理由吗？细说起来，导致他们迷失方向的原因恐怕不只这些。

3名犯罪嫌疑人中年龄最小的一个叫万天宇。虽然当时还不满16岁，但他已经早早离开了学校。

据他自己说，没有一个人是真心和他交朋友的，他有钱的时候都和他一起玩，没钱了，就没人搭理。

万天宇还说，母亲身体不好，日子过得很清苦。家人也没有太多的精力和时间放在自己身上。而一次不幸的遭遇更让他的内心充满了怨恨。他曾被骗进过传销组织，在里面待了2个月。那段时间，他每天睡不到6个小时，吃的根本就不能说是饭，只是把白面往水里一倒，拌一拌，属于是白面糊糊。而且还经常被打，还被热水浇过。

万天宇觉得，当年被骗进传销组织的遭遇让他受尽了折磨，因此，他对这个邪恶的团体充满了仇恨。而那个把他骗进传销组织的人，是曾经的同学，这更让他感觉到，这个世界都没办法相信了。不过万幸的是，这个充满报复心理的孩子并没有彻底丧失分辨是非的能力。

其实万天宇在学校里也有一个真心交往的朋友，平时遇到了麻烦或者心里有苦闷，他愿意跟这个人说。但由于早早就离开了学校，他跟这个好朋友也渐渐拉开了距离，平时的交流都只能在网上。

另一个孩子叫王奇文，他的父母是离异的，按他的说法，他当时判给他妈了。可是后爸对他相当不好。他一直在社会游荡，玩一些暴力游戏，然后就产生了一些想杀人的念头。

心理专家告诉我们：孩子在人与人之间建立的第一个模式应该是跟父母建立的，而恰恰这个孩子没有受到一个家庭应该给予他的教育，在他的童年就埋下了人与人之间不理解的心理，而这样的心理在他的成长过程中就会伴随着他。比如说对社会的不理解，对朋友的不理解，甚至对自己都不理解——因为自己都是多余的。这样一个孩子走入社会，他在心理上会是什么样子可想而知。一个孩子是否有自信心，是否有自尊心，是否有价值感，首先要有来自亲人的肯定和亲人的赞美。

如何救赎孩子

虽然这些孩子并没有造成严重的后果，但他们的所思所想，已经具有极为危险的苗头。再这么下去，后果不堪设想。这绝不是危言耸听，相关案例已有发生。

2014年年初，辽宁朝阳的一座大桥下发现了一具男性尸体。死者为朝阳区的一名出租车司机，刚刚买了房子，准备登记结婚，而作案的3名嫌疑人，分别是15岁，16岁和19岁的青年人。2014年11月25日，温州的哥吴忠遭遇5名劫匪的劫杀，留下妻子和3个孩子。而5名犯罪嫌疑人中，最大的才18岁，其余4名年仅16岁。再看看眼前这3个荒唐得想当所谓杀手的年轻人，我们不能不去想，这些年轻人究竟是怎么了？

这不仅仅是物质上的匮乏，他们主要是精神方面缺少正能量。

按照犯罪心理学来看，一个人犯罪有这几种的缺失，第一个为物质而犯罪，第二个为性欲而犯罪，第三个为情绪犯罪，第四个是为信仰缺失而犯罪。而这几个孩子犯罪的动机，物质方面有一部分，情绪方面也有一部分，但最重要的是他们信仰的缺失。

信仰的缺失也让这几个孩子对自我的价值和未来缺少期待，把自己最精彩的年华丢进了监狱，对此心理教育专家也表示担忧和遗憾。因为他们在伤害了别人的同时，其实也伤害了自己。小小年纪在监狱里待那么长时间，出来以后社会已经发生那么大的变化，他们是否还能跟上生活的节奏？所以在家庭教育过程中，家长不能不关注孩子们的信仰问题。

年龄最小的万天宇曾问过这样一句话：“叔，我这得十年以上有期徒刑吗？”

这是个让人哭笑不得，又心酸无奈的问题。

话是这么说，可自己犯的错，必须要负责。被抢的马师傅倒是表态愿意原谅这几个孩子，但法律的惩治在所难免。还有那个神秘失踪的女孩红红，因为她没参与出租车的抢劫，已经回到家里。女孩父亲说了，孩子能够回来就好，父女间的沟通从现在才刚刚开始。他希望能够在以后的生活中更加理解女儿，懂女儿。

她的父亲希望女儿这次回来后，看到家里亲戚朋友给她发的各种信息，可以让她感觉到关爱。而且父亲说："经历了这件事，我觉得她也是有收获的。"

在这里，用"收获"这个词，似乎有点不太贴切。不如用"教训"、"思考"更合适。当然，这不仅是对几个孩子说的，也是针对我们所有人说的。青年，应该是社会进步的新生力量，也是未来的希望，如何做到这一点，不仅是孩子们自己的事儿，也是我们大家的共同责任。

孩子们都是小树，要想不长歪，长成材，必须合理精心呵护。

老宅里的诡异灯光

偏远山村，无人老宅发生怪异现象。
夜深人静，它竟然闪烁着诡异灯光。
飘忽不定，若隐若现。
不可思议，毛骨悚然。
一座充满神秘色彩的老宅。
一束难以解释的诡异亮光。
它的背后到底隐藏着什么秘密？

“鬼灯”传言

俗话说，人死如灯灭。可就在距离福建省福州市一百多公里的胜利村却出了一件怪事儿。村里有座远近闻名的老宅，宅子的主人已经去世多年，屋里空无一人；可奇怪的是，这座老宅却会在夜晚闪出诡异的光亮。

在漆黑的夜色中，一般都能看到一个小亮点，而这个小亮点就是来自那座房屋，当地人都叫它——鬼屋。远近的村民们，都谈之色变。

村主任连代峰说这样看上去很像有人住在里面，可是这个房子很久没有人住了。

而且连代峰说，最早发现这座“鬼屋”的，就是他本人。这宅子，原本是村里一户姓杨的老爷子的，老爷子老太太早几年去世后，就再也没人住过。屋子里面的灰，积得都有一寸高了，按理说不可能半夜亮灯，难道真是闹鬼了？

连代峰说，第一次看到鬼屋里有蹊跷，是在3年前。那天晚上，他正巧喝了酒，从村外摇摇晃晃的回来——走到水田旁边的小路上时，忽然，远处隐隐的光亮让他心头一动：这老宅子，有人回来了？借着酒劲儿，他给村里老杨家唯一的亲属杨业春打了个电话。

电话里连代峰问杨业春，是不是你表哥回来了？杨业春则说这不可能，他表哥在福州，老家又没什么红白喜事之类，不会回来的。

不过杨业春倒想起了另一个人，其实是这宅子的后人，那就是杨业春的侄子。然而，他自从爷爷奶奶去世，已经搬到城里好几年了，如果是他回来应该给杨业春打个电话的。这会儿，两个人望着远处老宅隐隐的灯光，一头雾水。忽然，怪事发生了，那光似乎越来越亮，像是跳跃的火焰，要撑破什么似的！糟了，不会是年久无人，失火了吧。俩人赶紧一路小跑，来到老宅附近。然而，走近之后，更诡异的事情发生了：光又不亮了。

这很蹊跷，两个人担心是有小偷光顾，怕见人，所以才熄灭了灯火。两人在老宅子旁边绕了半天，但是也没看到任何的人影！敲门的时候，除了黑暗中“砰砰”的闷响，没有任何回应！没人！既然这样，两个人打算走了。可就在他们犹犹豫豫走回到水田边的村路上时，不可思议的一幕又出现了！老宅里，居然又闪出了灯光！这光，像是有某种灵性，在黑夜里，诱惑着人们的视线；但你走近它时，它又忽然隐匿了身形！这二位尽管见过些世面，一时间，也是脊背发凉。

明明是久无人住的老宅子，连电都断了，怎么可能会发出光亮？而且，远远望去，明亮得跟星星似的，怎么到了眼前，就什么都没了呢？连代峰睡不着了。不行，得找几个年轻力壮的小伙子，进那“鬼屋”，一探究竟！

一行人刚走到老宅跟前儿，那光亮如料想一般，又瞬间消失了。正当村民们战战兢兢地查看房前屋后之时，忽然，不远处隐隐传来了一个声音，问他们有没有看到灯亮。然后连代峰又问不远处的人他们能看到灯亮吗？回答说：是的，有灯亮！

这是一个什么情况？就在连代峰一行人到达老宅前，看到光源消失的一瞬间——同时间，在对面的村路上，有人依然能够看到那神秘的亮光，从老宅子里发出！这事听起来可是越来越玄了，难道老宅里真的隐藏着什么神奇的力量，让人难以靠近，又捉摸不定？

再这么傻站着，只能越待越瘆得慌。几个年轻人一合计，干脆横下心，闯进去看看吧。几十年的木门，撞开也不费力。"吱呀"一声，门开了！

在手电摇晃的光柱下，整个老屋多年积满的厚厚灰尘，泛起了一阵白雾。每一块木板，踩上去都会发出嘎嘎的响声。几个人神色间都有些惶恐。忽然，有人在二楼惊叫了一声！

原来，一个村民，在二楼的东厢房里，发现了一个烛台！如果烛台被点燃，那它所在的位置，正好是从村路上看过来的，老宅发光的方向。难道就是因为它？可是，谁会每夜如此守时，为无人老宅点燃这盏神秘的灯火呢？不敢想了，越想越怕。这里是杨家老太太生前的卧房，枕头、被单，还如老人生前一样，静静摆放在那里——可是，再仔细一瞧，所有人都脸色发白，呼吸急促起来——这屋子，明明多年无人居住，四处落满了尘埃。可这床上，为什么这么干净、整洁？此时，再也受不了的连代峰喊了一声："先撤吧。"顿时一呼百应，大家如鸟兽散，逃回了家中。

第二天这个事就传开了，村里议论最多的，就是说有鬼了。

作为村主任，连代峰不相信流传的那些迷信说法，可又无法解释，这就无法安抚大家，稳定村民的情绪。连代峰很闹心，茶饭不思，每天就绕着老宅子走来走去。这晚，正当他遥望着鬼屋的光亮，紧皱双眉之际，忽然，背后一股凉风吹过，他，似乎察觉到了什么……

诡异升级

夜探死宅，却发现了更多不可思议的秘密。在整个胜利村对杨家老屋疑神疑鬼之时，村主任连代峰忽然发现了一个问题，那就是在杨家宅子对面，水田的另一侧，有户人家，房檐下正好点着个锃明瓦亮的灯，漆黑的夜里，这灯显得格外刺眼。该不会，是这盏灯反射到了老宅的窗户上，才造成了这诡异的光亮吧？

是不是，做个实验就清楚了。夜晚，很快来临了。连代峰站在杨家邻居的屋檐下，不安地等待着一个时刻，就是关掉那盏灯。然后，满怀期待地折回小路，向对面的老宅子眺望，刹那间，他呆住了！这边的灯熄了，可是老宅那边还是有亮光。

这次实验，等于给这老宅子蒙上了更大的神秘感，也让人们生出了更多的畏惧。诡异的亮光，依然没有任何科学解释，不过，日子久了，村民们也渐渐地对这亮光，摸出了几分规律。

村民们说，老宅的光跟电灯一样，反正电灯怎么亮它怎么亮。天晴的时候会看到，下雨时则看不到，雾很浓的话也看不到。一般可能会亮到深夜。冬天是在六点左右亮，夏天大概要到七点以后才亮。十点多钟才亮的情况也有。村民杨大成说："特别是等到农历七月初七，八月十五，好亮好亮。"

农历七月初七、八月十五，这都是中国传统节日，而且也充满了浪漫色彩，但这和诡异的亮光有什么必然联系吗？细想想，还真有。就是天上的月亮！那么所谓的鬼火，会不会是月亮造成的呢？村民不也说亮光在阴天下雨看不见，有浓雾看不见，如果这样看来，月光，或许就是这神秘事件的肇事者。果真如此吗？

但是村主任说：月光亮时，那边也不会亮啊。奇怪就在这里了。

刚有点眉目，又被否定了。故事讲到这儿，不知道大家有没有注意到，老宅子的灵异事件闹得满城风雨，而老宅的主人，也就是杨业青的那个侄子——杨光旺，却始终连个面都没露，甚至连点动静也没有。他的沉默，似乎跟这所宅子一样神秘，让人难以捉摸。难道，他不出现的原因，是在隐藏什么有关老宅的秘密吗？

当有记者想去采访他，问关于老宅的事情的时候，他却总以"很忙"和"没时间"为由而拒绝了。这不禁让人对他产生抵触情绪的行为，更加好奇了。

杨光旺到底是出于什么原因，不愿意面对镜头，甚至躲着所有跟他提到老宅事件的人？真如他所说，打点生意太忙了，没时间？还是他刻意在回避老宅中隐藏的种种神秘过往呢？几经周折，这个男人，终于决定坐下来，小心翼翼地讲起了这座老宅的来历。

杨光旺说，他之所以不愿意谈老宅的事儿：一来，是最开始的确不相信闹鬼这一说；二来，就是福州的铺子也确实离不开他。可是，随着村里的传言越来越多，越来越离谱，杨光旺说，他的心里也有些怀疑了。就在前不久，他背着所有人，偷偷回去了一次，可就是这一次，却让他目睹了奇怪的一幕。

杨光旺说："当时的亮光比现在厉害，而且亮光会走动，也不知道什么原因。就是光会从这个窗户移到那个窗户。"

真是不鸣则已一鸣惊人！杨家后人一开口，居然说出了更离奇的隐情。杨光旺说，他曾亲眼目睹老宅的"鬼火"，而且会动！自从看到那一幕，他连夜就跑回了福州，从此，对老宅的灯光是不敢谈了！可解铃还须系铃人，现如今你是这"鬼屋"的少东家，对这一连串灵异现象，到底有什么解释没有？或者说，你从小就住在那儿，这么多年了，这老房子里，还发生过什么让人费解的事吗？

杨光旺回忆说：当时我们农村是很穷很穷的，连盐都买不起，那时建个房子是不容易的。这所古怪的房子是爷爷50年前，倾尽家产盖起来的。爷爷和奶奶在这里，相依相伴，过了一辈子。自从爷爷去世后，奶奶就沉默了很多。儿孙们都在城里有了出息，也孝顺，可怎么接，老人都不去，只是孤独地守在老宅中。老太太说几十年了都是在农村，去城市里受不了，所以怎么接都不去。

杨老太太83岁那年，怀着对老伴儿的思念，在老宅子里安详故去。此后，这宅子几乎就没住过人。而诡异灯火的事，也正是在她去世后才出现的。说起往事，杨光旺的眼圈有点红。他说，他宁愿相信，是奶奶的灵魂守在老屋里，夜夜为这些漂泊的亲人点起一盏归家的灯火。

杨家奶奶的床铺，依旧像当年那般简洁、干净，甚至床下的木板，连个霉点都找不到。六七年无人打理，这个南方闷热的老屋里，怎么会出现这样的奇迹？莫非真有超自然的力量？这座老宅的种种怪异现象，难道真就没人能解释清楚了吗？

真实的老宅疑云

多年没人住的屋子，半夜闪光；这光，还怕人，人一到身边，就自动消失；这还不算，正对着光亮的地方，摆着一个古老的烛台；而就在房主生前的屋子里，她的床铺多年无人，却一尘不染。种种怪异现象，听着都瘆人！这一切，难道真就无法解释吗？

这时，一个叫林敬锋的人出现了。他是福州一所中学的物理老师，同时还是一个登山爱好者。老宅"鬼火"事件，传来传去，传到林老师耳朵里，他坐不住了。因为那个地方他登山去过几次，他觉得很可能是光学现象。

尽管"鬼火"被传得神乎奇神，但在林老师看来，这不会是什么超自然现象，而是可以解释的。他约了另一个叫陈锋的老师，打算一同进山，探探这个诡异的老宅子。

林老师看过屋子后，发现了这个屋子有其特别的地方。别的屋子都盖在一起，但这个屋子却单独建在这里。他认为距离远可能在人的心里也会强加一些神秘感。

那老宅子为何会半夜发光呢？莫非本身存在放射性元素？林敬锋掏出了专业测量仪器，四下巡视。还别说，真发现含有放射元素的东西了，是什么呢？老房子上的岩石。那老宅发光的源头，会不会就是这些岩石呢？

但是林老师说，即使岩石存在大量的放射性元素，也不会出现"鬼火"现象。不过，他提到了另外一种物质，磷。要知道，杨家老宅后面，正是一片坟场！坟场有"鬼火"，也就是磷火，这道理谁都懂。难道，杨家老宅子，沾的是这种"鬼气"？

但林老师在老宅子里做过探测后，又否定了这个可能。他说：游离态的磷会和空气中的氧气反应，也会发光，不过这种发光的强度和放射性强度都是比较微弱的，而且光不是一个点，应该是几个浮动的亮点，甚至是一片。不可能集中在一个位置。

说白了，老宅发出的光，不是岩石，也不是磷。那到底是哪儿来的光？

转来转去，林敬锋认为，最有可能造成老宅“亮光”的，就是那个坐落在几百米外，也就是邻居陈家房下的吊灯。于是他打算做个实验。

夜里7点，实验开始进行。山村的夜晚，天黑得沉闷，彻底。一抹幽幽的灯火，再次从杨家老宅里探了出来。两位老师站在观察角度最好的村路上，忽然发现了新问题：这个“鬼光”，并不是任何一个地方都可以看得到，而只是特定的位置才能目睹！

根据林敬锋的讲述，如这里是鬼屋的玻璃，这是灯，灯发出去的光，经过这块玻璃反射回来，然而光的反射要遵循它的定律，也就是说，它反射回来的光并不是在任何地方都能看到，只有当人站在沿着法线的夹角，跟这条反射光，这两个角度相等的位置上才能看得到。这，才是科学。接下来，林老师果断来到邻居家，熄灭了这盏吊灯。果然就看不到玻璃上的亮光了。之后林老师又用手电筒来替代光源，而且一关一开。这时，人们则看到一闪一闪的光。

为了得出严谨的结论，林敬锋做了第二个实验：他首先点亮邻居家的灯，然后来到老宅前，放置了一面镜子，用来反射光源，如果此时，他人可以从小路上看到老宅出现两个光点，那就说明光源就是村民家的那盏吊灯。又如林老师的推论，果然是有两个亮点，而且有一个比原来的更亮。

这个夜晚所做的一切实验，似乎都在指向一个答案——老宅的“鬼火”事件，其实非常简单，但凡学过初中物理，懂得反射定律的人，都能破解。可有人要问了，杨家的后人，还有很多村民，不是亲眼见到这光会动吗？如果光源只是一盏普通的照明灯，那移动的光，又怎么解释？

林敬锋说：“我们山区的气温，一般海拔越高的地方气温越低，那一天中的气温也在变化，有人居住的地方和水田的气温是不均匀的，并且有空气的流动，这时候，光再通过屋子到窗户玻璃，在这个反射的过程中，就会看到光点在闪，其实是空气的流动造成的。”

一切，科学都能解释，所以村民们就别鬼啊神啊的，自己吓唬自己了。可林老师这话音刚落，他忽然发现，身旁那些村民们的脸上忽然现出了奇怪的表情，而且那表情，就像第一次看到“鬼火”，甚至看到鬼一样的诧异！

这实验也做了，貌似无懈可击了。明摆着的答案，就是没人信。难道，他们宁愿相信这“鬼屋”，也不相信科学？就在林老师犹疑的时候，一个村上的老人透露了谜底。

老人说，根本就没什么鬼怪，这盏灯的秘密，其实大家早就知道！他们之所以不愿承认，为的是一件事！对全村，都至关重要的事！

杨光旺说：“当时我们那条街，家里的土特产，茶叶鸭子都卖得光光的，我们乡下的米酒啊全部卖掉，地瓜卖掉，还有那家蜂蜜能卖掉1吨。原来这些蜂蜜都卖不掉，这一炒作都卖掉了。还有小吃店，那里的老板是我的同学，两天赚了1万块钱，一天吃饭是几十桌，一下子饭桌都没地方买，炒不好吃也都有人吃，两天赚1万块钱。”

一语中的。其实，最初的时候，种种怪异现象，的确给小山村造成了不小的恐慌，但这种恐慌，在随后的日子里，被事实真相一点点冲淡了。然后，村民们发现，偶然的恐慌和诡异，竟可以是另一种生活的开始。于是，他们开始保护这个传说，保守这栋老宅子的“秘密”和带给他们的惊喜。

有些时候，无害的谎言，似乎也没必要刻意揭穿。

美女教师的离奇死亡

新婚不到半年的美女教师突然意外死亡。
蹊跷死因惹来争议，昔日亲家反目成仇。
监控视频披露鲜为人知的细节，事件呈现诸多疑点。
半夜哭泣离家，随后失去知觉被丈夫背回。
神秘午夜，她究竟遭遇了什么？

深夜暴亡

2014 年 4 月的一天，蒲江县殡仪馆门口发生了冲突，这应该是一个很特殊的地方，而发生冲突的双方也不是外人，而是亲家。按说，殡仪馆应该是个肃穆安静的地方，就算偶尔有点激动，多半也是悲伤的哭声。可现在，儿女亲家不仅争吵激烈，而且都快动手了。打架居然打到殡仪馆里来了，显而易见，必定和逝者有关。那么死去的究竟是什么人？

死者名叫李瑞，生前年轻漂亮，刚刚 26 岁，毕业于四川师范大学，2012 年，以优异的成绩考入蒲江中学做生物老师，短短一年内，就被蒲江县教育局评为年度优秀学科教师。李瑞也是出了名的美女教师。老师和学生对她的评价都很高：说她人缘好，脾气好，工作能力强，脸上永远带着笑容。点开蒲江中学的贴吧，你会发现，学生发的赞美李瑞的帖子源源不断。有学生说了：在我们心里，就把她当姐姐一样，觉得她平易近人，脾气又好。可惜的是，这些孩子们如今再也见不到这个漂亮的老师姐姐了。

而此时，李瑞的妈妈正在失声痛哭，因为她无论如何也不愿相信，冰冷的棺材里躺着的，会是曾经活蹦乱跳的乖女儿。她才 26 岁，结婚还不到半年，怎么就这么走了？而且，走得那么匆忙，那么突然。

李瑞的家人说，她是在 4 月 10 日凌晨死亡的。当时早上 5 点多，男方的父亲打电话说李瑞已经去世了，然后李瑞的家人到了他们家，就看见李瑞倚在沙发上面，用被子盖着，就像是睡着了一样。但是，和睡着唯一的区别是，此刻的她，已经没有了呼吸。

到底发生了什么？李瑞这几天的情绪有什么不对劲儿吗？

李瑞生前最后一次发微博的时间是 4 月 9 日 23 点 53 分，距离她死亡不到 5 个小时。从微博内容可以看出，当晚，李瑞的心情相当不错，她在微博中写道，“意外发现乡间小路上的美丽蔷薇，好喜欢呀！”而且还配发了 5 张美丽的图片。

从这个细节多少可以看出，李瑞是一个乐观、自信、乐意享受生活的女孩子，就像她刚刚欣赏的蔷薇一样美丽绽放着。可谁能想到，几个小时后，她的生命之花就骤然凋谢了？白发人送黑发人，这是人间最大的痛苦之一。而对李瑞的家人来说，除了痛苦，还有另外一种强烈的情绪难以抑制，就是怀疑！

李瑞的亲属认为她的老公嫌疑最大，因为他们平时关系也不怎么好。

这个说法出乎大家的意料。按这个意思，李瑞的突然死亡似乎不是偶然的，李瑞的丈夫杨冬（化名）有重大嫌疑。

杨冬，蒲江本地人，在蒲江另外一所中学任体育老师。杨冬的父亲是蒲江一所知名小学的校长，李瑞生前居住的教师公寓就是杨冬的父母购买的。问题是，小两口刚结婚不到半年，热乎劲儿还没过，似乎谈不上感情破裂。在李瑞的新浪微博上，我们能看到很多夫妻二人甜蜜温馨的照片。而且，李瑞所发的全部 410 条微博，不少都和丈夫杨冬有关。

单从这点来看，李瑞家人关于小夫妻关系不好的言论似乎只能算是猜测。亲人骤然离世，悲伤过度，一时缓不过劲儿来，都可以理解。可有些话不是随便就能说的。再说了，新婚妻子突然离世，当丈夫的心情肯定也好不哪儿去，这样还怀疑他，更有点说不过去。可李瑞的家人说，我们不是信口雌黄，我们有充分的证据。

而且当李瑞的家人要揭开李瑞头部的铺盖时，她老公却马上又把她盖了起来。

这是接到孩子死亡消息赶到现场后发生的情景。当时，李瑞躺在沙发上，蒙着被子，他们肯定得掀开看看孩子，结果却是李瑞的丈夫杨冬马上就把被子盖上了。在李瑞家人看来，这看似无意的小细节，没准儿藏着大秘密。言外之意，你要干什么？你为什么会有这个反应？你想掩盖什么吗？这么说吧，李瑞家人坚持认为，她是被丈夫杨冬害死的。除了前面提到的问题，李瑞家人手里还有另一样他们认为很有力的证据。

李瑞家人所说的有力证据，就是李瑞居住小区的监控视频。它记录下了李瑞死亡前几个小时的一些踪迹。画面中瘫倒在地的那个人，就是李瑞，而背着她的正是她的丈夫杨冬。当时的时间是 4 月 10 日凌晨 2 点 40 分左右。从画面中可以看到，此刻，趴在丈夫背上的李瑞已经明显失去了知觉，莫非，这时的她已经死亡？视频中，除了杨冬和在他背上的李瑞之外，还有另外的一男一女，则是他的同事。

似乎已经失去知觉的李瑞，背着她的丈夫杨冬，还有另外一男一女，也就是杨冬的两个同事，这四个人是怎么凑到一起的？当天晚上究竟又发生了什么？

当时李瑞是上晚自习，所以 10 点多才下班，之后李瑞给杨冬打了 29 个电话，他没接。

一个女人，深夜下班，发现丈夫不在，她肯定有点害怕，就给丈夫打电话。其实说起来，不少男人可能都有这种经历，和朋友聚会喝酒，或者玩会儿麻将，最讨厌媳妇儿催了，不过话又说回来，第一，你要出去，事先应该和妻子说一声，第二，别玩得太晚，弄得媳妇又害怕又担心。换句话说，媳妇没完没了打电话，那也是心里有你。可这会儿，李瑞连着打了那么多电话，杨冬却始终没有接。看来这个男人也是够可以的。李瑞的妈妈说，看到监控录像里女儿的样子，心疼，也许她在心里说，傻闺女，他不接你就别打了呗，有委屈和妈妈说啊，给妈妈打电话呀，说不定就没有后面的事儿了。那么杨冬半夜不回家，电话也不接，他又干什么去了呢?

据李瑞的母亲说，4 月 9 日晚上，杨冬去参加朋友的生日聚会，直到次日凌晨 1 点 50 分左右才回家。

监控录像显示，杨冬本来已经回家了，可 50 分钟后，他却背着失去知觉的李瑞出现在监控画面里。由此看来，问题就出在这 50 分钟里。那这 50 分钟，到底发生了什么事情？我们不妨将视频再往前回放一下。凌晨 2 点 10 分的时候，画面中出现了一个女人，就是李瑞，可以看出，她的情绪似乎有点不对：她在哭，在擦眼泪。

视频显示，4 月 10 日凌晨 1 点 58 分，李瑞的丈夫杨冬回了家，十多分钟之后，李瑞就哭着跑了下来。随后又折返回家中，5 分钟过后，李瑞又下楼了，而这次，她没有再返回，而是骑着电瓶车离开了小区。之后，她的丈夫杨冬一边打电话一边走下楼，随后走向了小区大门口，似乎在等待着什么。

从视频中可以看到，夫妻俩在大门口交谈着什么，而这时，他们之间并没有过分的肢体动作。随后，两人朝着监控的死角走去。而李瑞的性命恰恰就断送在这看不见的死角里。监控可以有死角，但真相呢？它也会有死角吗?

定有隐情

从视频上看，尽管骑上了电动车，但李瑞好像并没走远。如果按常理分析，也许她就是一时生气，等着丈夫追上来，哄哄自己。这会儿，她和杨冬也没有太激烈的冲突，俩人只是站在小区大门口，说着什么。短暂的交谈后，两人离开了大门，走进了监控视频的死角。仅仅一分多钟之后，让人意想不到的一幕发生了……

因为监控死角，李瑞的影像消失了一分钟。仅仅一分钟而已！一分钟之后，当她再次出现在监控中时，却是捂着脑袋，脚步踉跄了。明显是受了什么伤。可能是之前接到电话，知道杨冬和媳妇闹别扭了，杨冬的两个同事特意赶来了，估计是想劝劝这小两口儿。此刻，看见李瑞这副模样，俩人赶紧追了上去。可杨冬却不紧不慢，若无其事。您说李瑞家人能不生气吗？

10分钟之后，李瑞再次出现在监控视频当中，不过，这时的她，已经趴在了丈夫杨冬的背上，而且一动不动，情况不妙。

我们也不知道这杨冬是没心没肺还是已经懵了，媳妇已经那样了，明显是受伤了，而且，人都没知觉了，不往医院送，却非得往家里背。你想干什么？这点，在小区当晚值班的保安那也得到了证实。小区的门卫说看到了李瑞趴在她丈夫的背上一动不动。

4月10日凌晨2点54分，画面中的李瑞已经失去了行动能力，丈夫杨冬和两个同事，正往家里抬她。随后家里所发生的情况，李家人只能通过女婿杨冬的描述来想象后来的进展。在楼道里短暂停留之后，三人把李瑞抬回了家中。凌晨5点，李瑞家人接到了杨冬父亲的电话，说李瑞去世了。当家人匆匆赶来看到李瑞时，她的身体早已经僵硬了。而对杨冬所描述的李瑞上楼之后的情况，李家人始终无法认同。

杨冬说发现李瑞和平时一样，因为吵嘴，所以以为李瑞还是跟他赌气，于是两个人都坐在沙发上。到了后来4点钟的时候，他打算给李瑞盖被子，可这时的李瑞已经硬了，也就是死了！

乍听上去，似乎很简单。丈夫晚归，妻子生气，小两口闹别扭。可赌气也不至于把个大活人给气死。回想一下，李瑞哭着出了家门，因为什么？监控消失一分钟后，李瑞突然捂着脑袋，脚步踉跄的出现，说明什么？还有，家人掀开被子看李瑞，杨冬却马上就给盖上了，意味着什么？此外，还有更让李家人怀疑的细节。

李瑞妈妈说，120是5点19分出的现场，但是到的时候人就已经僵硬了，早就死了。

也不怪李家人怀疑。120到的时候，李瑞的身体已经僵硬了，说明人不是刚走的。且不说李瑞是什么原因死亡的，既然人已经没了，为什么不赶紧报警？最后，还是120报的警，难道你杨冬是故意要掩盖什么吗？是不是心虚了？很多疑问都没法回答，即便回答了，也不能让人信服。不光这些，小区的监控里还记录下了这样一段耐人寻味的细节：在单元楼的门厅里，已经没有知觉的李瑞被放在了地上。杨冬的两个同事似乎在和他说着什么。说着说着，杨冬的那个男同事突然动手了。画面中可以看到，同行的男子确实打了杨冬一巴掌，还用力推了他一下。似乎在责备他，而此时的杨冬，不知道是后悔还是理亏，反正是跪在了地上。

可能男同事在讲话，很可能说你做事过分了，人都已经死了。

从监控画面看，是不是杨冬把妻子害死了，并没有答案。不过，同事的指责或许是成立的。他之所以打杨冬，可能是埋怨杨冬犯下了大错。而且，视频中的杨冬似乎也显得很懊悔，不然他也不会一直跪在地上。当然了，眼下，我们迫切要得到的，并不是什么忏悔，而是李瑞，这个年轻漂亮的优秀女教师的真正死因。

李瑞头上有一个血肿，法医解剖后，发现脑骨是打平的，可能有一个小签子那么宽。

头上有血肿，还有伤口。李瑞到底经历了什么？是她自己不小心摔的？还是与丈夫杨冬发生冲突后留下的？李家人的探究会有结果吗？又会是什么样的结果呢？

什么才是真相

从李瑞哭着离家，到被丈夫背着返回小区，在楼道里停留了几分钟后，又被抬回家里，这个过程并不长。对这个过程中呈现的种种疑点，李家人尽管有所怀疑，可并没有直接证据来证明李瑞的死和她丈夫杨冬有关。但这不等于没想法。一个显而易见的事实就在眼前，李瑞是在凌晨 3 点钟失去知觉的，直到凌晨 5 点，120 救护车才赶到，身为丈夫，杨冬为何没有将妻子及时送往医院？

李瑞妈妈说："你如果给我送医院去，我不可能说二话，哪怕她成了植物人了，我把人接回去我照顾，哪怕她死了我不可能说二话，因为你们尽到职责了，就是碰到外人都要送到医院去，你为什么没有送？！"

可不是，毕竟是刚刚新婚不到半年的小夫妻。就算偶尔生气，可媳妇已经那样了，为什么不赶紧送医院？任谁也不能理解。李瑞的妈妈当然得质问杨冬，可杨冬说，当时，没有看到有明显伤口，感觉不严重，而且，李瑞上楼后还跟他赌气，所以就没去医院。前面也提到过，小区监控录像有个死角，李瑞的家人不知道当时究竟发生了什么。记者也试图找到杨冬来揭开疑点，但他的手机一直无人接听。好不容易找到了杨冬的父母，可他们翻来覆去，只强调一句话，就是一切都听公安机关的，我们相信法律，法律是公平公正的。

这话也没错，要相信法律。可好端端的女儿突然就这么没了，家人想弄个明白也没有罪过。失去女儿的巨大悲痛，监控录像中的诸多疑点，再加上对方刻意回避，李家人不可能不怀疑。李瑞妈妈一口咬定，女儿就是女婿杨冬害死的，而且，他有杀害女儿的动机。

李瑞妈妈说："他们吵得特别凶，我就说你们这才结婚多久，就在吵架了，因为什么，我女儿就在这边吼了一声说，他要跟我离婚，当时我就震惊了。"

刚结婚不到半年，就吵架，还嚷嚷离婚，这是为什么？母亲肯定要问女儿，这才结婚几个月，就要离婚，怎么回事？结果女儿说，丈夫杨冬的前女友经常来骚扰自己。当妈的那时还不信，以为就是小两口偶尔闹矛盾，顺嘴那么一说。现在看来，女儿的死，并非偶然。而对这个说法，杨冬的父母坚决否认。

男方的家属认为他们关系好得很，而且好得不得了，他们看到天天都是快乐的，因为结婚一年都不到，不可能有什么矛盾。

公说公有理，婆说婆有理的事，外人更没法厘清了。不过，单从情感上说，好好的女儿突然就这么没了，有些不太明白的问题要弄清楚，你就跟人家好好说说，可杨家却选择了回避和缄默。很多事就是这样，你越不解释，越是回避，问题就越积越多，矛盾也必然会升级。所以，闹来闹去，昔日的亲家，竟然在殡仪馆打起来了。

杨冬的父母咬准了一句话，一切以公安机关的结论为准，不愿意对李瑞的死亡发表任何意见，也不愿意解释。而公安部门的说法是，李瑞是骑电动车摔死的。可李瑞的亲属不信，他们觉得，即使是李瑞真从电瓶车上摔下来了，也不至于死亡。

因为李瑞那天晚上骑的那个电瓶车，根本就完好无损，既然车都完好无损，人怎么会摔下就死了？

可惜，监控录像有死角，没有拍到李瑞受伤时的画面。难道李瑞当时真是自己骑车摔了？记者特意去现场看了，路很平坦，不存在施工，也没有坑包什么的，正常骑行的话，想摔也不容易。不过，当时毕竟是半夜，当事人的情绪也不太对劲儿，是不是有意外情况，也不好说。在离事发现场非常近的一所中学，还找到了当晚一名值班的保安，他是否看到了整个过程？

这个保安说，女人就是从电瓶车上掉下来的，也没有谁碰她摔她之类的情况。

但是对这名保安的说法，李瑞的家人依然表示怀疑。

因为据李瑞家人看来，事发地和保安所处的位置，离得那么远，他如何能够看到这个位置的电瓶车摔倒，还是在深夜，基本上不可能。所以这个疑点相当之大。

后来也曾拨通过杨冬的电话，但是他说自己正忙于处理李瑞的后事，不发表任何言论，一切以公安机关的结论为准。说完，电话就挂了。而询问公安机关得到的消息是，通过公安机关的调查，法医最终出具了鉴定结果，李瑞后脑的严重挫伤导致了其最终的死亡，排除了刑事案件的可能，所以不予立案。至于李瑞后脑的伤是不是骑电瓶车摔倒造成的，警方并没有做进一步的答复。

有鉴定，也有现场目击证人，不管李瑞家人是否认可，也只能接受这样的结论。结论是有了，可不管怎么说，一个鲜活的生命却没了。即便真是偶然事故，背后似乎也藏着某些必然联系。试想一下，如果当时那 29 个电话哪怕接一个，她还会哭着离家吗？如果她不离家，还会发生后来的事儿吗？所以说，无论是小两口还是老两口，既然是夫妻，就得互相包容，互相关心，尤其是男人，更得大气点，错了就承认，还得会哄人。总是闹来闹去，就算不出意外，也会伤身！

有时，真相也许并没那么复杂，真正复杂的，往往是人心。

刺向女大学生的 21 刀

开学第一天 ，年仅 20 岁的女大学生在宿舍被刺身亡。
触目惊心的 21 处致命刀伤，是怎样一种仇恨？
一对外人眼中的俊男靓女，如何走到今天这般境地？
不可思议的丧心病狂，背后藏着的是怎样的真相？

21 处刀伤

关于悲剧，曾经有这样的经典定义：把美好的东西毁灭给人看。从这个意义上说，世间有太多个让人唏嘘的悲剧。

小余拥有 172 厘米的高挑身材，外加娇美白皙的面容，应该算是女孩儿中的佼佼者，而且，她还是个大学生，是湖南怀化学院舞蹈系的大三学生。遗憾的是，这个漂亮女孩的生命定格在了 20 岁。更让人痛惜和不解的是，她是以一种堪称惨烈的方式，离开的这个世界。

3 月 2 日这天，对家住湖南岳阳的葛女士来说，是黑色的一天。这天，她的女儿小余结束了寒假，要返回学校了。俗话说，儿行千里母担忧，葛女士也一样，孩子这一走，再见面至少也得几个月以后了。当妈的特意做了女儿爱吃的，帮女儿收拾行李，又依依不舍地把女儿送到了车站。她哪知道，这次送行竟成了自己和女儿的诀别。仅仅几个小时之后，一个噩耗就传来了，20岁的女儿，没了！

这就是晴天霹雳。当妈的此刻什么心情，用不着多说，换作任何父母都一样。这时候还非得劝人家想开点，似乎有点站着说话不腰疼了。那么还是来说说小余身上到底发生了什么吧。

送走女儿的当天晚上，葛女士的丈夫突然接到了一个电话，而电话的内容，让他胆战心惊。

电话是女儿的室友打来的，说出事了，出大事了。小余的父亲问什么事，对方让他赶快打110，找学校的保卫处。那边可能就因为当时情况比较急，小余的父亲只听到脚步声，然后电话就断了，再打过去也没人接了。

两口子当时就慌了神，女儿究竟怎么了？他们立即叫上了几个亲戚，连夜赶往怀化。在赶往学校的路上，家人才大致知道点情况，女儿受伤了，伤得还很重。小余母亲当时心里默默地说女儿啊，你挺住，妈妈过来了！

可惜，母亲的祈祷，小余听不到，而即便听到了，她也未必能真的挺住，因为，她伤得实在太重了。凌晨3点，一家人马不停蹄地赶到了怀化，但还是晚了。小余的亲戚们下车的时候，就被告知说孩子没了。

几个小时前女儿还和自己撒娇，几个小时后，她却成了一具冰冷的尸体，这让当妈的此刻万念俱灰。

小余的母亲说自己的女儿这么乖巧，怎么会落到这个下场？

如果仅仅是得病，或者是意外身亡，不会用这样的词。这么说吧，小余是惨遭横祸，被人用刀刺死的，而且，是残忍的21刀！

小余遭遇不测的地方是湖南怀化学院舞蹈系的女生宿舍，而小余的同学说，事发时，她和另外一个同学都在屋里，小余和那个凶手也在。当时，她就感觉气氛有点不对，那人满脸杀气，还带着刀，虽然不是冲她来的，可这明显是要出事的意思，她一想，不行，我得赶紧出去报警。

就在这个同学跑出宿舍打电话报警的瞬间，惨案发生了。等她再回头，小余已经倒在了血泊中。行凶者随即逃离了现场，小余则被赶来的同学和老师紧急送到了离学校不远的医院，可她伤得实在太重了，送到医院时，就已经没有了呼吸。

小余的舅舅后来也到了现场，看见孩子的时候是停放在一个法医检查的解剖室里，然后她就睡在一个单架上面，胸口上面盖了一个手术用的蓝色的纸，头发上面全部是血，已经成结了。

头发都成结了，流的血一定很多。家人看了倍感心疼。而再往下看，就不光是心疼了，还有无法形容的痛恨，什么人能下手这么狠？

小余的胸口上面盖着一张纸，肚子露在外面。肚子上面明显的有三个刀口，手上有四处伤口，左手背上整个一块肉都被削掉了，能看到骨头。把胸口上的纸揭开看，胸口上全是刀印，数了一下，只胸口这一块是 14 刀。

一个名副其实的花季少女，就这么走了，还是以这样一种方式告别人世。这朵美丽的生命之花不是自然凋谢的，而是被人恶毒摧残的。21 处刀伤，他怎么就这么狠？他到底是个什么样的人？

反成众矢之的

一个年轻漂亮的女大学生，中午才和家人话别，晚上就惨遭横祸，身中 21 刀，不幸身亡。其实说起来，这事并非一点没有先兆 。

小余的母亲说：我们从长沙回到岳阳县，没多久，就听她同学说，这个人已经到了我们女儿那里纠缠她。

小余母亲说的这个人，叫尹伟。单从外形看，小伙儿也挺帅。从照片能看出来，他和小余关系挺亲密，俩人在一起也挺般配。那他们是怎么认识的呢？

小余的舅舅介绍说：她们几个同学约着一起去苏荷酒吧玩，他们是另外一伙，可能看到她们几个女孩子，就过来跟她们搭讪，通过这种方式得到了我外甥女的电话号码，然后就经常发信息，打电话，几个月以后应该是建立了一些感情。

偶遇，搭讪，俩人是这么认识的。当然了，对年轻人来说，这也不算什么。不过小余的家人说，尹伟比小余大几岁，他们之间的关系，小余也一直没跟家人讲，所以起初，他们并不知道小余有了男朋友。在小余的妈妈看来，女儿应该是在心里还没有认可他，所以就不想告诉父母。

杀害小余的就是这个尹伟。小余当初是不是认可了这个男朋友，我们也不太清楚。如果早点看清了，说不定就没有后来的事情了。

在家人眼中，小余是个乖巧听话的姑娘，从小到大，一直都是父母的骄傲，不仅长得漂亮，而且，从小就身材高挑，比同龄的女孩高出一截。她先是进了体校，后来又学了舞蹈。据小余同学介绍，小余曾获得过全国锦标赛的第一名。

身材好，长得好，又念了大学，小余的前途可谓一片光明。

小余的表哥回忆说："她跟我讲她的打算，因为她现在学的是舞蹈专业，如果出去找工作的话，择业的范围还是比较窄的，只能当模特，或者类似于这种职业。但是我给她的建议，我说你觉得当老师怎么样？"

小余觉得表哥的话很有道理，就报名参加了学校组织的教师资格证考前培训班。3月2日这天，她早早返回学校，准备迎接考试，哪曾想，等来的却是一个不速之客，一把残忍的尖刀。当晚8点左右，一个二十多岁的男子，走进了湖南怀化学院的女生宿舍楼。短短几分钟后，身中21刀的小余倒在了血泊之中，生命永远定格在了20岁，而行凶的不是别人，就是小余的男朋友尹伟。本来，大家都在谴责凶手的残忍无道，可接下来发生的一幕，却让人大跌眼镜。

因为就在大家猜测尹伟杀小余的动机是什么，为何下手这么狠的时候，网上出现了一篇神秘网帖，内容令人震惊。网帖爆料，说小余其实在老家有个男朋友，这次返校后，发现自己怀孕了，于是向尹伟提出要分手。这篇网帖还说，尹伟是个富二代，小余跟尹伟在一起，其实就是为了尹伟的钱，来满足自己虚荣的欲望，什么名牌包、高档化妆品，小余没少要。

这边谈着对象，那边还有个相好的，而且还怀孕了，这对一个男人来说，确实是很大的刺激，难道尹伟如此凶残真是另有隐情？

小余的舅舅不认同这个说法，他觉得这是绝无可能的，因为在法医的报告上根本没有关于小余怀孕的词语。

对女儿怀孕的说法，小余妈妈更是气得直哆嗦。人都没了，还往她身上泼脏水，你们怎么想的啊！

而且小余妈妈很确定，因为女儿回来之后她还在来例假，所以不可能怀孕了。

怀孕那么大的事儿，真不是轻易能瞒住的。那另有男朋友的事儿呢？虽然这不像怀孕那样有明显症状，但起码也得有点迹象吧？不是说纸里包不住火嘛，同吃同住了三年的同学，也说从来没有发现过什么。也许有男孩子联系她，但是作为一个女孩，这是很正常的，有时候就是说一个正常的问候。可以理解。但是她的同学没有看到她有什么形影不离的异性朋友，或者时刻拿着手机和除了凶手之外的人聊天。

所以和小余同寝室的同学对网上的议论很吃惊，用他们的话说，我们天天在一起，她吃什么穿什么用什么，都在那摆着的。而且看看她平时用的东西，就知道，她是一个挺节省的女孩子。

小余生活很节俭，从来不去花钱买什么高档用品，是个很仔细的女孩子。而且在小余的遗物中，发现了两个笔记本。小余是班里的生活委员，管着班里的钱。一本黑色的记事本上记录了大学三年来班里所有班费支出和收入的明细账目。大家也都知道，毕竟是学生，班费肯定有限，进进出出也不过千儿八百块。不过小余这账，一笔一笔都记得非常清楚。从这一方面能看出来，她挺负责，另一方面似乎也说明，这孩子确实挺仔细。另一本则是小余记录自己生活花销的。大学三年以来每天的开支，连一个馒头 5 毛钱，坐公交车花了 1 块钱，都清清楚楚地记录在这个本子里。

小余的同学说：我跟她去逛街，我们两个看上的衣服，如果当时觉得价位不合适，就会选择不买。哪怕是最漂亮、最喜欢的，也不买，而是会回来到网上去淘一淘看一看，如果实在是贵，那么就不买了。

同学们说了一大堆，基本证明，小余是个节俭仔细的孩子，说她靠男朋友养着，纯属胡说八道。末了，同学还说出了这么一句话：“有一次那个男孩子打牌输了钱，还来小余的寝室找她要钱呢。”

不光没给钱，打牌输了，还找女朋友要钱。但这好像也不能说明什么，谁都有钱紧的时候。不过有个细节我们必须得说一下，小余那个男朋友尹伟，确实开着一辆宝马车。难道他真是传说中的富二代？他对女朋友下那么狠的手，到底是为什么？

难以理解的疯狂

尹伟26岁，是怀化高速公路管理处桐木收费站的一名职工。其实这也就是一个普通的工作，可他却开着辆宝马车。这车就算最低端的，也得几十万元。他不会真是大家传说的富二代吧？可是问他的父亲，他父亲则说自己是农民，根本没有做生意。而且他现在没有这个精力，儿子犯了法了，没有办法，他也只能澄清他们是农民。

尹伟的父母到底是不是农民，我们也没弄清楚。还是说这个尹伟，一个刚刚参加工作的年轻人，居然开得起宝马，那得干什么活儿才能买得起？有外财？要不就是借的？为了那点面子还是为了忽悠女孩子？对了，还有那罪恶的21刀，什么仇恨至于下手这么狠？我们一直没有见着尹伟，所以，只能从下面的调查中试图去还原他的形象和性格了。

尹伟和小余两人之间究竟发生了什么呢？小余的同学说，其实，她早就看出苗头不对了。

小余的同学说：小余有几次就在被窝里哭，我说你怎么了，她说好压抑，老是被他猜忌，觉得生活过得很累，这是她最大的一个烦恼。

总是被他猜忌，活得太累。小余说这话，是案发前很长时间的事儿了。

小余的母亲说自己女儿心里很烦，受不了他太小气，所以跟他提分手。

分手这句话，我们不知道小余是什么时候说的。只知道，这句话带来了难以想象的后果！故事讲到这儿，有个细节我们必须得交代一下，当小余的舅舅看到满身是血，已经没了呼吸的外甥女时，曾经冒出过这么一句话：都怪我们心太软，不该放他一马，结果害了孩子！这话什么意思？原来，在这次行凶前，尹伟就和小余动过刀了！

小余的舅舅说：大年初七的下午，吃晚饭的时候，小余给她父亲打了个电话，她说她受伤了在医院里面。她爸爸就说为什么受伤。她当时就说摔了一跤。

当父亲的觉得女儿好像有点不大对劲儿，再说女儿毕竟在医院里，怎么也得去看看。就喊上了孩子的舅舅，一起赶到了医院。

当时小余一个人躺在医院里面，左大腿缠了好多绷带。大家就问她到底是怎么了，她说摔了一跤，亲戚们当时就质疑，摔倒怎么会伤着那个地方呢？小余就不太想说，好像有什么隐情一样。

在舅舅的再三追问下，小余终于说了实话。是别人拿刀捅的。捅她的不是别人，正是尹伟。尖刀刺伤了小余的大腿，伤口一共缝了12针。按说，这时候就应该报警，可小余的家人却选择了原谅和沉默。因为小余的家人觉得，小伙子当时才参加工作不久，考虑到他的前途问题，又是第一次，所以就没有追究他的刑事责任。

要说人心眼好，替别人想，是优点，可也得分是什么事。都已经动刀了，你还在那儿息事宁人，这等于埋下了日后的祸根。没过多久，尹伟就再次举起了尖刀。这回，小余就没有上次那么幸运了。可悲，可惜，可怜，可叹！

小余的母亲没想到，这么年轻，又是有文化有知识的，也是大学生，不是一般的青年，怎么就这么歹毒！

还真是，我们也想不通，这小伙儿，看上去也斯斯文文的，而且，也是读过书的人，怎么就走到了这一步：是家里有钱惯的？占有欲太强？是心眼太小，鼠肚鸡肠？还是精神异常，人格分裂？至少从目前的信息看，小余并没有什么过分出格的地方，尹伟又何至于那么残忍？凶手的父亲也说了，自己就是个农民，根本不是什么富商。如果这是真的，那你开个宝马到处显摆什么？有那些钱，为什么不孝敬孝敬父母。而眼下，残害了一个花季女孩儿，也断送了自己的未来，同时，让两个家庭支离破碎。两对父母，欲哭无泪。

乖巧漂亮的女儿，再也见不到了，当妈的，如今只能拿着女儿的手机，看着里面的照片，寄托那份无奈的思念。

这边父母如此，那边的父母也好不到哪儿去。自己儿子锒铛入狱不说，教育成这样，也是一种失败。另外，尹伟能携带凶器，堂而皇之出入校园，而且，居然还顺利地进入女生宿舍，不能不说，学校的管理也有问题。

怀化学院的相关工作人员说当时他们也没在场，所以具体是怎么样的情况，这个男生是怎么进去的，都无法说明。

不管怎么说，校外青年，随身携带凶器进入学校，而且，还轻易进入了女生宿舍，学校肯定存在监管责任。案发8天之后，怀化学院与小余的家人达成了协议，院方赔偿小余丧葬费等费用共计30万元整。当天下午，小余的遗体在怀化殡仪馆火化。

3月12日，案发10天后，家人把小余安葬在了岳阳老家。

小余入土为安了，嫌疑人尹伟也被怀化公安机关逮捕，等待他的将是法律的严惩。两个曾经相爱的年轻人，如今却阴阳两隔，葬送了彼此一生的幸福。抛开其他因素，这起悲剧说到底，还是因为感情问题。它提醒着人们，尤其是年轻男女，在处理自己感情问题的时候，都得多一点客观理智，多一点信任与包容，这样的爱情，才能和谐温馨，幸福稳定。

爱情需要温度，但过火了也不行，千万别烫着，更不能烧着。

消失在监控中的致命 14 秒

监控录像里的一场离奇车祸，女老板在开车途中死于非命。

一个人的车厢，可疑的伤口，是什么可以杀人于无形？

一段盲区，14 秒空白，究竟隐藏着什么致命杀机？

14 秒的盲区

说起监控录像，大家一定不陌生。在我们的生活中，商场、银行、医院，街道、公共汽车上，无数的摄像头，织成了一张无形的大网。这张网，能让很多的疑案，水落石出。但有的时候，它也会让一些看似简单的事情，迷雾重重，比如，我们这次要讲的离奇车祸。

浙江省诸暨市公安局 110 指挥中心接到了一位市民的报警。报案人称，在一家银行附近，发生了一起奇怪的交通事故。

交通事故中，司机受伤，这似乎不是什么新鲜事。到底有什么奇怪的？警察赶到现场勘查后，是这样描述现场的：一辆奥迪 A6 轿车，前面是个电话亭，一看就看得出，车辆跟电话亭有过碰撞。但是，民警同时也发现，这并不是想象中的大事故，顶多算个小磕碰。

这辆肇事车的外部，并没有什么明显的痕迹。可见，碰撞的力度并不大。然而令人惊讶的是，车内的情况却大不一样。座位上有大面积的血，但血量不是很多，没有渗透进坐垫。驾驶员的座位上有血，那司机还好吗？

浙江省诸暨市第一人民医院急诊科主任马毅军说：当时这个人已经没有任何知觉，也没有生命体征了。

车虽完好，人却血溅当场，没了生命体征。此时此刻，办案民警才意识到，这场看似简单的车祸，真的不寻常！

因为车的速度很慢，所以民警走访后觉得，这个伤势跟这个车祸有点不符。

警方初步了解到，驾驶奥迪车的是个五十多岁的女人，名叫袁文美，是当地一家民营纺织厂的女老板。袁文美身体健康，为人和善。当天，她在诸暨农村合作银行办完业务后，准备驾车回家。但不知什么原因，她的车，竟撞上了路边的电话亭。事后发现，袁文美随身携带的钱物以及首饰都没有丢失，现场也没有发现其他可疑的痕迹。但遗憾的是，袁文美却在这场非常轻微的事故中身受重伤，不久后，在医院不治身亡。

事故不大，但出了人命，这事情就大了。究竟车是怎么撞上电话亭的，怎么就能要了人的性命？为了进一步还原现场，警方调取了银行外面的监控录像。整个过程中，好像有什么蹊跷的地方。

银行监控录像显示，袁文美驾驶着轿车，从银行后院出来的时间，是当天下午的3点2分21秒，就在6秒钟之后，袁文美的车撞上了电话亭。

如果不是事先说明，人们可能都注意不到，这是一场事故。从银行后院出来，到撞上路边的电话亭，这段距离并不长。其间，车并没有发生可疑的摇摆。袁文美把车开得很慢，甚至可以说开得很从容，就这么慢悠悠地撞上了电话亭。按说，这么轻的碰撞，脑袋上磕个包都算多了，又怎么会致人死亡？难道问题不是出在外部的碰撞，而是出在车子的内部？

警方马上找来了车祸的第一目击者，现场旁边一家钢筋店的老板，向他询问事发时的一些细节。

据钢筋店老板说：突然听见摩托车倒地，砰的一声。我就抬起头来了，看见有一个黑车子，它很自然地、慢慢地开出去，最后撞到那个电话亭上面了。

一见撞了车，钢筋店老板连忙跑出来查看。监控录像上那个穿白衣服的男子，就是他。几分钟之后，围观的人越来越多，直到 120 以及警方赶到现场。

钢筋店老板说自己趴在窗户上面看，里面是有一个人的。而且他应该是第一个看到的。司机耳朵里面血流出来了，当时还以为她是心脏病，或者是别的什么疾病。

从钢筋店老板的话里，可以确定这么两个细节：第一，事发时，车子里只有袁文美一人，没有旁人；第二，目击者看到袁文美的耳朵在流血，这个伤，跟一般交通事故中常见的伤，似乎有所不同。

随后，医院方面也给出了初步的伤情报告。医生说，袁文美入院时，身体其他部位都完好，只有耳朵和后脑左上方一个细小的伤口在流血。创口很小，1 厘米不到，而且就一个，周围也没有血肿，医生们觉得比较蹊跷。致伤原因会不会不是车祸，而是其他损伤？

一般情况下，车辆撞击物体之后，由于惯性，司机都会随着往前撞去，即便受伤，也应该是面部、胸部或者是肋骨。为什么袁文美受伤的部位会在后脑？她到底遇到了什么情况？

警方了解到，出事前袁文美的车是停在银行后院里的。那么在后院里，她是否就已经受了伤。刚好，银行后面的院子里，也有一个摄像头，清楚地记录下了袁文美的行动轨迹。

监控录像显示，袁文美一个人走进了银行后院，看她的状态，没有任何反常的举动。很快，她上了车，熟练地倒车，转弯，然后轻松地把车开了出去。

上车前，一切正常，开车时，也没有异样。那人怎么就这样死了？对死者的家属来说，这种不明不白的死亡，更难以让人接受。至于袁文美后脑怎么会有一个细小的伤口，警方也做了种种推测，其中一种就认为，袁文美头上的一个锐利的金属发夹，在撞击时，刺入了袁文美的后脑。

可袁文美的家属对这种推测并不认可。想想也是，发夹都是横着戴的，怎么会垂直刺向人的后脑勺？就算角度找对了，在这种并不剧烈的碰撞下，发夹也不至于刺穿最坚硬的颅骨。再退一步说，就算发夹刺破了袁文美的头，为什么耳朵也出血了？

法医在查看伤口后也觉得，这么小的创口，这么严重的损伤，一定另有蹊跷。

可见，这样的解释，警方也不能完全说服自己。那到底是什么东西，或者说什么样的意外，能在一辆行驶的汽车内，杀人于无形？其实，很多至关重要的蛛丝马迹，往往就蕴含在一些看似简单的表象中。银行的监控录像，看起来似乎没什么问题，但通过反复的分析，办案民警无意间注意到了一个细节。

录像上显示，15 点 2 分 7 秒，袁文美驾车离开银行后院。在通过一个过道之后，她的车再次出现在银行前的监控画面里。此时是 15 点 2 分 21 秒。也就是说，车辆通过过道的时间是 14 秒钟。

按照奥迪车当时的车速，通过这条很短的过道，似乎用不了 14 秒。那么，袁文美在通过这条过道的时候，被什么事情耽搁了？由于过道里没有监控摄像头，这最关键的 14 秒，偏偏成了盲区。而就在案件调查即将再次陷入僵局之际，坐在电脑前的一个办案民警，突然紧盯着屏幕喊了起来：车窗，快看车窗！

神秘撑伞人出现

进入过道前，奥迪车的车窗还是关闭的，而从过道出来时，车窗却被摇下了一半。可以肯定的是，袁文美正是在那条过道里，摇开了车窗。那么，她仅仅是想透口气，还是要和什么人说话？又或者，她遇到了危险，想要大声呼救？这样一个简单的细节，让人隐隐觉得有点儿问题，但又一时理不清楚。就在此时，医院方面传来了一个消息，令所有人大吃一惊。

医生从 CT 片看出，在受害人颈部，有一颗高密度的物质。

之所以有这个发现，其实是因为袁文美家人极力坚持，要求医院为袁文美的头颈部拍摄 CT 片，结果却意外发现，在袁文美的颈部，竟然有一个闪闪发光的高密度物质存在。这会是什么？经过袁文美家人的同意，警方取出了这枚高密度的物质——竟是一个子弹头！

枪击！这个结果，令所有人无比震惊！要知道，在我们这个严格管制枪支的国家，竟然有人在城市里当街持枪杀人，这是多么可怕的一件事情！警方破案的压力更大了。其实，警方最初不是没有怀疑过，袁文美头上的小伤口会不会是枪伤，但是，由于案发地没有人听到枪声，现场也没有弹壳等遗留物，再加上子弹头进入了死者的颈部，未被发现，也就一直不敢妄下结论。现在弹头找到了，之前所有的疑点，似乎都在瞬间有了答案，一个个零散的细节，也由此穿成了一条清晰的线。

这么看，事情似乎是这样的：事发当时，袁文美驾车驶离银行后院，在监控盲区的过道上，她放慢了车速，或者停了下来，并摇下了车窗，此时，站在过道中的枪手近距离向袁文美的后脑开了一枪。整个过程不超过 14 秒。此后，中枪的袁文美失去了对车的控制，奥迪车怠速驶出过道，最终撞上了电话亭。

光天化日，当街杀人，却又能逃过所有人的视线，这是多么狡猾而又危险的一个枪手。14 秒钟，一枪致命，歹徒的冷血，也让人不寒而栗。这个人究竟是什么身份？既然他在过道中实施了犯罪，那就意味着，银行前后的监控录像中，一定有他的身影！警方立即扩大了监控录像的搜索范围。

警方调出了袁文美刚从银行办完业务之后走出来的监控录像，时间是当天 14 点 51 分 28 秒。此时距离她撞车还有不到 11 分钟，她随后走向了银行后院的停车场。52 分 28 秒，正好 1 分钟之后，她又折回了银行门口，和两名男子打起了招呼。

这几个人跟她都是认识的，因为她生意做得比较好，然后他们在跟她交谈，她的意思就跟他们讲，那里车子开不出来。

6 分钟之后，他们分开了，袁文美向银行后院走去，准备去开车。而此时，就在银行屋檐花盆的地方，露出了一把雨伞，袁文美似乎和一位撑伞的人搭上了话。警方猜测有可能是在跟他说这个车是谁的，或者问他这个车是不是他的，能不能动一下。

两个人说了一会儿话后，袁文美和撑伞的人一起走向了过道。

可能是在帮她挪车了，于是袁女士就进去了。在挪动车辆的过程中，伞还一直撑着。

随后这个撑伞的人也跟进了过道，没过多久，也就是 15 点 2 分 21 秒，袁文美的车出来了，在她的车失控撞到前面的电话亭之后，那名撑伞的人从银行后院的过道里走了出来，从旁边消失了。

浙江省诸暨市公安局刑侦大队教导员吕国坚说：按照老百姓的习惯，有这种事发生的话，大家都会围过去看，但是，他却没有往这边看一下，直接从车后面走掉了。这个人很可疑。

可疑的撑伞人，引起了警方的注意。从银行前后的监控视频里看到，当时只有这个撑伞的人走进了那个通道。那 14 秒里发生了什么，只有他知道。或者说，很可能就是他制造了这一切。

这个撑伞的人会是谁？警方继续扩大对银行监控视频的查看，果然，他们又有了重要发现。在袁女士出事半小时之前的视频中，这个撑伞的人从摄像头下走过，然后一直站在银行的屋檐下，再也没有离开过，直至和袁女士搭上话。这个撑伞的人在银行附近逗留了 34 分钟。他的反常举动引起了警方的高度重视。

一是他没有任何办业务的迹象，但在银行门口待了很长时间。二是他当时撑了一把雨伞，但是站在银行的屋檐下面也淋不到雨，却在二三十分钟里一直打着伞。

撑伞人的怪异举动，加深了他的嫌疑。然而，在模糊的影像中，我们只能看到那把雨伞，却看不到伞下面究竟是怎样的一个人。看来，这是一个深藏不露、很不好对付的家伙。

警方进一步扩大视频查看范围，调取银行周边宾馆、饭店等社会单位安装的监控探头。这一次，寻找的重点，已经从袁文美转移到了这个撑伞人的身上。很快，警方在银行附近的一家宾馆的摄像头里发现了这个熟悉的身影。

在案发之前 1 小时，那时候还没下雨，有一个撑着红伞的男子，他过来了，走路的姿势，与嫌疑人有点像。而且因为天没下雨，他撑着把伞，也比较可疑。

画面上，撑伞的人一直站在路边，并不停地转动着雨伞，似乎有些魂不守舍。这个地方距离银行约 60 米，后来他离开了这里，向银行方向走去。结合前面种种可疑情况，警方认为，这个徘徊在银行周边的神秘撑伞人有重大作案嫌疑。

在这段视频中，撑伞人的形象清晰了许多。这个男人有些秃顶，略瘦，还有点儿微微的驼背。看样子，这个人并不年轻，似乎已经上了岁数。他到底是谁？为什么要去开枪杀人？当然，现在最要紧的，是找到这个人的下落。怎么找？当然还是通过这张无形的天网——在事发地附近的无数个监控画面中去寻找。

通过监控画面，警方可以看到，嫌疑人走出过道之后，是从远离监控探头这个方向离开了，于是，大家顺着这个方向继续追查下去。在农村合作银行左侧600米左右的马路边，有一个公交站，这里有开往诸暨市区的113路公交车，车的头部都安有监控探头，对着马路正前方。警方发现，撑伞人逃离的时候，这里正好停着一辆113路公交车。这辆车的监控探头，是否恰好捕捉到了嫌疑人的影像呢？然而令人失望的是，并没有穿黑衣的撑伞男人，甚至连行人都很少，只有一位白衣男子上了车。等了一会儿，警方再次将这辆公交车拍到的录像重新放了一遍，这一次，办案民警的眼睛亮了。因为警方根据之前掌握嫌疑人的情况，判断这个拿着伞上车的白衣男子，便是要找的嫌疑人。

从犯罪嫌疑人离开犯罪现场，到跑向公交车，这个时间其实很短，只有3分钟。在逃离过程中，这个人还能紧急变装，由黑变白，他是怎么做到的？

原来，犯罪嫌疑人是在沿途一条没有监控的巷子里换了装。

从打伞到换装，甚至选择监控死角实施犯罪，这绝对是有意为之，目的是掩人耳目、混淆视听。可见，这个嫌疑人有多么的老奸巨猾。可尽管犯罪嫌疑人想方设法地隐藏形迹，他还是没有逃过这“疏而不漏”的监控之网。这次，113路公交车的监控探头立功了，因为它不但让我们看到了犯罪嫌疑人的清晰样貌，甚至还让我们听到了他的声音。

极大的讽刺

命案现场就在几百米之外，犯罪嫌疑人的身上很可能还带着杀人的手枪，此时此刻那个男人会是什么心情？他当然要马上逃离！越快越好！当他向着113路公交车跑去的时候，他可能想不到，这个逃离的过程，已落在警方的视线之内了。

因为113路公交车上有一个摄像头，对着乘客上车的车门。这台摄像头显示，当时司机正趴在方向盘上休息，等待着发车，而那名男子此时上了车。接下来，车里的另一个摄像头，记载了这名男子上车后的活动情况。

视频显示，当看到车上没有几位乘客之后，这名男子上车转了个圈，很快又下去了。6分钟之后，司机已经抬起了头，准备发车。而那名男子则手里拿着一瓶矿泉水，在车外徘徊。车子即将启动的时候，男子赶忙上车。车子开动后，这名男子不停地向后张望，还撩起了上衣擦汗。

上来下去，左右徘徊，又是喝水，又是擦汗。透过监控画面，能明显感觉到这个人的焦虑。他能不焦虑吗？再穷凶极恶的暴徒，也有害怕的时候。他怕的就是此刻，是等着别人来抓的那种忐忑。

大约15分钟之后，犯罪嫌疑人在诸暨火车站下了车。

火车站是人流最为密集的地方。一看犯罪嫌疑人在这里下了车，办案民警心里说，糟了！火车站虽然也有监控录像，但是要从茫茫人海中去找这个人，无疑是大海捞针。看来，只能换一条路，再想想别的办法。

警方又一次查看之前的监控录像，忽然，一段113路公交车前的录像让办案民警灵光一闪。嫌疑人第二次上车前，似乎和司机有过一段对话，他们在说什么？

嫌疑人第一句是“出没”，第二句是“出了没有”，这两句话虽然声音比较模糊，但还是可以分辨得出来。意思是这个车出发了没有。

原来，犯罪嫌疑人是在问司机车是不是马上出发，虽然只有几个字，但正是这几个字，让警方侦查的方向一下子明朗了起来。

警方请来了公安厅声纹鉴定的专家，也请来当地的一些老百姓，最后确定嫌疑人所说的话，是诸暨马剑镇那一块区域的方言。

专家认定，犯罪嫌疑人的口音，就是马剑口音。警方立即带着犯罪嫌疑人的视频和照片赶赴马剑镇，进行走访调查。很快，就有了一个非常令人振奋的结果。

诸暨市马剑镇建辉村村委会主任许时标说：可能最多1分钟，我就确定了，就是我们这里的许德勇。

许德勇，1951年5月23日出生，未婚。据了解，许德勇曾两次因盗窃被判刑，第一次服刑14年，第二次服刑7年，第二次释放的时候，他已经年近半百了。

这人是个劣迹斑斑的惯犯！他为什么要向女老板开枪？为了钱？可为什么在案发现场，袁文美随身携带的财物，他没有拿走一分一毫？

警方来到许德勇家，透过窗子看到里面四壁空空，一些物品散落在角落里。看得出许德勇很久没有回这个家了。经过进一步调查，警方了解到，许德勇一直在大唐镇打工。在制订了周密的抓捕计划之后，9月6日凌晨，警方展开了抓捕行动。

警方冲进去的时候他还在睡觉，没反抗。抓捕也比较成功。

在许德勇租住的地方，警方找到了他作案的手枪和15发子弹，其中1发子弹已经上膛。

这个枪是仿制的六四式手枪，嫌疑人自己说他是在云南的一个地方买的。而跟云南警方进行联系后，云南警方已经把这个制枪贩枪的窝点端掉了。

经审讯，许德勇对自己持枪制造的案件的事实供认不讳。而许德勇的供述，为我们解开了这起案件中最后的那些谜团。

当天，许德勇把手枪别在了裤腰带上，在银行周边徘徊了很久，准备实施抢劫。最终，他盯上了女老板袁文美。由于过道里有摩托车堵路，许德勇和袁文美搭上了话，并且帮袁文美移开了堵在门口的车。等袁文美去开车的时候，他尾随跟进了银行的过道。在过道里，许德勇敲开了袁文美的车窗，对方以为他还有什么事，完全没有防备。而许德勇直接对着袁文美的头部就是一枪。可是，袁文美中枪之后失去了知觉，脚下的刹车一松，汽车自动滑向了前方。许德勇根本来不及抢车里的包，眼睁睁地看着汽车朝着大门外开去，直到撞到上了电话亭，他赶紧偷偷溜掉了。

害了别人的性命，却没有抢到1分钱。机关算尽，最终还是落入了法网。这似乎是个极大的讽刺。

干坏事儿的人，总以为自己是可以隐形的，但事实恰恰相反，罪恶的尾巴，早晚会让你无所遁形。

神秘连环失踪案

莫名其妙，诡异失踪案竟然连续发生。
神秘手机发来神秘照片，引发出乎意料的事件进展。
关键人物意外现身，似乎惊魂未定。
三个先后离奇失踪的男孩；
一个令人不寒而栗的真相。

先后神秘失踪

这是一起神秘的失踪案，失踪的是 3 个年轻人，家都住在湖北丹江口市。他们几乎在同一时间，竟然先后失踪了。而且，失踪的过程，还相当诡异。

张建红是第一个向警方报警，说儿子失踪的家长。张建红的儿子叫黎治强，失踪的时候刚满 18 岁。

一双 41 码的帆布鞋，一件红底白点的上衣，一条灰色长裤。黎治强失踪时就是这个打扮。这身衣服，是妈妈中午刚买的，可到了晚上，儿子就没影了，彻底失踪了。

黎治强是一名高二的学生。2014 年 5 月 25 日这天是星期天，但还得上晚自习。黎治强在家吃过晚饭，背上书包，骑着自行车就走了。可能是白天有点累，当天晚上，母亲张建红很早就躺下睡了，等她从梦中醒来时，发现问题了——儿子上晚自习，一般都是10点左右就回家，可这都凌晨2点了，怎么还没回来？

黎家住在四楼，楼下的楼梯口有一个储物间，每天放学，黎治强都是先把自行车推进储物间，再上楼进屋。此刻，妈妈张建红发现，儿子的自行车就在储物间里，书包也在，说明儿子肯定放学了，可他为什么没回家？

黎治强的母亲等了一个多小时，儿子还是没影儿。张建红就想，儿子平时喜欢上网，以前也曾有过在网吧夜不归宿的事儿，干脆，我去附近的网吧找找。可找了一大圈儿，没有。说话间，天已经亮了，儿子不但没回来，手机还关机了。

张建红说："是不是孩子跑到哪儿玩去了，结果下午还没回，到晚上七八点钟，我想不对劲。"

到底是不是不对劲儿，怎么不对劲儿了，下面再说。再说说第二名失踪者。他叫杜宗泽，也是18岁。需要说明的一点是，他和前面失踪的黎治强，虽说都住在丹江口市里，但两人之前并没有交集，说白了，他们并不熟悉。那杜宗泽又是怎么失踪的？

杜宗泽的母亲说，5月27日中午，在家吃过午饭后，杜宗泽说要出去找朋友玩，结果当晚就没有回家。杜宗泽的父亲便让孩子的几个同学帮忙找找。

可几天过去了，没有任何消息，一句话，杜宗泽也失踪了。他去哪儿了？和前面失踪的黎治强有什么关系？别急。还得再说说第三个失踪者。他叫吕志伟，比前面那两个失踪者要大一岁。

吕志伟的父母说，儿子是5月20日失踪的。当天，正读高二的吕志伟，因为在学校吸烟，被老师抓住了，老师要求他回去请家长，结果吕志伟从此就没了人影儿，电话也打不通。

故事讲到这儿，咱们来简单梳理一下。5月25日，黎治强失踪了；5月27日，杜宗泽失踪了。而第三个，也就是吕志伟，听他父母的意思，他失踪的日期似乎更早，应该是在5月20日左右。7天的时间，3个年轻人先后莫名其妙地失踪了，这事儿听起来有点邪性，他们的失踪是否存在某种关联？

黎治强的爸爸是名建筑工人，长期在外地打工。平常家里只剩下母子俩，眼下，唯一陪伴自己的儿子却突然失踪了，当妈的真着急上火。

黎治强失踪后，妈妈张建红的魂儿也跟着丢了，每天都是呆呆的，不知干什么。和她一样，杜宗泽失踪后，他的父母也是焦躁不安，以泪洗面。

杜宗泽的父亲说自己的儿子特别孝顺，如果我晚上上夜班，上了一夜，回来以后，我一睡觉，中午饭都是他做的，我如果睡到1点钟不想起来，他就等着我起来一起吃。

杜宗泽的父亲是做保安工作的，母亲在城里做保洁，家里的经济条件很一般。儿子是他们唯一的希望，为了培养儿子，夫妻俩也是付出了全部，可儿子突然失踪了，这让两口子觉得，自己的未来也飘忽不定了。杜宗泽的母亲神情甚至有点恍惚，说了句：杜宗泽做饭做得特好吃。

和前两家比起来，吕志伟家的条件还算不错。父母在城里开了一家烟酒行，生意也挺好。当爹的四十多岁才有了吕志伟，所以打小就对他相当宠爱，也给了他最好的学习条件和生活条件，希望他能够成才。可眼下……

总的来说，这就是3个普通家庭的孩子，却突然相继失踪了。就像吕志伟母亲说的，不管死活，起码得知道孩子在哪儿。难道就一点线索都没有？也别说，真有！还记得第一个提到的失踪者黎治强吗？其实，在他失踪后的第二天夜里，家人就接到了一个电话，一个神秘又阴森的电话。

失踪之谜

事实上，黎治强失踪的第二天晚上，家里就接到过一个神秘的电话，至于内容，黎治强的妈妈说，打来电话的是个年轻男子。对方说了，你儿子黎治强被我绑架了，得拿钱，一张口就是20万元。不过，家人当时对这事儿根本不信。

黎治强的母亲张建红说：现在我是一个人在家，你要不相信，你带个人，你跟我一起到我家看，看我们家的条件。

这还真是实话。自己没工作，丈夫是个打工的，就这条件，居然还有人绑架咱儿子，勒索钱财，那不是白费劲？肯定是假的。这时，打来电话的人，似乎也感觉到了黎治强妈妈的怀疑，他马上给黎家人提供了证据，就是用手机传来了一张照片。

背景看不太清楚，但照片上的人，还是能辨认的，的确是失踪的黎治强。他身上穿着的，就是失踪当天妈妈张建红刚买的新衣服。这下，想不信都不行了。

一番讨价还价之后，赎金降到了 1 万元。但对方要求了，必须在当天晚上 12 点前，把钱送到郊区一个景点的大门后。张建红一想，1 万块钱就能换回儿子的平安，认了！她赶紧找人凑了 1 万块钱，送往指定地点。

对方说，你先把钱放下，然后去另外一个地方接儿子。张建红倒是挺听话，完全照做了。结果，钱是放下了，却压根儿没看见儿子黎治强的影子。打对方的电话，人家已经关机了。再返回到景点大门这么一看，刚放下的 1 万块钱，也没了。要说这当妈的也真够呛，按说，当初接到勒索电话就应该报警，她倒好，事情都到这地步了，还做梦，老觉得绑匪只是为钱，既然把钱收了，人就会平安地放回来。可左等右等，6 天过去了，儿子黎治强还是没动静儿。当妈的这回可挺不住了，终于报了警。

既然家属报案了，那就查吧。先去学校问问。老师和同学说，黎治强在失踪那天晚上，确实来了学校，一直上完晚自习才离开。而且，他是一个人独自骑车回家的，至于后面发生了什么，他们都不清楚。

说话间，黎治强已经失踪 8 天了。就在这时候，一个看似偶然的信息，让黎治强失踪案有了意外转机。因为又有两份报警说他们的孩子失踪了。这两个失踪的人，正是故事开篇提到的杜宗泽和吕志伟。而他们的父母，也是在多天寻找无果后，才向警方求助的。警方照例得问一下相关细节，这一问不要紧，他们很快就发现了一个微妙关系，也正是这个发现，让 3 件看似无关的失踪案，无形中被串连在一起。

因为黎治强的老师说：他们是高二 21 班的，以前关系比较好。

这所谓的关系好，指的是黎治强和吕志伟！原来，他俩在高一的时候，曾经是同班同学，后来上了高二，文理分班，两人才分开。曾经的同学，关系还不错，现在却一起失踪了，这能不让人产生联想吗？故事讲到这儿，还得说一下，其实，黎治强当时失踪的时候，妈妈张建红就曾怀疑过吕志伟。

黎治强的妈妈张建红说：吕志伟在学校里叫大炮，意思说社会头子叫“大炮”，外号大炮。在学校里都说是个“混混”，大混混。

混混！言外之意，不是什么好人。儿子天天和他混，好不了。也别说，不光张建红这么想，另外一个失踪者杜宗泽的父母，也怀疑儿子的失踪与吕志伟有关。为什么？原来，杜宗泽和吕志伟是初中同学。而杜宗泽失踪前，经常和吕志伟在一起玩。

故事讲到这里，有个关键的信息就值得注意了。3个人先后失踪，而其中的一个，分别是另外两个人的初中和高中同学。这看似不起眼的微妙关系，实际上，已经把3起失踪案悄然联系在了一起。而处于这个关键节点上的人，就是吕志伟！看来，得先调查一下他了。

一番明察暗访后，警方了解到，19岁的吕志伟私下谈了个女朋友，那就先问问她。

女朋友说，吕志伟5月20日离校后，白天一直在网吧打游戏，晚上就和她在一起。可5月27日以后，吕志伟就再没露过面儿，手机也打不通了。

从女朋友的讲述来看，吕志伟的真正失踪时间，应该是5月27日。27日？这个日子耳熟啊，杜宗泽也是在这天失踪的。难道这是巧合？别急，看看下面的内容，就明白是怎么回事儿了。

开客运大巴的司机说，5月28日一大早，他的车刚刚驶出丹江口市区，就被两个年轻人拦住了，这俩人上车后也不多说话，后来在襄阳市城区下了车。

拦车搭车的，是两个年纪轻轻的小伙儿。他们不是别人，正是吕志伟和杜宗泽。三个失踪的人，这会儿有两个一起现身了，那另外一个在哪里？

难以想象的真相

吕志伟和杜宗泽，两个人在5月27日一起失踪，第二天一早又一起离开。除了这个，5月27日那天还发生了一件事情，当天晚上，绑匪曾经从黎治强家人手中拿走了1万块钱。几件事这么一串，究竟问题出在哪儿，大家心里也大概有数了。一句话，黎治强的失踪多半和这俩人有关。那黎治强此时在哪儿，是生是死？警方正尽力搜寻时，那个吕志伟突然有消息了。

原来，6月2日下午，吕志伟女朋友的手机，突然接到了一个陌生号码发来的几条短信，而发短信的人自称是吕志伟。他说，自己现在在外地，被一个“组织”给控制了。

湖北省丹江口市公安局局长盛玉涛介绍说：现在已经加入了一个叫什么“狼人”的组织，一个专业的暗杀型的组织，什么任务都能执行。

狼人！光听这名字，就够狠的。看来，这应该是个非法的恐怖组织。吕志伟在短信上还说了，自己是被杜宗泽带到这个组织里去的。那些人强迫他去做违法的事，他不愿意，又没别的办法。现在，每天都处在危险之中，还无法脱身，赶紧想办法救人。

上哪儿去查这么个组织去？说话的工夫，3天过去了。6月5日深夜，家人突然接到了吕志伟的电话，他说，自己从那个非法组织里逃出来了，现在人在武汉，没路费回家。你们赶紧来接我！

吕志伟的父亲回忆当时接儿子的情形说：我的胳膊搀住他（吕志伟）的胳膊，他走路都打战，一搀就贴到我身上了。

看这意思，刚刚逃出来的吕志伟仍然十分恐惧。休息了一晚上后，他似乎缓过来点儿了，向警方讲述了自己这些天的遭遇。他说，5月20日那天，老师让他回家去叫家长，他不愿意去，就不想上学了，但也不想回家，就一直泡在网吧里。这一泡就是五天。到了5月25日，曾经的初中同学杜宗泽突然给他打来电话，说有事找他。

吕志伟说：他要找黎治强，让我在马路边上等，说找他有事。

于是，当天晚上，刚刚下晚自习回家的黎治强，在楼梯口，就被吕志伟叫住了。毕竟是同学，关系也不错，所以，黎治强就跟吕志伟走了，去了丹江口市区的一座小山——金岗山。而这个地点，是杜宗泽事先和吕志伟约好的。

吕志伟描述，到了金岗山，杜宗泽就和他说了，你先在这儿等着，我和黎治强上山谈点事。一个多小时后，杜宗泽一个人下来了，告诉他，黎治强从岔路上自己先回家了，咱也走吧。吕志伟说，随后两天，他仍然在网吧上网，到了 5 月 27 日，杜宗泽又找到他了，说要带他去外面玩儿。他一想，反正自己无所事事，也正闹心，就答应了。俩人先是去了襄樊，接着又去了武汉。而到武汉的时候，还有车来接。那车开了一晚上，到了个不知名的地方，应该是出了省。可让自己万万没想到的是，刚一下车，就被一伙人给控制住了，后来才知道，这是一个黑社会团伙，而杜宗泽和他们很熟，还强迫他入伙。

吕志伟说，自己又惊又怕，想回家，可杜宗泽他们不让，一直派人看着他。但他一直没死心，总想伺机逃走。这期间，他曾偷偷地用一个团伙成员的手机，给女朋友发了求救短信，可左等右等，还是不见救兵。6 月 4 日那天晚上，机会终于来了，杜宗泽和看管他的人都喝醉了酒，他趁机逃了出来。

这么说来，有点像电影大片里的场景。而且吕志伟的描述可谓绘声绘色，惊心动魄，这经历，这情节，丝毫不亚于好莱坞电影。可越像电影，问题就越大，为什么？因为电影都是编的！那吕志伟这电影般的描述，能经得起推敲吗？前面就提过，杜宗泽和黎治强两个人根本就不认识，平白无故找他干什么？再说，你都 19 岁了，也读过书，就这么稀里糊涂被人带到了外地，却连具体地方都不知道，怎么可能？可是要说他编故事的话，眼下还没有证据。这时候，警方想到了一个关键问题，黎治强当晚是和杜宗泽一起上了金岗山，打那以后就彻底失踪了。没事儿当然更好，如果真出了事儿，那山上会不会有所发现？

而且警察们想，如果他们在金岗山上，把黎治强给谋害的话，尸体应该还在金岗山上。

警方立刻组织警力，对金岗山进行了全面搜寻，可一天一夜搜查下来，没发现黎治强的踪迹。不过，在金岗山脚下一座加油站的监控视频中，警方发现了一个熟悉的身影。吕志伟！他当时去买汽油了。可他既没有汽车，也没有摩托车，买汽油干什么？警察们突然有了不祥的预感，不行，这吕志伟身上肯定还有更可怕的事情，必须让他尽快说实话。这回，就一一给他点破，看他还怎么说。

湖北省丹江口市公安局刑侦大队大队长朱建江说：“情绪上发生了激烈的变化，他（吕志伟）就是咬着牙，手抓着一个椅子的扶手，表现出一种歇斯底里的症状。”

下面的事，不用解释，大家也会明白。吕志伟前面讲述了一个电影般离奇的故事，接下来，再听听它的另一个版本。这才是真实的版本！

吕志伟说，杜宗泽学习成绩不好，是学校里出了名的坏孩子，打架斗殴，啥事都干。几年前，还因非法拘禁他人，被判入狱1年。从监狱里出来后，杜宗泽经常去学校找他。

用吕志伟的话说，杜宗泽老找自己要烟要钱，想拒绝，还没胆儿，因为杜宗泽心狠手辣，他害怕。出事儿前，杜宗泽跟他说，手上没钱了，想绑架一个人弄点钱，让他物色对象。刚开始他一直搪塞，可有一天，他和黎治强在一起玩，被杜宗泽看到了，结果，黎治强就成了目标。

吕志伟说，在杜宗泽的威逼下，他只得配合。5月25日晚上，他把刚下晚自习的黎治强骗到了金岗山。在一个山洞里，他和杜宗泽先是给黎治强拍了一张相片。后来，又担心放了黎治强会被告发。就和杜宗泽一起，用事先准备好的刀具，将黎治强杀害了。第二天，他们又给黎家人打电话要赎金，拿到钱后，就一起去了苏州。而到了苏州后，杜宗泽还想再绑架一个人，并且还让他杀人，他害怕了，想尽快回家，又担心被查，于是，就编了一个被黑势力组织威胁控制的谎言。

为了印证吕志伟的供述，警方再次对金岗山进行了搜寻，结果在一个山洞里面，发现了一具被烧焦的尸体。而这具尸体正是失踪多日的黎治强。6月8日，在苏州的一处出租屋内，另一名嫌犯杜宗泽被抓获。

被抓的杜宗泽说：什么事基本上都不计后果。

这算什么？无知者无畏？面对这样的行为，这样的言论，这样的态度，大家心里什么滋味儿？还有那个吕志伟，也没好到哪儿去。听前面的叙述，他倒是把自己撇得挺干净，事实上，他的所谓理由根本就不成立。就算要烟要钱你是无奈的，可绑架杀人还能说是被迫的吗？究其原因，或许和以下几个方面有关：一是交友方式，二是求学过程，三是家庭教育环境。一句话，青春的列车动力澎湃，激情高速，它的轨道，需要更细心、更耐心的检查呵护，一个环节疏忽大意，都可能发生意想不到的悲剧！

各位当家长的，别管孩子大小，都上点心，留点意！前车之鉴太多了。

神秘的红酒

一间透着诡异的豪华公寓；
一个神情异常的妙龄少女；
一排排暗藏玄机的红酒；
一连串匪夷所思的名字。
难以想象的亡命徒，
触目惊心的不归路！

暗藏玄机

“美酒加咖啡，我只是心儿醉……”好听的歌曲，陶醉的感觉。可如果这美酒加了别的，尤其是不该加的东西，那又会是何种后果？

一幢位于太湖之滨的公寓，外面看上去好像并不起眼儿，但再看看里边儿，真是够奢华。这是一幢高端公寓，这里的一居室，也就是通常说的单间，月租金就高达 7500 元。公寓不仅装修豪华，设施齐备，还提供免费室内保洁服务。连公寓的租售合同，都是中英双语的。不难想象，公寓的服务对象是多么的高端。它的租赁合同中，乙方，也就是租房子的，是个刚刚 20 岁的漂亮女人。住这地方，那得多幸福啊。可这会儿，她却是哭着回到了公寓。

“要不要带我们去，说话，说话！”

这是怎么回事？一个年轻漂亮的小姑娘，被几个大男人围着，而且，这些人说话的语气还挺横。难道是绑架？要不就是被要挟了？

电梯很快到了九楼，年轻女子就租住在这层。也不知为什么，房门打开的瞬间，她突然大喊起来，而且，还夹带着哭腔。

“你们把我老公带过来，你们把我老公带过来。”

女孩儿一边哭，一边重复着一句话，把我老公叫来，把我老公叫来。那感觉，又委屈又可怜。可她身边的那些人，一点商量都没有，彻底拒绝了她的要求。这么不近人情，这到底是些什么人？

“看看有没有，好像没有。”

这明显是在搜查。没错，他们根本就不是什么绑匪，而是——警察！是苏州市公安局的警察。此刻，警察在房间里左翻右看，好像在找什么特殊东西。卫生间和客厅都翻了，一切正常。厨房里也看了，没什么异样。可到了卧室里，眼前这个衣柜，引起了警察们的注意。

这个衣柜分上下三层，每一层都放了大量的红酒，整排整排的红酒，有大瓶有小瓶。一共120瓶红酒，被从衣柜里翻出来。可这又能说明什么？现在很多人都爱喝红酒。再说了，这是高端公寓，人家有钱，爱买多少买多少，爱放哪儿放哪儿，这个警察也管？再看那酒，的确是红色液体，看不出什么异常。不过，酒看起来没异常，可酒的主人却异常了。这边警察正琢磨这红酒，那边的年轻女孩儿突然冒出这么句话来：“这些东西都够我和我老公枪毙10次了。”

什么？不就是翻出几箱子红酒吗？犯得着情绪这么激动？就算是走私的红酒，也不至于枪毙呀，还10次！听这意思，女孩儿自己心里似乎很清楚，摊上事儿了，还是大事儿。这故事，还得从四个月前说起。

有人在敲门，嘴里说：我是504的，你们家漏水。

楼上漏水，把楼下淹了，人家肯定得找楼上的。该修的修，该赔的赔，可是，这一次根本不是什么漏水，找上门来的也不是什么楼下的邻居，而是便衣警察。他们正在进行一次扫黄行动。

这次扫黄行动挺成功。根据事先掌握的情报，警方在出租屋内，抓获了两男两女四名涉黄人员。对卖淫嫖娼的行为，4个人也供认不讳。本来，这只是一次单纯的扫黄行动，可警察们却有了另外的发现。在卧室的电视柜上，有3个奇怪的矿泉水瓶。每个瓶子的瓶盖都被打穿了，还插上了塑料吸管。

这东西确实不太寻常。如果是为了喝水，拧开盖就行了，何苦费劲，非要在盖上凿个洞，插上吸管儿，这简直就是精神有问题。再看这吸管儿，造型也很怪异，跟水烟袋差不多。难道不是喝的？是抽的？这怪异的东西是在屋里发现的，肯定和刚刚抓获的两男两女有关系。

朱朱是当天被抓获的涉黄人员之一，她今年22岁，在夜场工作好几年了。她说，刚到夜场没多久，就为钱出卖了自己的身体。也正是在这个过程中，她遇到了一些特殊的嫖客。

要说这个朱朱，也是个傻孩子。本来，从事皮肉生意，就已经是玩火了。这会儿，她又开始玩另一个更危险的游戏了——毒品！听上去，朱朱似乎因为天真才接触毒品的。但这种说法，警察听的见的太多了。他们也推算了一下，按朱朱自己说的时间看，她现在成瘾的可能性已经非常大了。那问题自然就来了，靠客人偶尔带来的毒品，恐怕难以满足朱朱。那她需要的毒品又是从哪里来的?

朱朱说，她的毒品都是从一个叫黄老邪的人手里买的。黄老邪！这怎么还扯上东邪西毒了？倒不如叫欧阳锋更贴切。正如她自己说的，这肯定是个化名，或者说是外号。听到这个名字，苏州市禁毒支队的大队长苏军突然想起件事儿。

一年前，他就经常得到线报，说有个外号叫“黄老爷”的人，一直在苏州几个城区贩毒。当时，警方也曾盯了他一阵子，但这个黄老爷相当贼。一旦有风吹草动，他就会搬地方，换号码。

老话讲，捉奸捉双，捉贼捉赃。抓毒贩，更需要人赃俱获。这个所谓的黄老爷相当狡猾，一直和警方玩着猫捉老鼠的游戏。这会儿，突然又冒出个黄老邪来，警方就想，在苏州方言的发音中，“爷”和“邪”是同音，他俩会不会是同一个人?

朱朱说：黄老邪，王老吉，他一会儿叫这个名，一会儿叫那个名的，她就只知道这些而已。

狡兔三窟，这也不奇怪。干坏事儿哪能轻易用真名儿。尽管朱朱并没有提供太多的线索，不过，起码知道有这么个人——黄老邪。那这个黄老邪和故事开头出现的那个女孩儿，还有那些神秘的红酒又有什么关系？别着急，好戏还在后头。

神秘人物陆续登场

黄老邪干的事儿确实够邪性——贩毒！多方打探后，警方了解到了关于黄老邪的一些信息。此人，说话带湖北口音，没有固定住所，平时开着一辆黑车招揽生意。而这辆黑车的车牌，是鄂A开头的，不用问，这是湖北牌照。这就好办了，因为在苏州，湖北牌照的车并不多，所以，警察没费多大力气，就锁定了“黄老邪”。

当然了，警方这会儿还处于试探侦查阶段。很快，他们就发现问题了，这个“黄老邪”，白天几乎不露面，都是在夜里出没。他一边儿跑黑车，一边儿贩毒。

江苏省苏州市公安局工业园区分局娄葑派出所的倪心宇民警说：他贩毒，不是直截了当地说，这毒品卖给你多少钱一克，而是讲得含蓄一点，比如说送给你一克毒品，你给我多少车费，其实这个费用，根据他们讲，就是毒资。

真不愧叫黄老邪。这生意做得！平时开黑车拉零活儿，十块八块的钱也赚；有机会的时候，还有不按公里数收费的特殊生意。观察一段时间后，警方发现，这“黄老邪”虽然活动频繁，但每次贩毒的量并不大，都是以克为单位的。警察由此推断，黄老邪应该只是这个贩毒团伙的最底层。那他的货源又是从哪儿来的？

按照警方的说法，他只是一个线头，但是挑出了一个线头，警察们就可以顺线查了。

话是这么说，真查起来还是有难度。这“黄老邪”毕竟是个黑车司机，每天接触的人很多，其中，既有普通乘客，也有吸毒的，没准儿，还包括给他供货的。到底谁是他的上家？经过一段时间的秘密跟踪，警察发现了问题。

他平时做黑车生意，都是晚上做的，他贩毒也是晚上贩的，但是有几次警方发现，他白天去接了一名男子。

平时白天根本不出门，这会儿却特意接了一个人，黄老邪这行为明显反常，一定要跟跟看。连续跟了几天后，警方发现，黄老邪和他接的那个人，基本都是在城郊一个偏僻的停车场碰面。每次见面的时候，黄老邪都会塞给对方一沓钱，而对方也是礼尚往来，还递给黄老邪一包东西，看着像饼干。至少从外表看着是饼干。可是，买包饼干不至于这么神秘，也用不了那么多钱。这里面肯定有特殊问题。这个男人，多半就是黄老邪的上线。

人都露面了，身份自然也不难查明。没几天，警方就弄明白了。他叫唐磊，苏州本地人。他在苏州的几个老城区，秘密开了不少小赌场。而除了这个，他还有更大油水的副业。

警方曾假扮买毒品的人向他询问，而他则说：你尽管开口好了，我这里，你要什么品种我都会提供。

什么品种都能提供？这说的可不是养花，也不是养狗，是毒品。而且，口气还不小。很明显，这个唐磊比黄老邪还邪乎，黄老邪也就是几克几克的小折腾，作为供货人，唐磊掌控的毒品数量最起码也得几十克以上。咱们国家法律是怎么规定的？贩卖冰毒50克以上，就可以判处有期徒刑15年，再严重点，会判处无期徒刑，甚至是死刑。而唐磊贩毒的量，已经逼近这些重刑标准了。不过，还有比他更不怕死的。

警方发现，他本人没有出去过，他周围的人也没有到外省去过，所以判定他的货一定是在苏州本地。

警方这话的意思是说，唐磊的毒品，不是他自己去外面买的，更不是他自己生产的。和前面的黄老邪一样，他的这些毒品，也是从别人手里拿的。而且，给他供货的人，就在苏州！

如果是在苏州拿的，那么说明他的上家，那就是公斤级了。

公斤级的！光听这量词似乎也没什么。可这不是大米，也不是汽油，是罪恶的毒品！这个数目意味着脑袋恐怕都难保了。什么人这么大胆，这么玩命？

说出来大家可能都不会相信，这是个女人，而且还是个小女人！

这么说吧，这唐磊，每个星期都会到一个固定地点去拿货。而每次和他接头的，居然是个女人，名叫蒲旭。

警方又对这个蒲旭进行了调查，发现这个女孩才 20 岁，刚毕业没多久，也没多少社会经验，她难道会是这个唐磊的上家？

故事讲到这儿，大家应该明白了，这个叫蒲旭的女人，不是别人，就是故事开头那个租住在豪华公寓的年轻女子。

没错，就是她，蒲旭。当然，这都是后话了。接下来的故事，还有不少曲折惊险的情节。刚知道蒲旭是唐磊上家的时候，警方也不相信，一个刚刚 20 岁的女孩儿，怎么就干上这个了？而且，居然还是公斤级的毒枭，太不可思议了。还是仔细查查吧，没准儿后面还有大鱼。而首先引起警察们注意的，就是蒲旭租住的那幢高级公寓。对了，还有那份中英文双语的租房合同。

有很多疑点，警察当然要继续跟进调查，调查的结果，证实有个男人和蒲旭住在一起，具体干什么的，不太清楚。那蒲旭所干的事儿他是否知道？这俩人平时关系怎么样？有什么异常举动？公寓前台的服务员说，别的都没什么，就有一点，让我们觉得挺奇怪。他们说，打扫的话，如果不经他们允许，不要进他们的房间。

故事开头说过，这套酒店式公寓装修豪华，每月光租金就是 7500 元。本来，这么高端的寓所，有免费保洁服务，可前台却说了，也不知道为什么，这两个人对免费打扫的服务相当警惕。这不让动那不让动，说法好像特别多，有好几次，干脆就没让服务员进去。要说这事儿，服务员可能不会想太多，反正那是人家的私事。可警察不一样。

警方有理由怀疑，这个地方就是她的囤货地。所以警方对这个地方进行了 24 小时不间断的侦查。

警方不仅盯紧了和唐磊接头的蒲旭，同时也盯上了那个经常和蒲旭出双入对的男人。他叫曹峰，湖南人，时年 30 岁。警方调查后，发现他没有固定工作，而且出手大方，经济来源比较可疑。

没有固定工作，还出手大方，这不过是寻常的怀疑逻辑。真正可疑的，是他和蒲旭的关系。长话短说，接下来的调查表明，蒲旭不过是个木偶，是被曹峰操控的。而且，这个曹峰，也是整个贩毒集团的幕后操盘手。查来查去，更多线索都指向了一个地方——广东某地。

苏州警方很快得到消息，广东那边马上又要发货了，不过这次，和以前不太一样。那伙人带过来的，除了毒品，还有一样更危险的东西——枪！

江苏省苏州市公安局禁毒支队大队长苏军说：犯罪嫌疑人在广州已经试过枪了，武装贩毒，在我们这里还是史无前例的。所以我们动用了重兵，一定要在进苏州城之前把他卡死。

子弹上膛，开保险，枪不入套。

这还真不是虚张声势。大家都知道，贩毒不是死罪也是重罪，所以，这帮人基本都是亡命之徒，弄不好真会开枪拒捕。

这边警方厉兵秣马，那边，毒贩也如期而至。

要钱不要命

惊心动魄的抓捕现场，人赃俱获，行动相当成功。可仔细打量现场抓获的三名嫌疑人，警方却很意外。本来这次行动是冲曹峰和蒲旭去的，结果根本就没见他俩的身影。一审讯才知道，眼前抓获的，是另外一个贩毒团伙。那曹峰和蒲旭呢？他们的毒品到底从哪儿拿的？又是怎么拿到手的？这么说吧，他俩狡猾着呢，他们采取的，是另外一种更隐蔽的方式。

据警方说，他们是采取人货分离的办法，货并不是曹峰自己带回来的，也不是蒲旭。

别看岁数不大，这两个人心眼儿却不少。但是，要想人不知，除非己莫为。再说了，警察也不是吃素的。一番侦查之后，曹峰和蒲旭的秘密还是被发现了。他们是利用长途客车安检不严的漏洞，用包裹随车运送。而他们自己从不直接接触毒品。这里面的意思其实很明白，你查到我的货，我人不在，查到我的人，货又不在身边。

江苏省苏州市公安局工业园区分局副局长谈锋说：老百姓总是认为，抓人就是终点，实际上不是。像曹峰这样的对象，你抓到他之后，没有确凿的证据，你是治不了他的罪的。

话说得已经很明白了，对付这样的贩毒分子，必须当场拿下，人赃并获。你是人货分离，但是你怎么也得取货吧？这就叫时机。警察能等，可惦记赚大钱的人等不起。

话说到这儿，他们就来了。其中戴红色帽子的，就是蒲旭。而此时，她旁边的曹峰好像已经站不起来了。警察在他们拿到的包裹中，发现了一公斤的K粉，此外，还有样出乎意料的东西——一瓶红酒！

刚看到这瓶红酒，警察也有点迷糊。虽然觉得有点儿奇怪，可一时半会儿又看不出什么破绽。毕竟不可能当场化验。红酒的事就暂时放下了。不过，有件事，警方不可能放下。曹峰和蒲旭给好多人供货，不仅数量大，种类也多。那他们在哪儿囤货？那地方其实大家已经知道了，就是故事开篇提到的那个豪华公寓。

在公寓的保险柜里，有4.5公斤冰毒，一把仿七七式手枪，还有14万块钱。其实，这些东西都在警察的意料之中，唯一出乎他们意料的，是衣柜里还有满满六大箱的红酒。

这时候，警察们突然想起抓捕曹峰和蒲旭的情景了。当时，包里不仅有1公斤K粉，还有一瓶红酒。再一看眼前这些红酒，长得都差不多。不会是有什么吧？其实这会儿，警方只是疑惑、猜测。可蒲旭的一个异常反应，似乎让一切都明了了。最初，警方发现冰毒和手枪的时候，蒲旭还只是哭，顶多是嚷着要老公也过来。可当警察开始检查红酒时，她似乎彻底绝望了。

她曾经说，够她和她老公枪毙10次的，难道这些红酒也都是毒品？而且，是以前从未见过的毒品？什么也别说了，赶快拿去检验。

经过苏州大学司法鉴定中心的初步检验，这批红酒，肯定添加了其他物质。至于是不是毒品，是什么种类的毒品，还得等结果。这边等最终检测结果，那边儿也不能闲着。曹峰和蒲旭在苏州贩卖毒品，但他们也是从上家拿货，这条毒源必须查清，斩断。那给他们供货的又是什么人？说起来，这伙人真不愧是贩毒的，名儿都不一般。黄老邪还记得吧？就是开黑车的那个，而曹峰和蒲旭的上家则叫“老鬼”！这老鬼是广西人。那些奇怪的红酒，都是从他那儿拿的。说来也挺有意思，无巧不成书。正所谓，踏破铁鞋无觅处，得来全不费工夫。没等警方去找“老鬼”，他自己就送上门儿来了。

原来，曹峰刚刚和“老鬼”抱怨过，说他提供的特殊的红酒，客户反馈不好，是假的。这“老鬼”倒也挺讲究：那什么，你别急，我马上过去，亲自配！于是，在曹峰被捕的第二天，“老鬼”就来了苏州。这都送上门儿了，警察们也就不客气了，抓！

“老鬼”束手就擒了。不过，他身上没有冰毒，也没发现什么红酒，只是带了些气味奇怪的椰子粉。他带这东西干什么？莫非，这就是他用来制作问题红酒的原料？

“老鬼”说：到街上去买葡萄糖，当着他面放进去了。

葡萄糖！“老鬼”这明显是鬼话。你能骗过科学检测吗？几天后，鉴定结果出来了。这一百多瓶红酒都是毒品，而且，里面不止一种毒品。它是K粉、冰毒和摇头丸等多种毒品的混合物。

苏州大学司法鉴定中心常务副主任朱少华说：这就叫作多种药物的滥用，协同作用，是一加一大于二的关系，对人体的损害更大。

现如今，这帮家伙都疯了。为了钱，什么都能干，什么都敢干。等待他们的是什么，大家都能想象到。贩毒的不会有好下场，吸毒的也好不到哪儿去。大家必须时刻告诫自己，包括身边的亲戚朋友，尤其是孩子，必须提高警惕，切切牢记——珍爱生命，远离毒品！

那句话确实有道理——不作死，就不会死！

1433 房间的神秘来客

五星级酒店内，惊现求救电话。

豪华房间内鲜血淋漓，现场惨不忍睹。

举止自然，手法熟练，神秘男子到底什么来头？

1433 房间内，到底发生了什么？

骇人的一幕

五星级，是对一家酒店最高的肯定。这意味着，这家酒店拥有最好的服务和最安全的保障。可这天，湖南省衡阳市一家五星级酒店前台的电话，却急促地响了起来！

酒店员工周钢接起了电话，却听到对方很惊恐地在一直呼喊救命，问了他的房号是 1433。当再次与他沟通，想了解什么情况的时候，电话线却突然断掉了。

接到电话的周钢，心里不免有些慌。顾不上多想，他赶紧带人赶到了 1433 房间。

可奇怪的是，敲了半天门，里面却丝毫没有回应。可刚才的求救电话，分明就是 1433 房间打来的，里面莫非真的出了什么事？

周钢越想越害怕，里面的人不开门，他们也没办法进去！这可怎么办？说来也巧了，就在这时一位打扫卫生的保洁人员路过，周钢赶紧要来了她的通用门卡。深吸一口气后，周钢打开了房门。可门开了之后，房间里面的情景，却把门口所有的人都吓呆了。

地上有好多的血，墙壁上面也都有手指摸过的血印，这肯定是出了什么大事情。

周钢接到电话时，原本以为只是房客发生了什么小意外。毕竟这里是五星级酒店，安保系统是相当完备的，一旦发生什么异常，他们一定会第一时间得到消息。可这满屋的血，分明宣告着，这里发生了一桩惨案。

那么，刚才求救的人现在又怎么样了？ 1433 房间是一个套房，前面是一个小客厅，后面是一间独立的卧室。但地上的血迹从房门口，竟然横穿整个客厅，一直延续到了卧室门前！这得出多少血！带着恐惧和疑问，周钢和同事推开了卧室的门。

当他们打开主卧室的那一刹那，现场把周钢给镇住了。一个人的手以及脚全部被绳子给绑住，脸上缠了胶带，而且满脸都是血，身体看样子是受了很重的伤。

受伤的是一名满脸是血、双手被麻绳反绑的男人，脸上伤口非常多，有些难以辨认面容了。这时，他已经不省人事，身边全是血，情况十分危险！

急救人员和民警很快赶到了，他们同样被眼前的一幕惊呆了。

经过检查，求救者的伤情，主要集中在头部。医生判断，求救者应该是被钝物击打头部，失血过多导致昏迷，所幸在危及生命之前，他及时得到了紧急救治。可随着急救车的呼啸而去，众人心里不免都升起了一个疑问：这里是五星级酒店的高级套房！这里怎么会发生如此恶性的事件？

而在随后的调查中，民警发现，这绝对不是一起简单的恶性伤人事件！行凶的人，很可能是个专业的打手！第一个蹊跷的地方就是，凶手到底是如何进入 1433 房间的？

经过对走廊监控的调查，警方初步确定一名背包男子为嫌疑人，视频中可以清楚地看到，此人很轻松地打开了房门，进入了房间，并没有使用什么暴力手段。可那是五星级酒店的门锁，不应该是这么容易打开的。看来，这人的手段不一般！

受害者走进房间仅仅 9 分钟之后，背包男子就尾随而至。这不太像是巧合。民警认为，这恰恰证明，背包男子具有极强的目的性，他就是冲着 1433 房间去的！可是，这人又是如何知道，受害者是什么时候回的房间？

为了厘清事情脉络，民警查看了酒店其他区域的监控视频，可发现的结果，却让他们齐齐地倒吸了口冷气。这事的复杂程度，远远超出了所有人的想象！他们发现，背包男子竟然在早些时候就已经开始尾随受害人了！

这位站在电梯门口，穿黑色衣服的就是受害人。18 点 58 分 20 秒，受害人走进了电梯，此时，背包男子从他身后快步赶上，也走进了电梯。可是，背包男子根本没按要去的楼层！他就是准备跟着受害人。可惜，受害人玩手机玩得太专心了，根本没注意到这一反常举动。

18 点 59 分 2 秒，电梯停在了受害人之前按下的楼层。也许是为了让受害人放松警惕，背包男子抢先走出了电梯，可让他意想不到的事情发生了。也许是之前受害人专注于玩手机，他竟然按错了楼层，只见他向外看了一眼，又返回了电梯。电梯正准备关闭，这时刚刚下了电梯的背包男子，眼看要跟丢了，只好硬着头皮又走了回来。可惜的是，受害人此时还是在玩手机，仍然没有注意到这一反常举动。1 分钟后，受害人与背包男子一前一后下了电梯。

下午 7 点 1 分，受害人进入 1433 房间。此时，背包男子需要的信息，已经够了。他知道了受害者的房间位置，也知道了受害者独自在房间内。动手的条件，可以说已经成熟了。可背包男子狡猾的地方就在于，他并没有急于行动，而是转身走了回来。

而再看背包男子在监控下的表现，明显是在有意躲避监控。一直低着头，将脸埋在高高拉起的领子里，背包男子的反侦察意识相当强！ 19 点 3 分，背包男子从监控里消失，而 4 分钟后，背包男子再一次出现。径直走向了 1433 房间，并且轻松地打开房门，进入了房间。而看似平静，却血雨腥风的一个多小时过后，背包男子走出 1433 房间，从最不起眼的一个侧门，离开了酒店。

隐秘跟踪、踩点、隐藏身份、轻松破门、无声离去。这一举一动，都不像是一个普通人能够做出来的。而此时，酒店工作人员，想起了一个重要的信息。这间豪华套房，并不是按天付费的，而是按年付费，常年包下的！拥有这样的财力，看来这个房主的身份不一般！莫非，这是跟谁结了怨？仇家雇了这么一个专业的打手来对付他？而民警在酒店大厅发现的监控视频，似乎印证了这一点。

一场谈判

在对酒店更早一些的监控视频，进行查看后，民警发现，背包男子为了这次恶行，做了太多的准备，其实在当天很早的时候，他就已经来到了酒店。

下午 3 点 42 分，背包男子出现在了酒店的大堂。

这时，距背包男子实施行动，还有 3 个小时，他先是在大厅休息区，坐了一会儿。见没人注意他，便起身走向了电梯。而来到的楼层，并不是准备行凶的四楼，而是选择了六楼。因为各个楼层的构造，其实是一样的，背包男子也许是在刻意避免频繁出现，以不引起旁人的注意。而在摸清楼内房间分布后，背包男子又回到了大厅休息区坐下，这一坐，就是 2 个小时，直到受害人回到了酒店。

背包男子的耐性，让人从心里感觉到一股寒意。此时，受害人的妻子也赶到了医院，民警赶紧询问，平时受害人是否和人有过摩擦？有没有什么仇家？而受害者妻子一听，说那根本就是不可能的事。

据受害人妻子说，受害人叫高少华，平日诚心待人，在朋友之间口碑相当好，而好脾气的老高，也从来没和谁红过脸，更别说结仇了！而就在案情陷入僵局的时候，医生却带来了一个好消息：老高醒了。而当民警询问起那天的事情时，刚刚平静下来的老高，表情瞬间又变得十分惊恐。

高少华说：我现在想起这事还是非常恐惧。他把门一推，一电棍就打过来了。他这个人确实也很残忍，拿着电棒往太阳穴，往脸上面打。把我的牙齿也打掉了。

这一顿打，把老高彻底打蒙了，他根本不认识这个人！可这人显然是招招要命，就是往他脑袋上打。浑身是血的老高，已经没有力气再做任何的抵抗。老高觉得，可能是遇到抢劫的了，情急之下，他大声地对背包男子喊出一句话，没想到，这一句话竟然让背包男子停了手。

高少华说：你没必要下这么狠的手，如果你是为了钱的话，你要杀死我干什么呢？

此话一出，背包男子站在那不动了，似乎在考虑着什么。而老高见这人停了手，赶紧趁热打铁地继续劝他。

高少华说：如果说你把我杀死了的话，这个案子肯定要破，就是抓不到你，你也要躲七年八年。如果说你单纯是为了钱的话，你把钱拿走，万一被抓了，也就是一两年的事情。

其实，高少华自己知道，这种情况不可能是只判一两年的。

但是，也许背包男子接到的要求，也并不是要老高的命，也许是他想顺水推舟，赚点意外之财。总之，老高这招奏效了。但背包男子不断在打量老高，似乎怕老高只是想拖一拖他，老高一看这架势，反倒帮背包男子，出起了主意。

高少华说：你有没有绳子，有啊？你用绳子把我绑起来，你把这钱快拿走。

背包男子用带来的绳子，把满脸是血的老高，捆在了一把长凳上。然后才开始翻老高的包，拿走了钱包里的现金和银行卡。

高少华说：他从我的包里拿出来 1 万多块钱，然后我把几张卡的密码都告诉他了。

此时的老高，头上血流不止。疼得马上就要晕了！哪还顾得上什么钱不钱的！命要紧！他只希望，背包男子能够尽快拿钱走人。可就在这时，事情却横生波折！一阵敲门声突然响起！

原来，这背包男子并不是利用什么特殊手段，弄开了老高的房门。而是直接敲开的！说起来，这真是一个巧合，因为老高恰巧在那时候约了朋友来会面！所以根本没防备。而此时在外面敲门的，正是老高约的那位朋友！

此时老高心里不禁有了希望，如果朋友一直敲门无人应答，打电话也没人接，也许就会找到酒店方面询问，从而发现1433房间内经历的惨案。可谁料，背包男子却一把夺过了老高的手机，竟然以老高的口吻，给外面的朋友，回复了一条短信！说自己现在并不在屋内，请朋友在大堂等，稍后再给他打电话！

如果这时候，老高的朋友能多个心眼儿，或许这场惨剧就会被终止。这事儿其实多蹊跷！如果老高真的没回来，怎么会这边刚敲门，那边就来了条短信？而屋内的背包男子，似乎也意识到了，他的计划并不是完美无缺的。所以他急匆匆搜刮完老高的财物后，就赶紧离开了酒店。

对于老高来说，这算破财免灾了！虽然也受了不少皮肉之苦，但好在人没什么大事，在医院静养一段时间，应该就行了。而酒店方面，为了表示歉意，也派人来看望，可一看见老高，酒店的人就懵了：你是谁？1433的房主根本不姓高！

为何铤而走险

酒店人员说，老高根本不是1433的房主。房主是一个当地的商人，而老高，却是一名长沙的律师！那么，老高为什么会出现在1433房间里？

对此，老高解释说，他是从长沙赶来，和房主一起参加一场聚会的。而聚会结束后，房主便将他送回了酒店。这1433房间，本来就是房主专门包下的，用来安排外地朋友的。可事情到这儿，却完全不对劲了，这人一直以来的表现，就像是一个专业打手，是被人雇来对付老高的。可到头来，老高并不是1433的房主，这老高和房主长得一点都不像，可这打手，总不能打错人吧！那么这人，到底是什么来头？

老高醒了，事情的疑点却越来越多了，当下解开谜团的唯一办法，就是尽快将背包男子抓住。民警迅速调取了附近所有的监控，果然发现了背包男子的踪迹。

背包男子是坐一辆雪铁龙车进入宾馆的。

侦查员找到了那辆车，这是辆拉私活的车，车主说，当天他是在马路上拉到背包男子的。

由于一天要拉很多人，所以男子的体貌特征，车主已经记不太清楚。可有一件事，他却记得非常清楚！那人不是本地口音！

车主介绍说，当时，那名男子特意用普通话来与他交谈。但以他多年拉客的经验，他还是听出了男子是祁东口音。祁东县也位于湖南省，离衡阳市区只有30多公里远的路程。莫非，这名男子来自祁东县？

祁东县的华新车站，是祁东县前往衡阳市的一个主要的交通枢纽，民警调取附近的监控后，果然有所发现！

事发当天上午11点左右，背包男子出现在了视频中。他先后与多辆出租车司机进行了交谈，似乎是在谈价格。10分钟后，他上了一辆出租车，并且往衡阳方向走了。而从附近的监控中，民警还找到了更多的线索。

通过一路的视频查看，发现这个背包男子，1月29日9点多钟的时候，从县城绿意阳光酒店出来。民警查看酒店的视频，调阅他的开房记录，终于锁定了这个背包男子的真实身份。

很快，民警就在祁东县的一家网吧里，把正在上网的背包男子吴刚抓获了。吴刚，时年26岁，湖南省祁东县人。他承认，1433房间的事情，就是他干的。而在调查过吴刚的背景后，民警惊讶地发现，这人竟然是一个卖猪油的！

据了解，吴刚的猪油店，每月能够赚三四千元钱。在祁东县，这收入已经不错了，而且，去年吴刚媳妇刚给他生了一个儿子。不愁吃不愁穿，还有了孩子，放着好好的日子不过，这吴刚为什么要当专业打手？而吴刚却说，他根本就不是什么专业打手，也不是被什么人雇佣行凶。他，就是冲着钱去的！

吴刚说：能够住得起五星级酒店的人，应该就有钱，看那个受害人比较瘦小，我就这样做了。

可按说吴刚应该不缺钱，为什么他要冒这么大风险，大老远去五星级酒店抢劫？

民警后来发现，吴刚竟然欠下了高达20多万元的高利贷。临近年关，放贷者催债催得急，吴刚被逼得没有办法，只能铤而走险。

吴刚说再有十几天就过年了，放高利贷的人就逼他，还把他叫出来打了一顿。因为吴刚有一个月没还利息了。

可这吴刚，吃喝不愁，生意也没什么起伏，这20万元，他是怎么欠下的？这事，还得从他被抓住的地方——网吧说起。

吴刚没事就去上一下网，有一次坐在他旁边的一个人，在玩一个游戏，而且赢到钱了，于是，吴刚觉得自己也可以尝试一下。

现在吴刚还把那个称作游戏。可那哪里是什么游戏，那叫网络赌博！当时，短短几小时内，吴刚就输进去了6千多元，那可是店里两个月的利润！可就在他绝望地将最后的几百块钱扔进去的时候，他竟然又赢回了1千多元。这种大起大落的刺激，让吴刚上了瘾。

可有句话说得好，十赌九输，加上第一次的6千多元，吴刚把手上的一点积蓄全部都输光了。可吴刚却仍然疯狂地往里扔钱，越赌越大，越输越多，后来不但自己的积蓄没了，连家里那点钱，也都快让他输没了！

吴刚甚至把自己老婆的嫁妆钱，几十万元都输了。

吴刚最后输进去90多万元！放着好好的日子不过，这是做什么？现在好了，家产败光了，人进去了，媳妇没人养了，孩子没人管了。赌博里，那叫设局，你是输是赢，庄家早就一步一步都给你安排好了！而且这个赢和输是有节奏、有套路的！一开始，庄家肯定会让你赢，当你觉得自己运气不错，准备加大赌注赢点钱的时候！庄家一定会让你输得很惨，输了，你肯定不甘心，你还想回本。总之，输了想翻本，赢了想翻倍，你就像个提线木偶一样，被庄家操纵着！而说到底，你走到今天这步，就是因为：心里的贪欲！

不得不说，老高面对吴刚的一系列举动，值得称赞，面对丧心病狂的歹徒，有时候，需要智取。

离奇消失的肾

28 岁准妈妈忧虑重重，双肾离奇变单肾。
一次扑朔迷离的丢肾事件；
一场匪夷所思的官司；
一场难以断定的纠纷。

怎么就一个肾？

“十月怀胎，一朝分娩”，这虽然是个艰辛的过程，但想想马上身为人母的喜悦，许多准妈妈们还是会把即将迎来的痛苦抛之脑后，期待这个特殊的时刻到来。高静，就是位准妈妈，家住陕西延安市甘泉县，当年 28 岁，怀有 7 个半月身孕，孩子马上要出生了，可眼前，她却一天比一天担心，担心生孩子容易引起大出血什么的，应该不会太顺利。

准妈妈高静的寝食难安、坐立不安，并非杞人忧天，她发愁也是有原因的。事情的起因与一次体检有关。前段时间，准妈妈高静去医院做了几项检查，可结果一出来，大夫告诉了她一个爆炸性的结果，说她只有一个肾。左肾没有了。高静觉得不可能，就跟父亲到其他医院又做检查，最终证实左肾确实没有了。

人的肾，主要功能是生成尿液，清除体内毒素，调节内分泌等，总之，人的肾要是停止工作，那整个人就废了。

眼下，高静马上要生孩子了，突然发现就有一个肾，她能不担心吗？可话说回来了，高静怎么会只有一个肾呢？而且不是人人都是两个肾，怎么还会有一个肾？

其实医学上曾经有人做过粗略统计，1100 ~ 1500 个新生儿中会发生 1 例先天性单肾的可能。这些人通常只有一个肾在发挥作用。如果身体一切正常，一辈子不做相关检查，那单肾就可能永远都不会被发现。如果高静是先天性缺肾的人，这一切好像也就说得通了。但是，体检医生的一句话，让高静的母亲党海燕排除了这种可能。

医生问：你们是不是做过什么手术？这一下点悟了高静母亲。

党海燕突然记起女儿 17 岁高中毕业那年，骑车的时候发生了一场车祸，导致她脾脏破裂。后来经当地甘泉县医院的贾军义医生检查，高静做了脾脏摘除手术。您注意了，当时做的可是脾脏摘除手术，这手术跟肾可是八竿子打不着。

根据党海燕回忆，医院说那次手术做得很成功，也根本没有提一句关于肾的事情。本来做脾脏摘除术，又不关肾脏的事，既然手术做得挺成功，调理调理，等身子恢复的差不多就出院吧。可随后，高家人都感觉，高静的身体似乎有点不对劲了。高静一直没精神，总是感冒得病，懒怠易乏。

开始的时候，党海燕还挺纳闷，说闺女怎么越大变得越懒了？当母亲的还经常责怪闺女：这还没出嫁呢，就这么懒，将来怎么好找婆家呢？但是后来高静的身体接连出现了一些诸如腰酸背痛，出虚汗的状况。现在琢磨起这些症状，跟肾脏受到损伤的人，却是有点相似。

要说高家人也是粗心，手术都过去多少年了，高静身体有那么大变化，全家人谁都没注意。当然了，一直到后来，他们发现高静就一个肾的时候，心里也闹不清是怎么回事，医生都说了，要么是肾脏萎缩，要么是被摘除，所以，这里首先最需要搞清楚的是，高静在做手术之前，究竟是有一个肾还是有两个肾。党海燕怀着复杂的心情，赶紧跑到甘泉县医院，复印了女儿的住院病例。

当年手术时高静的住院病例上面记录了高静从受伤入院，到治愈出院，整个期间的身体状态。翻开病例，大家会发现，手术之前高静双肾都在。那手术之后呢，记录当中还有这么个信息。

就是在高静出院前的B超报告单上，清楚地记载着这么一句话：双肾未见异常。注意，出院的时候双肾未见异常。也就是说，在高静手术之后，左肾还是存在的。

现在来分析一下，如果高静在当年动手术之前就是单肾，那医院就压根没有任何嫌疑，可偏偏医院给高静做了一次脾脏摘除手术，而且据高家人说，这是高静至今为止做过的唯一一次手术，所以，现在高静发现自己的肾不见了一只，全家人都急坏了。

高静除了这次手术，身体就从来没有被人打开过。这也就是说，丢肾要么在手术中丢失，要么是在动完手术之后的10年左右的时间内，自行萎缩的。事情分析到这里，看来只有找到当年给高静动手术的医生贾军义了解一下情况了。不提这个医生还好，提起他，高家人就更来气了。

因为他们曾几次试图去甘泉县医院，想找贾军义问个清楚，可是就是见不到人。医院的回避态度，更是刺激了高家人本来就脆弱的神经，难道院方心里真的有鬼？

疑点重重的病例

高家人去当地甘泉县医院询问过无数次，甚至还一纸诉状，把甘泉县医院告上了法庭，但是事情一直搁置到现在仍没多大进展。那么，高静失肾到底与甘泉县医院有没有因果关系呢？

当时，医院方面曾经给出了一个办法：做司法鉴定。而且鉴定单位由高家找，鉴定的钱由医院来承担。既然医院拿出了诚意，高家人也觉得这个办法不错。于是双方找了个日子，高静和院方代表一起，走进了西安蓝图司法鉴定中心，提交了一份鉴定申请。

鉴定材料医院送了一份，高家人也送了一份。

根据甘泉县人民医院提供的病例原件，蓝图司法鉴定中心的法医李峰，真地发现了几个疑点。他觉得，其中有些细节确实值得推敲。那就是术前记的是硬膜外，术后记录的还是硬膜外，而麻醉记录是全麻。这个是有点矛盾的。所以疑点一：更改麻醉方式。

法医李峰说，手术当中使用全麻，对人体是存在一定风险。但是医院却没有把这个情况告知给患者家属。这存在着医疗错误，很叫人怀疑。

高静说："麻醉方式本来就是局麻就可以了，他给我做的是全麻。然后病历上写的是麻醉过程，是或全麻或局麻，感觉这个手术做得乱七八糟的。"

高静父亲也很有意见："他要改麻醉方式，必须要通知家属，他也没通知家属就改变了麻醉方式。"

面对家属和司法鉴定中心的质疑，曾经负责处理这起事件的常文森院长，是这么解释的："我们当时写得很清楚。可以根据手术的需要，术中改变麻醉方式。而且不是说由于改变手术的麻醉方式，就把你肾丢了。"而至于为什么改变了麻醉的方法，却没有通知家属，常文森则说可能是因为大夫没来得及通知。

其实根据手术的需要，临时变更了麻醉方式，这也是允许的。而且就算没有及时告知患者及其家属，这也不是造成高静少个肾的原因。所以院方认为这没什么好怀疑的。然而司法鉴定中心的法医紧接着，又提出了自己的第二个疑点：手术时间存在时间差。

根据院方的说法，手术的时间是当天的 11 点半到下午 1 点 20 分，而根据病历显示，高静手术当天的那一页病历上可以看到这样的记录：9 点 30 分全麻开始手术。好像并不是医院说的 11 点。那么，多出的时间干什么了呢？

常文森解释说："医院都是 9 点半上班。但是 9 点半上班以后，病人可能还在病房，并没有到手术室。而且手术室还要消毒，消毒完了才能实施麻醉。我认为他（指法医）这个起码不内行，你连麻醉记录几点开始都不清楚，就说这个话。"

难道真像院方说的，法医们看不懂麻醉记录？对于这点，陕西蓝图司法鉴定中心的曹洪亮主任作出了不同的回答："医疗规范这部分，在术前，医院应该做好各方面的充分准备，手术前的充分准备。而不是把人推进手术室以后，然后你再去做相应的其他准备。”

就这样，最终，蓝图司法鉴定中心，结合他们所认为的种种疑点，给出了鉴定结果。第一，甘泉县医院对高静的医疗行为，存在过错。第二，不排除高静的左肾缺失与甘泉县医院的医疗行为存在因果关系。

说实话，这个鉴定中心给出的结论也挺模棱两可的，但是，对于高家人来说，高静就动过这么一次手术，而恰好肾脏就丢了一个，那自然你医院是罪魁祸首了。拿着这份报告，高家人心里那滋味是说不出的难受啊！

一方面，高家人为闺女年纪轻轻就丢掉一个肾而感到悲伤，另一方面，他们也觉得事情应该明朗了。既然医院说了，以司法鉴定的结果为准。现在看他们怎么办吧。可是让高家人意想不到的是，院方的态度却来了个 180 度的大转弯。

院方不肯接受这份鉴定，不仅如此，医院还对高静左肾缺失的原因做出了自己的几大推测。第一，先天性左肾缺失和发育不良。第二，左腹部广泛严重损伤致左肾血管损伤导致术后左肾萎缩。第三，异位肾，位于盆腔或游走肾。第四，术后期再次外伤术或其他肾病导致肾切除，肾缺血萎缩。

对于医院给出的这四大可能性推测，究竟有没有依据？首先说第一个推测，“先天性左肾缺失和发育不良。”对此，高家人觉得这十分可笑。当年是你甘泉县医院给出的双肾未见异常的结果。现在又说她是先天性缺失，这不是自相矛盾吗？第一种推测被高家人推翻了，而对于其他的两种推测，很快也被蓝图司法鉴定中心的法医们给排除了。

李峰说：“通过这个 ECD 检查，还做了一些 B 超、彩超检查。现在通过这个检查可以断定，第一，肾脏不是异位。第二，它不是先天性缺失。第三，它也不是自然萎缩。”而且李峰断言：“这个肾极有可能是在手术过程中被切除了。只有这一种可能。”

从高静展示的脾脏手术留下的疤痕显示，高静身上确实没有其他的刀口痕迹了。医院方面提出的二次手术摘除的推测，似乎同样难以成立。

事情发展到这里，似乎陷入一个迷局当中。接下来该怎么办呢？对此，医院提出了一个新的办法：进行二次鉴定。

在双方协商下，高家人与院方向西安医学会提出了二次鉴定请求。根据双方提交的检查报告，得出了以下答复：患者目前左侧肾脏功能丧失的原因尚不清楚，根据现有资料，未发现手术切除左侧肾脏的证据。

司法鉴定给出的结论，让医院和高家人都无法直接确定高静的左肾是怎么消失的。因此，这样就连法院也没有办法给出判定结果。

可是让人意想不到的是，曾经给高静做过脾脏切除手术的主治医生贾军义，以侵害名誉权为由，将高静和父亲高虎子告上法庭，请求法院责令被告停止侵害、恢复名誉、消除影响、赔礼道歉、赔偿损失，要求赔偿他个人精神损失费 100 万元。

100 万元，这对高家人来说，无疑是一笔赔不起的巨款，那么，高家人是不是真的冤枉了他？这位医生为何现在才站出来发出自己的声音呢？

各执一词

高家这边炸开了锅，丢肾的是我们，我们才是受害方，讨公道是天经地义的。贾军义怎么让我们赔他钱？在这个事件当中，贾军义可是个关键人物。

贾军义是当年给高静做脾脏切除手术的医生，这位当年的驻院医生，在甘泉县医院的专家医师简介栏里，注明他现在已经是这家医院的外科主任了。高静的脾脏切除手术，究竟是怎么回事？高静左肾的消失，又跟这次手术有没有关系？贾军义医生，应该是最清楚不过的了。

贾军义则感觉太冤了，觉得自己把当时生命垂危的高静抢救过来，但是他们现在却说我把她的肾不仅割掉，而且卖掉了。

但是高静一家咬定，是贾军义医生瞒着家属割去了肾。而贾军义医生是直呼喊冤。当年参与手术和做 B 超检查的几位医生，也由于年数过长，他们无法回忆具体细节，但对医院割肾这一说法，都矢口否认。

冷静下来想想，一台正常的手术，加上实习的大夫、麻醉师、巡回护士、器械护士、主刀大夫、或许还有一助二助，怎么算也要五六个人。如果确是医院割去了肾，那在手术室的环境里，所有的人都逃不了干系。这些医生，真的有这么大胆子吗？确实值得细细琢磨。可是反过来说，倘若医生没有割肾，为什么又迟迟不出来澄清？

贾大夫说，自己之所以一直没有露面，是怕家属情绪太激动，对自己的人身造成威胁，而且，高家人还把贾军义偷肾这一信息散播到了网上，这一点，最让他接受不了。

在贾军义看来，高静一家对自己是污蔑，已经把他正常的生活打乱了，无奈之下，只有通过法律手段维护自己的权益。而一直最让他不满的，恰恰就是当初那份鉴定意见。

贾军义觉得不能做一些模棱两可的事情，既然鉴定，就要有一个确实的结果，要么说甘泉县医院把肾切掉了，要么是没切。现在得出这样模棱两可的鉴定，直接导致了患者家属拿着这个鉴定来找院方和他个人闹事。

常文森也说，贾军义怕的不敢见，并不是说不敢见，而是因为这家人比较冲动。如果把贾军义叫来，高家人对大夫造成人身攻击、或者人身安全伤害，谁负责？他还说高静的母亲买了一个大锣，跑到医院的外科敲，一直闹了 2 个小时，最后因为妨害公共安全，被几个女警察强行带到了公安局。最后常文森下了一个结论，说：这可能是甘泉有史以来闹得最厉害的一家人。

而且常院长还说，失肾事情发生之后，高静的母亲除了拿着铜锣来医院敲打之外，一家人还在医院门口拉横幅。行为过激，蛮横无理，这就是他对高家人的印象。

在发生医患纠纷的时候，有些人确实理性不足：闹。但是这解决不了任何问题。还有，这有可能扰乱公共秩序、触犯法律。高家人的行为肯定是错误的，不值得提倡。但是高家人之所以选择这种偏激的方式，是因为医院也不理解她们的心情。

此前，高静的家人也试图找贾军义大夫出来对质，但他的态度是，我不是不出来解释，而是不敢出来。事情僵持不下。可以说现在双方都缺少证据，医院拿不出有利的证据来证明高静的左肾丢失不是那次手术造成的。高家人也拿不出证据来证明，这事一定与医院有关。

时至今日，高静左肾缺失，看似依旧是谜影重重。而在和医院的这场争论当中，高家人也是筋疲力尽。他们最想要的，是一个合理的解答，而眼下，高静更是需要承受着心理和身体的巨大压力。

高静一步一步走过来，就是希望能生个健康的孩子。但是听好多人说，一个肾对生产有一定的危险，容易大出血，对孕妇的身体有一定的危险，不是很好。

儿女是父母的心头肉，高静的妈妈也就特别难过。现在来说她也不知道最后结局会是怎么样。但是她期待不要再让他们等太长时间了，因为等得特别辛苦，特别累。

处理矛盾的过程中，患者家属有过激行为，这是错误的。但是院方如果采取回避的态度，是不是也创造了更多的想象空间，进一步刺激了当事人本来就已经脆弱的神经。我们当然更愿意从最大的善意出发，希望这就是一场误会。但如果是误会，就更值得大大方方地去解决。

想来，还是尽快弄清事实、挽回信任，这才是最明智的。

少女相约跳楼之谜

寂静小区，一声闷响，花季少女瞬间坠落楼底。
惊魂未定，神经紧绷，竟然还有个女孩挂在空中。
决意轻生的少女，拼命挽救的男孩，他们是什么关系？
她们为何如此决绝？到底发生了什么？

少女相伴求死

辽宁省朝阳市双塔区，有个海纳丽景小区，这是个回字形的高层建筑，住着不少人家。每到傍晚，正是大伙儿吃完饭散步的时间。不过现在，大家可没心情散步了，小区里出事了！

这件事要从突如其来的一声巨响说起，这声巨响把楼下的人吓了一大跳，大家定睛一看，不好！有人跳楼了！

王女士住在25层。事发的时候，她正在自己家的阳台上，亲眼目睹了惨剧的发生。当时她都吓坏了，正好看着孩子掉下去，心里感觉受不了。

坠楼的，是个学生模样的小女孩儿。她是从24楼坠下的，直接落到了3楼的平台，而这个高度，至少有60米。大伙儿当时吓得腿都哆嗦了，还没等缓过神儿，又一个刺激大家神经的声音，传了过来。探头一看，天哪，楼外还悬着一个人呢！

这时候，另外一个事件目击者，尚氏父子听见外面有动静，便赶紧跑出家门，出来这么一看，走廊的栏杆上，挂着个女孩儿，女孩儿的大半个身体已经悬在空中了，再一看，一个年龄相仿的男孩儿，正死命拽着女孩儿的一只胳膊。

刚刚已经掉下去一个了，这会儿，空中还悬着一个，只有一条胳膊被人抓着，大半个身体都在外边晃悠。更要命的是，这悬着的女孩儿还拼命挣脱，那意思，赶紧松开我。这是怎么回事儿？不过这时，大伙儿也没时间想那么多了，因为那个男孩已经明显体力不支了，可女孩还在不断挣扎，再这么下去，别说女孩儿危险了，弄不好，男孩都得被带下去。赶紧救人！

眼看两个人都快撑不住了，气喘吁吁赶到的尚氏父子俩，赶紧冲了过去，伸手拉住了悬在外面的女孩儿。

人虽然抓住了，可想一下就把人弄上来，还真不容易。因为孩子的身子在栏杆外边，再看这栏杆，差不多有一人高，栏杆的缝隙又特别窄，根本使不上劲儿。

这会儿，3个人隔着栏杆薅着女孩儿的胳膊，上，上不来；下，下不去。一时间，只好僵在那里！

见义勇为的那位父亲说，歇了有1分钟，然后自己换一下手，拽到横栏的上面。小男孩拽着她的胳膊，自己拽着她的大腿，那么一托，把女孩儿翻过来了。

万幸，总算把人弄上来了。眼前这个女孩儿算是顺利脱险了，可已经坠楼的那个，她是谁，情况如何？其实，不用说，大家也能想象。那可是24楼！

已经坠楼的那个女孩儿，叫晶晶。而此时的她，早已没了呼吸。可以想象，晶晶的家人知道这个消息后，会是何等心情。

晶晶还只是个初中学生，却突然就这么走了。而那个被救的，是她最要好的同班同学，叫丹丹。这俩孩子到底怎么了？难道是出了意外？答案是否定的。刚才也说了，这个楼的栏杆，不是一般的高，也很牢固。以晶晶和丹丹这年纪，根本没有失足掉落的可能。如此说来，两个女孩儿坠楼，绝非意外。而丹丹刚获救时，曾经说过的一句话，就更耐人寻味了。她说你别帮我，我就陪她一块儿走得了，一直念着这么两句。

费了九牛二虎的力气，好容易把你救上来了，怎么还冒出这么句话？是过分激动，还是吓傻了？

但是女孩的话有点问题，“陪”她一起走，莫非两个女孩早就约好了，一起去死？而看着眼神不对，不清醒了，又意味着什么？还有，那个男孩是怎么出现的？他们 3 个人之间到底什么关系？这一切，都是谜！不仅家属，我们心中的疑问也在升级。那好，就让我们把时间轴尽量向前翻转，看看能不能找到答案。

海纳丽景小区的建筑很特殊，是个回字形。1~3 层是商业网点，4~27 层是民宅。而出事儿的地点，就在 24 楼的消防通道。

据目击者说，最初，那个男孩同时拽着晶晶和丹丹。可晶晶为什么又掉下去了？这 3 人又是什么关系？他们放学不回家，跑这儿来干什么？

其实，有人早就看见这 3 个孩子了。再看他们穿的衣服，是朝阳市第五中学的校服。不过几个穿校服的孩子，在走廊里打打闹闹，谁也没放在心上，哪曾想，两个女孩很快就做出了非常人的异样举动。

目击者说：她就是踩着空调机箱上去的，要不然太高她根本上不去，然后一个脚踩着空调机箱一迈，骑到栏杆上了，后来我老公说这不对劲啊。

这边儿正疑惑呢，那边两个女孩儿的身子已经挂到了空中。王女士心想，坏了，这哪是闹着玩，分明是要出事儿。于是，她赶紧打电话报警，没等说完，晶晶就从 24 楼掉了下去。这里需要特别强调的是，在坠落的那一瞬间，晶晶有个非同寻常的举动。晶晶先是咬了一口，然后就掉下去了。

明说吧，她是咬了一直拽着她胳膊的那个男孩儿，男孩可能一疼，下意识松了手，而晶晶似乎如愿以偿，随即坠落。想一想，这得是多大的决心！而那个丹丹也一样，好不容易捡回条命，却说出这么句话，“你们帮我干什么呀，让我陪她走得了！”难以理解，两个女学生，花样年华，却如此决绝，一心赴死，到底为什么？带着深度疑问，继续探寻，结果，发现了一段相当珍贵的视频。

珍贵视频

这段视频的显示时间是5月12日17点50分，也就是两个女孩跳楼前的情景，中间只隔了1个小时。左边背着粉色书包的，是丹丹；而右边那个背蓝色书包的，就是晶晶。

从视频上看，丹丹和晶晶，和其他放学的孩子没什么区别。俩人并排走着，关系也并无异常。不过，视频中，只有这两个女孩儿，而跳楼现场的那个男孩，并没有出现。那他是什么时候冒出来的？眼下看，丹丹和晶晶似乎很正常。可1个小时后，悲剧就发生了。1个小时而已，在这么短的时间，就做出了死亡决定，这不太可能。那在此之前，两个女孩儿有没有什么异样表现？

“早晨吃的饺子，酸菜馅的饺子，吃了十多个走的。你看还剩这些，她妈给包的，剩的这些，想留给她晚上吃，谁知道晚上就没回来。”说话的这位，是晶晶的继父。他说，当天早上，晶晶的妈妈为女儿包了她最爱吃的酸菜馅饺子，晶晶很开心，吃了不少。据父亲说：“走的时候挺高兴的，因为我带着，她坐后面，平时我送她走的时候上车也挺高兴的，下车也挺高兴的，看不出什么不好的迹象。”

既然事发当天没有任何迹象，那在之前有没有哪里不对劲呢？晶晶今年才14岁，是朝阳市第五中学八年级的一名学生。学习成绩优异，是班里的英语课代表。她还热爱舞蹈，在多项比赛中获得过名次。一句话，在很多人眼中，晶晶是个成绩优异，活泼开朗的好孩子。家人实在想不明白，这么个乖女孩儿，怎么就跳楼了？

晶晶的姐姐知道后就感觉脑袋嗡的一下，不可思议，不敢相信这种事。

而她的阿姨也说：这孩子不是内向性格的孩子，非常外向，性格比较开朗，她出事我们都感觉非常意外。

是啊，连我们这些外人，都觉得意外，惋惜，更何况，是失去孩子的亲人。尤其是晶晶的妈妈，一直就没缓过那个劲儿，也一直绕不过这个弯儿。破碎的心，散落一地不说，还都化成了无数伤痛的问号……

晶晶妈妈说，母亲节的时候晶晶还给自己买了礼物，说妈妈我爱你，我永远黏着你，还亲自己，隔了一天她就没有了，这打击太大了，根本接受不了。

你不是说爱妈妈，永远黏着妈妈吗？怎么就如此轻率地食言了？你这是怎么了？跳楼前到底出什么事了？

让我们再回到记录晶晶生前最后影像的那段视频。17 点 32 分的时候，两个女孩儿来到了一家店铺门口。走在前面的就是晶晶，丹丹在后面跟着。17 点 33 分，俩人来到了收银台，晶晶正掏钱付款。

看上去似乎挺平常，两个女孩在买东西而已。但有件事儿，必须要和各位说明：这并非普通的超市，而是一家药店！已经放学了，晶晶和丹丹为什么没回家，而是进了药店？她们买的又是什么药？到底想干什么？

丹丹是侥幸捡回条命，但目前正处于心理治疗阶段，所以，不适合去打扰她，我们只能通过其他方式，调查，还原，尽可能地接近事件真相。

我们找到了丹丹的姑姑，她说：我们这一代生的都是男孩，就想要女孩，她出生之后，把我爸爸妈妈高兴的，终于来了个小公主，她在我们家就是小公主一样。家人都不知道为什么她要跳楼。

听姑姑的意思，丹丹在家里不可能受气。而且，她和晶晶一样，都是班里的好学生。不仅学习成绩优异，还是班里的班长。

两个孩子都很优秀，学习根本不用家里担心。可为什么他们突然就约好去跳楼了？这样的反差，不可能没有任何征兆。任何事情都一样，有因才有果，有果必有因。事实上，事发当天下午，也就是第六节课间操的时候，一贯开朗乐观的晶晶，就有了异样表现。

姑姑说：丹丹看见晶晶在那哭，然后她就去劝她，让她别哭。然后晶晶一脚就上了那个阳台，想往下跳，然后我侄女当时还以为她是开玩笑。

刚才这话，是丹丹和家人描述的。大意是，下午课间操，晶晶就打算从学校四楼的窗户上跳下去，被丹丹发现，及时阻止了。但到了傍晚，晶晶还是跳了楼，只不过换了地点而已。从晶晶的角度说，她似乎决意自杀。但是丹丹既然前面已经阻止过了，为何放学后又要和晶晶一起跳楼？她对家人的解释是，我之所以这么做，是因为晶晶当时说了一句话。

谢谢，对不起

事发当天下午，在课间操时，丹丹发现晶晶的情绪有点不对劲儿，一直哭。她就过去劝，但好像没起作用。晶晶的情绪依然很激动，甚至想从学校的四楼跳下去。还好，及时被丹丹被阻止了。可丹丹随后的态度，却突然发生了很大变化，后来干脆跟着晶晶一起跳楼了。这又是为什么？按丹丹自己的话说，那是因为，晶晶说了一句话。

晶晶对她说：你能陪着我吗？丹丹则说：行，那我就陪着你。据丹丹的姑姑说，丹丹应该是觉得自己和她这么好，有点感同身受的感觉，所以特别地同情她。

刚才这话，我想，得从两方面去解读。第一层意思，毕竟是最要好的朋友，你不开心，我也难受。这个不难理解。可后面那层意思，就有点让人匪夷所思了。陪着！如果仅仅是出于同情，安慰，陪着好朋友说说话，散散心，也就罢了。可晶晶的话，并不是指这个。你能陪着我吗？她所说的这句话，后面其实还有两个让人不寒而栗的字——去死！说白了，结伴去死！要不怎么说是孩子呢。就算在成人的世界，这个逻辑也是不成立的。是朋友不假，可以陪着一起经历人生中的风雨，可以分享快乐，分担痛苦，但非要结伴去另一个世界，这无疑是荒诞的。更要命的是，对晶晶的话，丹丹居然同意了。

再看看这段监控视频。我们隐约能感觉到，晶晶似乎真的处于主导位置，无论是走路，还是买药，付钱，丹丹一直都跟在晶晶身后。她就这样跟着、陪着，向错误的方向，向危险的深渊，走去……

结局大家都已经知道了。丹丹侥幸捡回条命。而晶晶，生命永远定格在14岁了。惋惜就不必说了，此刻，大伙儿心里更多的，肯定是不解和疑惑。她为什么要这么做？就没留下什么话吗？

其实，她左手上写有5个字，写的是“谢谢，对不起”。

谢谢，对不起。这是晶晶留给这个世界的最后一句话。五个字而已，简单，轻飘，可对我们来说，它却如此沉重，包含了太多一时无法理解的内容。这几个字是写给谁的？谢谢是对谁说的？对不起又是说给谁的？有人猜测，说晶晶这几个字，是写给那个男孩儿的。为什么？早恋呗！这话，似乎也有一定道理。两个女孩相约跳楼，你又是怎么冒出来的？还有，死命抓住跳楼的女孩儿，话语中还透出坚定救人的决心，怎么看上去那么像青春偶像剧，为了爱情奋不顾身。在整个事件过程中，这个男孩儿到底是一个什么样的角色？

真相到底是什么？还是来回放一下当天的情景吧。丹丹决定和晶晶一起轻生后，晶晶选了一个离学校最近，楼层最高的小区，也就是海纳丽景小区，作为跳楼地点。途中，她们看见一个药店，于是走了进去。买了一盒安眠药。一共两板，一人分了一板，她们两个就吃了。

怪不得丹丹当时被救起来的时候，有点神志不清，原来她是吃安眠药了。晶晶也吃了。可当时两个人已经选择跳楼了，为什么中途又去买药吃？

丹丹的姑姑说，她们就是偶然的，觉得先买药，如果吃药有用的话就不用跳楼了。

说话间，安眠药下肚了，但似乎没起什么作用。于是，两个女孩儿继续前往海纳丽景小区，当她们走到3楼平台的时候，遇到个放学回家的同班同学。那个男生家就住在那里。看见他们两个到这里来玩，男孩就带着她们上去了。后面的事不说也都知道了。过了不大会儿，就发生了故事开篇那一幕。

当时看就是普通的同学，然而现在看，多亏了那个小男孩拽了一把，不然那个也肯定没了。

知道了其中的原委，那么所谓的早恋，所谓的殉情，也都成了无端的猜测。这个男孩儿，只是偶然碰上这事了，而且是见义勇为。

丹丹姑姑说：他救了我们家孩子，我们都特别感激他，但是由于一些媒体、微信、贴吧的这些不实消息，一些人的恶意揣测，给这个男孩一些很大的压力，家里也造成非常大的压力，我们家里也是非常的过意不去，本身人家是一个见义勇为的英雄，现在让微信传的像一个罪人似得，所以我们家特别的不落忍。

这么说的话，早恋这个原因应该排除了，那别的呢？两个女孩总不会平白无故相约跳楼？

丹丹的姑姑说，他们是觉得活着太累了，如果要是死了不就一了百了了。

很明显，这话应该是丹丹和家人说的。而她，又是陪好朋友晶晶一起跳楼的，由此说来，这句话，似乎是两个孩子共同的感受。小小年纪，怎么就生出这种感慨了？所谓的活着太累，到底指的是什么？

孩子的舅舅说：她说累，她说学校给她的压力非常大，一个礼拜天，要补五六节的课，脑子里感觉就是天天在上课，在学校哪道题做错了还得挨揍。

做错题就挨揍，我们也不知道这指的是老师还是家长，而且，毕竟晶晶已经离去了，刚才这话只是舅舅的转述，所以，是不是真有这样的事儿，还不好说。不过，现在的孩子们学习压力大，这点，恐怕没人会否认。晶晶决意赴死，仅仅因为这个，难道没有其他原因？

晶晶的妈妈说：我们是单亲家庭，我和他爸爸很早就离婚了，我自己带着她。

晶晶的父母早在她小学四年级的时候就离异了，这些年，晶晶一直和母亲生活在一起，后来，母亲又重新组建了家庭。难道是晶晶在新家里有压力？继父对她不好？

可是晶晶姐姐的说法则把这个可能去除掉了，因为她爸爸对晶晶特别的好，好到比对晶晶姐姐都好。

前面咱们其实提到过，晶晶每天都是继父用自行车带着上学。单从这点看，继父对她是很疼爱的。不过，继父也提到了一件事儿：虽然我对晶晶很好，但这孩子，还一直有心事儿！

晶晶的继父说：他们见面特别少，孩子肯定想自己的父亲。我不太清楚他为什么不回来，在我跟前这两年没见过他的父亲，自己的父亲好多年见不着谁都会想！

这么说吧，这些年，晶晶心里一直想着亲生父亲。她在作文里，也多次流露过这样的思绪。而下面的内容，似乎更验证了晶晶的心理压力。还记得那个男孩吗？他在公安局的笔录中，提到了晶晶跳楼前说过的话。而男孩儿的班主任当时也在笔录现场。

老师说：她爸两年多没看她了，第二个笔录写的是她爸爸吸毒。

这就是晶晶跳楼前说过的话。两层意思，第一，亲生父亲两年多没来看自己了。第二，亲生父亲竟然吸毒。再加上前面提到的学习问题，也许，晶晶无论是身体还是心理，都一直承受着巨大的压力。又苦于找不到出口，所以才瞬间爆发了，最终酿成惨剧。而对丹丹的陪死行为，似乎只能用幼稚、荒诞来解释。

晶晶的阿姨说：孩子现在给家长带来很大的困扰，家长都不知道该怎么做了，反正我感觉，这孩子出事后我就不知道怎么对待我的女儿，我就这样想的，我不知道该怎么做了，怎么做才能对孩子好，就是这样的，心里有压力。

现在的孩子是怎么了？都怎么想的？为什么会这样？这似乎是很多家庭，很多家长都困惑的现实问题。其实要我说，这账，无论如何也不能算到孩子头上。说到底，还是我们对孩子不够了解，关心关爱的方式也未必对，至于更重要的言传身教，如果再有偏差，那就更坏了。我们得承认，这课题确实挺大，也挺难，但为了孩子，再难，也得去做，还得尽量做到位。真等出事儿，就晚了！

又想起晶晶写在手上那句话了，“谢谢，对不起”。仔细想想，意味深长……

社会骗局

走，跟清朝“公主”去寻宝

一位神秘的爱新觉罗氏“公主”，自称130岁高龄。
传说，她守护着一笔巨大的神秘宝藏。
只需集齐钥匙，就可打开八大金库，坐成世界首富。
还犹豫什么？走，跟清朝“公主”去寻宝！

被“绑架”的“公主”

话说这天，西安市莲湖区青年路派出所，像往常一样工作繁忙，直到一个小女孩的出现，吸引了所有人的注意。这是一个13岁的小女孩，她告诉公安莲湖分局青年路派出所刑警马欣，说她的母亲已经有一天没回家了，她怀疑是被绑架了。民警便问她："那你觉得你母亲会在什么地方呢？"于是小女孩便带着民警去了母亲住的龙霞区的一个小区——这是她的母亲平时办公的地方。

小女孩带着马警官急急忙忙地上了楼，推开房门，马警官先是一愣，眼前的景象太不寻常了。一个中年女性站在中间，周围则站着6名男性，另一个年轻女性站在外围。中年女性便是小姑娘的妈妈，年轻女性则是小姑娘妈妈的助手，这6名男性难道就是绑架者？他们都在房间里站着，一言不发，神色比较紧张。

六个男人围着一个女人，已经不寻常，更令人惊奇的是，房间里的桌子上，金灿灿的铺了一片——金条、马蹄金、金钥匙——全是金子！

房间里的一切，处处透着古怪，透着邪门儿！警察们也看出来了，眼前这阵势，似乎不太像绑架，不过，中间那个女的，被6个男人围着，明显有被控制人身自由的意思。果不其然，一见警察来了，屋里的几个男人，情绪更激动了。

警察自然要上前询问，这一问，又蒙了。

一个年轻的男性拿着金块说："她说这是黄金，我问金店的人了，实际上根本就不是。没有任何含金量，连工艺品都不是。"

原来这些晃眼的金子，全是假的！那现在的情况就不是绑架，而是诈骗喽？看这架势，问题是出在当中这个女人身上啊。

于是，民警便要询问这个女人。但此时6个人中算最年长的那位——姓王，咱们暂且叫他王老汉吧——眼看场面失控，不由得吼了一句："不得对'公主'无礼！"

这王老汉也是来讨说法的，但是他比那些年轻人要克制得多，对当中那个女人也是客客气气的。但是他说"公主"？说谁？自然是这位中年女性，这下警察们再一次蒙了。

八处神秘宝藏

经过询问，原来这个中年女性声称自己是皇家的"苍萍公主"，清朝的，已经活了130岁了。这位130岁的"公主"是怎么个模样呢？看上去珠圆玉润，确实挺富态的；身上呢，也是穿金戴银，有点儿贵气侧漏的意思。要说她是皇族后裔吧，听着或许还靠谱点儿。要说什么130岁的清朝"公主"，这也太敢吹了吧！所以这话没人相信，至少警察是不会相信的。眼前这个女人，顶多也就是四十多岁的样子，130岁，那绝不可能。

警察问王老汉："你觉得这个人有一百多岁吗？"

王老汉说："看着没有百岁，但也有八九十岁了。"

真不知道这王老汉是怎么看出来的，看那样子，他可一点儿没有开玩笑的意思。不仅如此，王老汉还以更严肃的态度向警察们说了另一件奇事：这位“苍萍公主”拥有八处巨额的神秘宝藏。

宝藏，还是八处，听着有点耳熟。《雪山飞狐》里有“闯王宝藏”，《鹿鼎记》里有“大清龙脉”，这些都是旧势力将要灭亡之前，埋下巨额宝藏，留着后代复国之用。那么这位“苍萍公主”跟王老汉说的这个，也是这种宝藏吗？

不错，“苍萍公主”说这些都是大清朝真正的家底儿！值钱的东西能堆成山，摊成海。而且这些宝藏天南海北哪儿都有，一共藏了 8 个地方，又称八大金库。而且据她所说，这八大金库里面涉及的金额是非常巨大的。

那八大金库里到底有多少钱呢？据这位“苍萍公主”所提供的花旗银行存款单，竟有 1430 亿美元！另有一张支票，竟也有 1000 个亿！不过“苍萍公主”还谦虚地说了，这才只是冰山一角。她的所有宝藏，随随便便甩出个零头，凡人几辈子都花不完。不过，还是有个问题，这些钱一时还拿不出来，为什么呢？需要先付金库保管费！

据王老汉所说，皇宫这些财产宝贝什么的，都交给国家了，是由国家管理，如果没有钥匙，或者手令，是拿不出来的。当然这也是“苍萍公主”对他说的。那么怎么取得钥匙，或是手令呢？

“苍萍公主”说，这些宝藏都是花钱找人看管的，你必须给管理费，不给这个费用，自然是不给宝藏。并提到说，这些金库已经被看管了 102 年了，只要到时候把看管费用一交，金库里的那些宝贝就能拿出来。

但是，这个金库保管费，谁出？“苍萍公主”说了，谁诚心跟着她寻宝，谁能为她垫付保管费，将来这宝藏就分谁一份！而且，她会拿宫里传下来的那些黄金作为抵押，不会让大家空手而回。王老汉看着“苍萍公主”拿出来的龙凤金块，个个最少也有个百八十万元，加上王老汉这人又仗义，当即表示，保管费我愿意出，寻宝算我一个！就这样，钱交了，金子也抱回家了。可是这不是真的金子啊，所以发现金子是假的之后，大家便来找“苍萍公主”讨说法。因此便出现了开篇时所讲的那个情形。

故事讲到这里，基本上算是厘清了。其实警察早就看出来了，相信读者朋友们也早就看明白了——这“苍萍公主”，就是个骗子。可是为什么这么显而易见的事儿，王老汉却看不明白呢？连130岁的“公主”，这种鬼话都能信？这“苍萍公主”究竟施了什么迷魂大法，把王老汉他们这些寻宝的人，都忽悠的着了魔、入了道呢？

相信她童颜不老，青春常驻？相信她穿越历史，富可敌国？不管你信不信，反正王老汉是信了。

但是大家还真别小瞧这王老汉。他在他们当地，正儿八经算是个成功人士。他早年是做买卖的，赚下了几百万的家产，这算是相当精明的一个人了吧。精明人怎么还上当受骗了呢？不说别的，能把一个中年女人，愣看成130岁，这不是鬼迷心窍了吗？

王老汉却说：“人家吃了药，这手一翻天就下雨了，手一盖天就不下雨了，简直神了。”

翻手为云、覆手为雨，这不成神仙了？这种话也会信，到底他们俩是谁吃了药了？这王老汉，肯定被人灌了迷魂药。那这药是什么时候下的呢？接下来就讲一讲王老汉是怎么遇上这位清朝“公主”的。

300万的前期投资

原来王老汉最初是从朋友老易那儿听说有个“苍萍公主”，还说是爱新觉罗氏的“三公主”。对这些，他本来没什么概念。他只在电视里听过，看过，不知道爱新觉罗氏具体意味着什么。可是老易把录像、黄金，还有各式各样的金银珠宝拿给王老汉看，王老汉可看花了眼，便也想认识这位“三公主”。

可是“苍萍公主”很神秘。经朋友的引荐，王老汉才得以见到“公主”的真容。谁知，一见“公主”误终身。

初见“公主”，人群中独自美丽。那气质、派头、穿戴，都是十足的皇家风范。内部人都叫她三姑，王老汉则没有这样叫过她，而是叫她董事长。叫她三姑是因为她是“三公主”，叫她董事长，则是因为她有一个公司。“苍萍公主”开了一间皇玉鹰股份有限公司。公司是干什么的呢，就是挖宝藏！而且让王老汉震撼的，是“公主”那金碧辉煌的办公室，还有办公室里那些值钱的家当，各种宝贝，都像是皇宫里的东西，一般人轻易是见不到的。其中有一块金子竟然有 3 斤重。其实王老汉起初也不信，可是一个人说不信，10 个人说就信了。

王老汉是生意人，他对这些值钱的东西，一向敏感。这头一回见面，王老汉就被深深地折服了。更让他喜出望外的是，“公主”对他，也是高看一眼，还邀请他担任皇玉鹰股份有限公司的股东兼财务总监呢！

“苍萍公主”写好任用状，但是又对王老汉说：“搞国家这些黄金资产呢，现在困难得很，咱有不少黄金，在宝鸡拉不回来，你弄点钱，我把这拉回来，马上就是钱。我可以许给你，你掏 1 万元，我还给你 10 万元。”

财务总监，名头挺好，但是说白了，主要的职能就是从自己兜里掏钱。但实际上他的钱支出以后都是由“苍萍公主”来支配，王老汉只管了一个空头账户。

其实说到掏钱，王老汉最初也犹豫，可“苍萍公主”用一个更大的诱惑，把他牢牢拴住了。

作为公司财务总监，自然可以知道公司更核心的机密。什么呢？就是八大藏宝图！也就是“苍萍公主”那八大金库的位置。这些地点那也是相当隐秘的，分别在广西、贵州、四川、云南。“公主”说了：“你看看这藏宝图，每一个山洞都配有特别的钥匙编号，而这编号，就印在我掌管的八把钥匙上，只有我，才能打开这八大金库，取出宝物！”

真的有这些金库吗？

像别的骗子，在前期的时候都会准备一些道具，普通的诈骗案等钱进来之后，一卷，就跑了。但这个没有。在行骗之前，她先把道具准备好，在被害人上当之后，她不是跑了而是把钱用来置办更好的道具，从而继续骗其他的受害人，一步一步，她自己的花销并不大，而是把全部的钱都用在采购这些假珠宝假宝贝上面了。

“苍萍公主”还说，早在 1935 年，她就利用陈玉贞的身份找到了一处宝藏，那些金条、马蹄金和支票就是从宝藏里面取出来的。

所以给王老汉看的那些金子上都写着陈玉贞的名字，还有包装上写的也是国民党、梅花党之类的。

“苍萍公主”把自己的经历随便一抖，就是一部波澜壮阔的近代历史，到处都有她的惊鸿一瞥。而且还有照片为证。比如，清朝时的“公主”照，黄埔军校时的女扮男装照，还有和别人的婚纱照，以及抗战时期的照片，各种不同装束的珍贵资料，总共20多张。“公主”的阅历实在让人钦佩，但是为什么这么多照片，都是一个表情呢？自然都是PS上去的！

然而王老汉却不懂什么是PS，此时，他对“苍萍公主”已经到了膜拜的程度。

各种钱，各种金库钥匙，还有八大金库，光这些东西你不相信都不容易了。

没多久，“苍萍公主”又传召王老汉了，而这次行动，也彻底扫清了老头心底的最后一丝怀疑。什么行动呢？视察金库！其实也是王老汉主动要求的，他想看看那八大金库到底都是什么样子。

“公主”带着财务总监出去视察，那排场必须得摆足了，每次出门，别的不说，交通工具，必须是飞机！

先期她就分两拨人，让王老汉开车，到贵州的山里面去看，她则是坐飞机，她说自己坐不了车，晕车，得坐飞机。

王老汉就这样跟着“公主”往四五个地方去了一趟，每到一个地方，都把金库的钱拿出来，还说这钱给国家银监会汇报了，是不能动的。所以回去后就需要王老汉把这钱拿出来给国家，国家才能把钱给“公主”，“公主”也就才能把钱给王老汉。

全国走了这么一趟，王老汉更彻底地被洗了脑。“公主”每到一处，必是前呼后拥。汇报工作的，请求批示的，文件、账目，嗖嗖的在眼前过。这经济实力，人脉关系，王老汉可都看在眼里了。不过，既然热热闹闹的出来视察，这金库到底长什么样？看宝人什么样？宝藏又是什么样？王老汉却说不清楚。为什么呢？因为他走了四个地方，可是八大金库，却一个都没看到。

没看着就对了，因为根本就是子虚乌有的东西。但是“公主”仍有解释，因为这个宝藏呢，不是在军事重地，就是在旅游景点，不是想进就能进去的。

所以公司得筹钱，把这人脉打通了，这样，钱才能拿到手里。

王老汉也想去看，“公主”也同意。有一次，说山里面有个金库，让人带王老汉他们去看一下。其实那人也没有领他们去看，只说那里现在都是风景区、军事区，不让过，当然也看不了。然后就拿出些金条、美金，说这些都是先期挖出来的，让王老汉他们观摩一下就行了。

至此，王老汉对“公主”的话已经是深信不疑。因为从前期的投资，包括公司的规模来看，他已经信以为真了。他在这个公司里面，“公主”又给他设置一个职位，房子又是“公主”的，他觉得跑得了和尚跑不了庙。巨大的金钱诱惑，让王老汉下定了决心：“没啥说的，投钱！”

连续 19 次，王老汉给公司打款 300 多万元！家里人想拦着，但都不管用。王老汉当时出去考察，第一次坐飞机，小女儿在机场，把资料调出来给他看，说这人是河南的，这人是假的，王老汉说人家“公主”都活了一百多岁了，是返老还童。

王老汉后来回忆说：“娃娃不敢说啥，我说不要你管，好坏有我呢，我把人家那金砖啥都见了，人家有 1430 亿美元呢，还把你一二百万当事儿了，最后娃见我弄下这事儿了，也没办法说了。”

就这样，神魂颠倒，五迷三道的王老汉一次次地给公司打款，最后实在没钱了，只好和自己的侄子借，“公主”抵押给了王老汉的侄子三块马蹄金。而就是这三块假金子，让“苍萍公主”最终跌落了神坛。好一个翻云覆雨的假“公主”，折腾了那么久，终于露出了狐狸尾巴，那她的真身，究竟是什么来头呢？

“公主”竟是家庭主妇

原来这位中年女性，根本就不是什么“公主”，更不姓爱新觉罗，当然也不可能 130 岁。她本名王凤英，家住河南，小学文化，在当“公主”之前呢，她就是一个在街边卖字画的。而今，脱下“公主”的华服，王凤英又变回了只有小学文凭的家庭主妇，此时，骗来的钱财已经挥霍殆尽了，130 岁的假“公主”也成了 48 岁的阶下囚。

王凤英落网后也表示很愧疚，因为她没有能力还这些受害者的钱。而对自己的女儿，她更是觉得内疚，因为她身在牢笼，小姑娘也没有人照顾。她表示现在想配合警方，把这个案破好查好，有一个改过的机会。

王老汉和其他的投资者万万没有想到，他们深信不疑的“苍萍公主”，竟然是假的。

不是有那句话吗，“人靠衣装佛靠金装”，现在看王凤英本来的样子，这样普通的一个人，甚至还有点儿憨憨的感觉。要在这个基础上，包装出一个“公主”，难度想必不小。那么最初，她是怎么想到要假扮“公主”，又是怎么实现了这样的华丽变身呢？

当初有个老头，穿着道服，看见王凤英是卖字画的，就跟她说：“小姑娘你卖字画要卖到什么时候啊，我介绍你去做民族资产解冻的事情吧。”

按照王凤英的说法，当初就是这个算命的给了她灵感。

这个苍萍呢，是父母给她起的小名。那老道说：“你长得又这么慈善，你的名字跟过去的公主有关系。”

有了算命先生的启发和包装，王凤英改叫“苍萍公主”了，从一个名号开始，逐渐地，一个“公主”的神话丰满了起来。

王凤英辩解说自己是满族人，从小也不是在河南生长，只是因为小时候穷，家里人把她送到河南去寄养，所以她不是河南人，而且真的有皇族血统。当然这只是她自己的说法。

不过起个名儿，编个故事，都很容易，但是那种贵族的气质，可不是一天两天能练成的。王凤英初扮“公主”的时候也哆嗦，但是有人从旁唆使，加上当“公主”的感觉确实过瘾，她就这样一步步进入了角色，胆子也越来越大了。

其实她从第一步开始的时候，就已经错了，但她必须用更多的谎言来圆这个谎言。开始的时候她也觉得心虚，但是走到一个地方便有人三姑长，三姑短地跟她攀谈，慢慢地时间长了，她就适应这个角色了。其实人都是这样，所以到后来她就觉得走到哪儿都是“三公主”，都是皇室后裔，你们必须都这样。这也就是后来导致王老汉揣摩不定的原因，王凤英的“公主”派头已经摆在那里了。

渐渐地，王凤英有了助手，成立了公司，置办了各种道具，把假扮“公主”的事业搞得风生水起。公司的目标客户也进一步明确了，就是专门针对手里有一些闲钱的老年人这个群体，用巨额的利润来吸引他们。

这应该是很荒唐的一个骗局，因为虚构了一个任何人都不会相信的东西，几千亿美元的资产，这是什么概念？但是有些老人就愿意去相信这些。

老人家一辈子挣钱不容易，不要轻而易举地相信不太熟悉的人，把钱让他们去帮你管理，在巨大利益的面前，老人家把自己的钱往外拿，拿到最后，确实是很难收回来的，所以投资一定要谨慎。

这样忽悠老年人，骗走他们一辈子攒下的积蓄，老人家要是经历了这么一场挫败，其经济、生活上的打击可真是太大了，然而更致命的则是心理上的阴影。

事后王老汉也是追悔莫及，被问及感受，更是百般难言：“不敢想，不说了，老过了，叫人骗了，鬼迷心窍了，咱现在没脸说话。咋不可笑，老糊涂了！”

人老了，其实不要再操心那些伤神的事，回家逗逗孩子，享享清福，多好！如今，盯着老年人的骗子，实在太多了，打着投资、保险、医疗，各种旗号，变着法子骗老人家兜里的那点儿钱。各位读者，一定记住那句话，投资须谨慎，最好呢，就干脆别去凑那个热闹。

乞丐父亲争女战

深夜车站通道，神秘男女为何拼命厮打？
质疑重生，男子是女孩父亲？
一言难尽，女子又为何拼命与父抢子？
万般不解，奇怪女孩为何不想有家？

车站突发的争斗

话说2014年的12月22日，那是一个周一，晚上11点的时候，车站来来往往的人都行色匆匆，就在大伙都埋头赶路的时候，一阵突然爆发的争吵，把大伙都吓了一跳！

当时的监控录像中清楚地显示，当天23点20分，一个女子突然从车站通道冲了出来，抓住一个男人，男人显然也被这女子吓了一大跳。可紧接着两人似乎爆发了激烈的争吵，两人之间的动作也越来越大，突然，这个男人一手下去，狠狠地打了这个女子！

周围群众看到这个场面，都愣住了，因为打得太突然，所以也没人敢上去劝架，不过还是有人报警了。

车站巡警马上赶到了现场，当时这两人已经争执了半天。接到报警时，巡警心里也有个预估，认为这可能是两口子意见不合而致，但是当他们到达现场后，却发现根本不是那么回事！

据当时赶往现场的巡警田英回忆，他们从穿着上就不太一样，有差别：男子穿着不太好的衣服，女士穿的还可以，不像是一家人。

既然从衣着上看，两人身份有着明显的差异，按理说应该没有什么交集。那到底是什么问题让这两人在半夜的车站前大打出手呢？巡警将两人拉开，同时开始询问情况。可是这一问，巡警立刻感觉：这事，可能相当麻烦。

这两个人原来是要抢一个孩子。

当时的监控画面显示，男人在与女子撕扯的时候，手中始终紧紧拉着一个小车，之前都以为拉的是行李，也没当回事。但现场巡警看到的，却是一位活生生的小女孩儿！

可为什么要把孩子放在木板车上，这两个人又吵吵闹闹地打架，就不怕吓着孩子吗？这 3 个人到底是什么关系？

经过民警询问，小女孩说，该男子是她父亲。可是这一老一少怎么看也不像父女。据巡警田英描述，该男子看着 50 岁左右，小女孩看着也就 10 岁左右，老的太老，小的太小，岁数差得有点大。不仅如此，这个小女孩口中的“爸爸”——王军，怎么看，也不像是个带孩子的人！

首先，王军的头发比较乱，满脸胡楂，很久都没有打理过，推着孩子倒是像沿街乞讨，最起码是一个流浪者，或者是无家可归的人。

但是小女孩却是一口一个爸爸地叫着，叫得还特别亲。或许，这真的是王军老来得子？但是经过巡警对木板车上小孩的仔细观察，却看出了大问题！

当时这个孩子的脸色不像是很健康的孩子，脸色发白、透黄，而且她两条腿弯曲着，是很明显的罗圈腿。

如果这两人真是父女，那么冲出来的女子又是谁？为什么大半夜的突然来到车站抢孩子？巡警的这些疑问很正常，但是这个女子的回答却把巡警说蒙了：她自称是社会救助方面的爱心人士，名叫戈洁。她之所以大晚上的跑车站来抢孩子，是因为她觉得王军可能涉嫌拐卖儿童。而这正是警方最怕发生的事情！

确实有不少丧尽天良的人贩子靠拐卖儿童谋财，再想想这孩子的缺陷，更增加了这是个拐卖事件的可能性。

据戈洁讲，她专注于儿童救助事业多年，而今晚两人所抢的孩子叫小飞燕，正是她重点关注的对象之一。小飞燕天生患有腿部残疾，与王军靠乞讨为生。出于对小飞燕的同情，戈洁跟王军有过多次交涉，王军也答应不再带小飞燕乞讨，就在北京待着，这样爱心组织也能给小飞燕不少的帮助。可就在今晚，戈洁听说，王军想乘火车带小飞燕走！

如果他带走孩子，戈洁又不知道他要去哪，可能就再也无法帮助小飞燕，再想找他也就很难了。另一个令戈洁担心的就是，如果他继续乞讨，一定是带着飞燕的，因为如果没有飞燕，他是讨不到什么的。所以戈洁当时坚定了一个信念，不能让这个孩子继续流浪乞讨了。

如果是在北京，那么情况还好，毕竟戈洁多少有些熟人，找人打听打听，小飞燕也不难找。可如果王军带小飞燕走了！那这茫茫人海，肯定就再难找到这个孩子了！戈洁越想越怕，所以最后还是鼓足勇气，赶到北京西站打算堵截王军。这是有一定风险的，王军算是一个健壮的男子，你如果要把他的财路断掉，他甚至有可能会断掉你的生路。

可是怕归怕，为了小飞燕，戈洁硬着头皮也得上！到达北京西站以后，戈洁四处寻找，在人群中，她终于发现了马上就要上车的小飞燕！于是一个箭步上前，拉住王军，试图阻止他将孩子带走。

当时戈洁的心里异常气愤，她大声质问王军为什么不信守承诺，王军很诧异，认为自己走不走跟戈洁根本就没有什么关系。他似乎不想跟这个女人有太多纠缠，便说他要回家，因为他哥哥病了，所以打电话让他回去。

然而这些话在戈洁听来，全都是王军为自己找的借口，再看看寒风中在木板车上瑟瑟发抖的小飞燕，戈洁决定无论如何都不能放他们走，于是与王军发生了激烈的争吵，可就在这时，让戈洁万万想不到的事情发生了！

小飞燕看着争吵的二人，大哭起来，而且说她“哪也不去”“谁也不跟”，就要跟着她爸爸，也就是王军。而且据民警对王军做的笔录，王军自称当时曾劝说小飞燕跟戈洁走，他自己回家，然后再去看小飞燕，可是飞燕就是哭着不去。

飞燕的言语和行为，让戈洁看起来像是一个没事儿找事儿，毫无道理要拆散别人父女的外人。

当时火车已经开始鸣笛，王军眼看火车即将开走，失去了之前的耐心，与戈洁之间由言语冲突激化成了肢体冲突！他让戈洁放手，接着便拽她的头发，劈头盖脸地打她的脸。

等巡警赶到的时候，戈洁已经挨了不少的打。民警初步检查后发现，戈洁的头发比较凌乱，脸上还有一个1厘米左右的划痕。

但是在戈洁看来，这些打，挨得值！不但把小飞燕留下了，还把王军拖到了派出所，再挨几下她都愿意！然而在王军看来，这些事简直是莫名其妙！虽然他打了人是他不对，但是他觉得自己是带孩子回家，跟别人根本没什么关系。戈洁半夜跑出来捣乱，不让自己上火车，还把孩子吓着了，自然要打她。更何况因为这个孩子，自己付出了那么多，甚至连家都没了！

究竟孰是孰非

但是此事仍然疑点重重，男子的身份动机都成疑问。至少在戈洁的口中，王军就是一个利用孩子行乞的人。但是在王军眼里，戈洁则纯属无理取闹！“要是没有我，小飞燕能活到现在吗？！”

原来，王军是个流浪汉，以行乞为生。小飞燕确实不是王军亲生，而是他收养的！

2004年，王军在上海的一个桥下，遇见了才1岁大的小飞燕，当时的小飞燕也不知道被人遗弃了多久，哇哇哭个不停！王军便用奶瓶喂她喝奶。

据王军说，从那时起小飞燕似乎就对王军产生了一种奇特的依赖，谁都不跟，就跟王军。原本王军也不想带着这个孩子，毕竟他自己都是有上顿没下顿的，可小飞燕偏偏只认他，其他谁都不跟，没办法，王军只好带着小飞燕继续流浪。可王军说，他从来没放弃过治疗小飞燕的病！

他们曾去过医院检查，得知这个小孩还有肾积水，曾动过手术，但未能治愈，她还有种病学名叫“脊柱裂”，如果再次进行手术，很容易造成瘫痪，王军想了想还是没敢做，至少，小飞燕现在还能动，要是真瘫痪了，以乞讨为生的王军，是无论如何都养不起这个孩子的。王军说：“戈洁怀疑我拿孩子挣钱，可这么多年，为了给小飞燕治病，我欠了一屁股债。”据说，这连他老家的人都知道。

王军老家在河南省鹿邑县，家里原本有3个孩子，王军说，他也曾放弃过带着小飞燕四处流浪的日子，让小飞燕回老家跟自己的3个孩子一起生活，可过了一段时间，他发现根本不行。

小飞燕因为脊柱裂，所以经常大小便失禁，3个孩子没人照顾得了她。而且小孩都上学了，家里就更没人照顾她，哥哥嫂子种庄稼地，她一会儿饿，一会儿尿，也没人给换洗。

王军说，他原意是想让小飞燕重新体会到家庭的温暖，可没想到，家庭不但没让小飞燕得到幸福，反而，缺少了王军照顾的小飞燕，每天都哭闹不停。王军说，他是看在眼里疼在心里，不得已，他才再次带着小飞燕出去流浪。甚至，连自己的孩子都忍痛交给了大哥大嫂抚养！

有一个叫孙永义的村民认为王军很有善心，说王军是看这个孩子被别人丢弃，非常同情她，毕竟是一个生命来到世上。所以自己很心疼王军，也非常同情他。因为自己经济条件也不太好，有时候想帮也帮不上。

这位孙永义是王军从小一起长大的朋友，眼看着王军带着小飞燕，一年一年地东奔西走。当爹的顾不上自己的孩子，却带着一个捡来的女儿四处流浪，王军的3个孩子心里自然也有想法。孙永义看着3个孩子一个一个长大，又一个一个头也不回地离开了家。如今，王军的家已经人去屋塌，换句话说，王军已经无家可归，妻离子散了。

王军说自己当然不会把小飞燕当成乞讨的工具，他自己也会手艺，就是捡废品也能一个月几十元，或者几百元。王军觉得自己为了这个孩子弄得他什么都没有了，甚至是住的地方。王军觉得自己冤，他说身为男人，不习惯把“爱”这个词挂在嘴边，可是为了一个捡来的孩子，把自己弄成这副惨状，付出这么多，难道还不能证明一切吗？听到这儿，边上的戈洁冷哼了一声，说：

“王军啊王军，你编得真是太像了！你还记得这个视频吗？”说着打开手机，让民警看自己保存的视频。

这是一名网友2011年在海南三亚街头拍下的一段视频，视频中有一个身材瘦小的小女孩儿坐在一个小木板车上，不是别人，正是小飞燕！双腿无法行动的小飞燕，就这么坐在板车上滑来滑去，像沿路的人乞讨，这一幕，谁看了都要心疼！

视频里有人问小飞燕：“小朋友，你是跟谁来的呀？”“我爷爷。”“你爷爷在哪呀？”“在那边。”

口口声声地说心疼孩子的王军，此时则跷着二郎腿，叼着烟卷，笑呵呵地看着小飞燕乞讨。一个当父亲的绝对不会让自己的闺女受这份苦，然后自己还在边上笑呵呵地等着收钱！

虽然时隔许久，当戈洁再提起这段视频的时候，依然气愤万分。因为就她知道的情况，飞燕是经常趴在那个板子上面在大街上滑动，然后后面还带有一个可以拉着走的音响，所以每当她一看这个，就觉得义愤填膺，同时又觉得无奈，还有悲伤。因为她看到这些，再加上飞燕，就好像一组道具一样。

戈洁说，王军那套说辞蒙蔽了太多的人，开始她也觉得王军只是生活所迫，不得不带着小飞燕以乞讨为生。可慢慢地，戈洁了解到，其实有很多人想收养小飞燕，给小飞燕提供更好的生活，可这些都被王军一口回绝了。王军拒绝的真实目的，我们不得而知，但是戈洁看在眼里，急在心头。小飞燕绝对不能再跟着这个人继续流浪下去了！她的病也不能再拖了！

因为据医生看来，小飞燕目前11岁，但是看上去比同龄其他孩子要小，而脊柱裂、肾积水这些畸形和泌尿系统感染，后期随时都可能有生命危险。因为脊柱裂导致了小飞燕的神经受到严重损伤，造成大小便失禁。如果还得不到良好的治疗，很有可能就会恶化成尿毒症！可在戈洁在看来，只要小飞燕还跟着王军，别说治疗，就连基本的护理都不能保证！这一点，临时照顾小飞燕的小牟就是最好的见证人！

小牟是此案办案民警牟迪，她在派出所临时照顾小飞燕的时候，总能闻见一股厕所的味道从她身上散发出来，因为怕伤害孩子自尊心，小牟也一直没敢问。可就在她带着小飞燕上厕所的时候，小牟发现了一件惊人的事情！

小牟发现，王军为了防止小飞燕大小便失禁时弄脏身体，给小飞燕穿了一件尿不湿。可关键的是，这尿不湿不知道用了多久了，从里到外都散发着一股浓烈的怪味，之前小牟闻到的“厕所味”正是从这里散发出来的，而一问之下，小牟惊愕地知道，这尿不湿，竟然是反复使用的！一条尿湿了之后，拿出来晾干，再接着用！

天真的小飞燕不知道，原本就身患重病的她，如果一直过着颠沛流离的生活，将对她的病情有怎样的影响？也许，在小飞燕的心里，王军爸爸已经给了她最好的生活。对此，我们宁愿相信，王军是真心疼爱小飞燕的，可话又说回来了，即便如此，这样的生存条件对飞燕的成长来讲，却远远不够。

不管王军口中的爱，是不是真的，一段视频，以及一份检查报告，肯定会让他哑口无言。如果这孩子再跟着王军流浪，就真的完了！可从捡到小飞燕到现在，也整整过去了10年，即便道理都摆明白了，王军恐怕也不会痛痛快快地放手。

放手，让燕子飞向光明

而此时，对于王军来说同样是一个特别的时刻。他也明白小飞燕跟着自己吃了太多的苦，可10年来，自己为小飞燕付出了太多太多。10年来，一老一小互相依靠，这些是不可能说分就分得开的。

王军说，他想带小飞燕走，不想让她和别人在一起。

我们不知道这句“不想让她跟别人在一起”是以怎样的感情说出来的，是不舍？是不甘？或者只是不愿意放手？可这话一出，几乎所有人都过来劝王军：如果你真爱孩子，那就放手吧……大家的心里，都心疼这孩子！

这孩子可能是因为小，还没意识到这些，或许她自己还是挺快乐的，她没有什么多余的奢望。飞燕是天真的，她不知道自己的困境，而天性乐观的她，会用最阳光的笑容来迎接一切，可飞燕越是快乐，在旁人看来，却越是心疼。尤其在那些关爱她的人看来，她是那么的可怜。

戈洁认为王军看似养了小飞燕10年，但是飞燕又何尝不是为了王军也付出了10年。飞燕在情感上那么信赖王军，她得到了什么？飞燕她付出了10年这么美好的年华，这么童真的时间，她又从中得到了什么？小飞燕跟着王军到处流浪，除了一身的病，又得到了什么？

这样一连串的质问让王军终于明白，是该放手了。

讲通以后王军说他内心也是希望小飞燕好，如果有人能好好照顾她，他愿意。

在做出决定后，王军并没有立刻告诉小飞燕，因为10年，在小飞燕眼里，王军是她唯一的依靠，唯一的亲人。而现在，小飞燕正在医院接受肾积水治疗，如果孩子闹起情绪来，不配合治疗，延误了治疗时机，那是谁都不愿意看到的。

王军也在慢慢地做小飞燕的工作，慢慢地再离开。他担心自己一下离开，小飞燕会接受不了。

为了治疗重度肾积水，小飞燕24小时导尿管不能离身。可是她也是个孩子，每天推着轮椅和一起住院的小伙伴儿们玩儿得热火朝天。每当这时候，王军总是默默地在不远处守着小飞燕，也不知道在想着什么。这天，飞燕心情不错，王军思前想后，终于告诉了飞燕他的决定，可飞燕的反应，让所有人都吓了一跳！

小飞燕又哭又闹，说："我就要爸爸。"

王军说："爸爸老了。"

小飞燕哭了。

小飞燕的哭声，撕扯着现场所有人的心。其实谁都知道，对于一个孩子，从懂事起就抚养自己的人，是没有什么好坏之分的，他就是天，他就是山。十年相伴，一朝割舍，这对于飞燕来说，将是巨大的痛苦。飞燕还小，她不知道王军走了之后，她该怎么办，她的眼泪落在了脸上，也落在了戈洁的心窝里。可已经到了这节骨眼儿上，戈洁不得不狠下心，一定要让飞燕离开王军。

戈洁觉得，这个燕子应该有一个巢，而那巢绝不应该在大街上。飞燕的病要赶快治疗，就算治不好也要有方案出来。戈洁最希望的，还是有个家庭能接纳她，让她有自己的爸爸妈妈。

2015 年 1 月对小飞燕来说，是与过去告别的特殊日子，告别了收养自己、带自己流浪的养父王军，也告别了关注自己多年的戈洁阿姨，最关键的是，她告别了 10 年颠沛流离的生活。这 10 年，她在木板车上长大，遭受了太多不该由她承受的苦痛。但小飞燕也是幸运的，因为有太多人在关心着她，帮助着她。小飞燕最需要的是一个家，是一个不再与寒风雨雪抗争温暖平静的家。而现在，这些即将一点一点实现。

现在天使妈妈沈利正在照顾小飞燕，她说小飞燕特别爱笑，看得她心疼，希望能够救助小飞燕。不过现在还在做手术，她之后会和民政局的相关领导给飞燕安排个好的去处。

看着颠沛流离多年的小飞燕即将有自己的归宿，戈洁也终于放下了心。她知道，自己也该和飞燕说再见了，但在临走前她还要做一件事。

戈洁要和王军握手言和。他俩现在的状态，更像是朋友，毕竟都是为了孩子。

我们一直不愿恶意揣测王军抚养小飞燕，并带她四处流浪的动机。我们情愿相信王军对小飞燕的爱，而他的放手，更是成全了小飞燕能往更多幸福的地方飞去。小孩子都喜欢童话，也喜欢把自己当成童话里的人物，小飞燕的事，虽然有波折，但经过所有人的努力，相信在小姑娘的心里，她自己的故事，也会有个快乐光明的结局！

爱的表达有很多种，有时，放手也是一种爱！

离奇的闲婚

50岁农村残疾老汉突然遭遇离奇相亲，
仅仅5分钟便娶回城里新娘。
婚后竟遭恐吓电话催离婚！
深入调查，到底暗藏怎样的阴谋？

天上掉下个媳妇来

闪婚，这个词儿由来已久，可是给人的感觉依然挺时髦。从相识到结婚，有两个词能够形容，那就是速度、激情。家住四川省江油市贯山镇的薛玉，就玩了一把前卫，有人给他介绍了一个城市女白领，两人从见面认识，到结婚、办手续，快，太快，总共就用了不到5分钟。这样的速度，那两个人要有多般配、多投缘才会这样。可是这位薛玉，是个五十多岁的农民，而且还身有残疾！更让人想不到的是，就在薛玉结婚的第二天，他竟然接到了一个陌生男子打来的威胁电话，要求他马上离婚，不然的话全家都得死！

如此匪夷所思的一幕，就发生在江油市某企业的厂区里，而和薛玉闪婚的女人，就是胡某。

她觉得自己的丈夫是谁，和别人没什么相干，但最后还是承认丈夫是薛玉。但是既然承认薛玉是丈夫，却又为什么不和他回家一起住呢？按照胡某自己的话说："我住哪里啊？他那个穷地方。"

"那个穷地方"，感觉上怎么好像新媳妇是受害者，她被骗了吗？要不然怎么能如此嫌弃婆家、结了婚又要离？当初登记结婚可都是你情我愿的。婚姻大事，岂非儿戏！但是一说起这个，更发愁的却是薛家人。此时，薛玉的母亲，正坐在距离江油市区数十公里外的家中伤心，眼泪止不住得往下流！

薛玉的母亲说，自己这个孩子十多岁的时候，她的丈夫便死了。是她一个人照顾儿子，每天辛辛苦苦地给他煮饭、洗衣。

按理说，这个孩子好不容易长大了，老人应该享两天清福了，可是薛玉却成了老人家的一块心病。因为薛玉年轻的时候，患上了眼疾，双眼视力几乎为零，被鉴定为视力一等残疾。没办法，都五十多岁的人了，还得让她这个妈妈伺候着。如今，好不容易盼上个媳妇，可又摊上这么一档子事儿！

据薛玉自己说，他不傻，知道自己是怎么个情况，所以自从眼睛得病那天起，他就断掉了婚娶的念头，因为没人能跟他结婚。可是让他没想到的是，就在去年的 11 月 18 日，村里的邻居找到了他，要给他介绍一个媳妇。

给薛玉介绍对象，薛玉自己都觉得不靠谱。紧接着，那人把女方的情况简单说了一下：姓胡，是江油市某大型国有企业在职人员。听到这里，薛玉立马觉得这事更不靠谱了。条件这么好的女人，为什么要介绍给他？随后，来人的一句话，让他打消了疑虑。原来，这个胡某和丈夫性格不合，感情破裂，离婚之后，胡某就一门心思想找个老实人过日子。要是论起老实来，薛玉恐怕是十里八村的不二人选了。于是，按照定好的时间，薛玉如约来到了相亲地点：江油市民政局。

俩人见了面，胡某却一直沉默。也难怪，双方条件相差那么多，压根儿就是不可能的事。可就在薛玉转身想走的时候，胡某一下子拽住他，开口说道："薛大哥啊，我觉得咱俩挺合适的，咱今天就登记吧。"一听这话，薛玉这心里也不知道是什么滋味。薛玉自己眼睛不好，他甚至都没看清楚这个"从天而降"的媳妇是个如何的模样，就云里雾里地和胡某登了记。整个过程算下来，也就5分钟。而接下来，胡某的一个举动，让薛玉有点犯糊涂。

她把两个结婚证都揣起来了，并且说薛玉拿到也没用。

几十年的单身汉，突然之间就有了一个条件比自己好得多的新媳妇，薛玉自然有点晕乎乎的，所以，什么糊涂不糊涂的也都顾不上了。那么登记完了就算是一家人了，接下来，应该赶紧带媳妇回家见见母亲。但是胡某百般不愿意，连车都不下。看意思，是嫌弃薛玉家穷山恶水的。

可是自古有云："嫁鸡随鸡，嫁狗随狗。"而且村里人介绍的时候，肯定是和女方说过薛玉家条件的。可现在，看胡某嫌弃的那个态度，简直可以说是厌恶至极，这和登记的时候简直判若两人。可无论胡某怎样，薛玉的心里，还是抑不住的激动。他的心里，此刻就是两个字：喜欢。

"喜欢"两个字，可谓千金难换，就因为这两个字，薛玉对胡某是言听计从，难以自拔！可是，谁也想不到的是，结婚证领了还不到24个小时，薛玉就接到了胡某的通知：要离婚！紧接着，薛玉又接到了一个陌生男人打来的电话！

按薛玉的说法，电话那头的男人除了骂他，还作了最后通牒，说这婚要是不离，薛玉全家都得跟着遭殃。这男人是谁？他又和薛玉的新媳妇胡某有什么关系呢？他给薛玉打这个电话，难不成是薛玉的情敌？最要命的是，自从接到这恐吓电话，薛玉的平静日子就到头了。

由于害怕，薛玉都躲到废弃的猪圈里睡觉了！可是薛玉不仅有眼疾，血压还有点高，在经历了这些之后，血压居高不下，更要命的是，他的母亲也跟着受了牵连，一气之下，竟然卧床不起！

看到母亲跟着自己遭这份罪，薛玉自然于心不忍。既然媳妇要离婚，干脆就离了吧！于是乎，在婚后的第三天，薛玉一大早出了家门往江油市民政局赶，打算把婚给离了。无巧不成书，这一天，薛玉的大妹妹薛娇和小妹妹两人回娘家，她们这一趟除了看母亲，更重要的是，当妹妹的，要知道哥哥娶回来的胡某到底是个什么模样。

其实自从姐妹俩知道哥哥结婚这个事，心里就一直持怀疑态度，尤其是她们听说对方还是个城市美女，就更想和这个嫂子见见面，这么门不当户不对的也能闪婚，莫非哥哥身上长着爱人肉而她们俩一直没发现？但这又怎么可能！自己哥哥什么情况谁能比她们俩更清楚！这里面一定有事！想着想着，就到了娘家，一进屋，俩人彻底傻眼了，眼前的一切让姐俩迅速判断：这个嫂子，有阴谋！

糊涂对糊涂

但是，和薛玉闪婚的胡某能骗什么？薛玉一没彩礼二没房产，甚至连生活都不能自理，就是这样一个男人，胡某根本无法从他那里得到任何好处。这个疑问，也恰恰是薛玉两个妹妹的疑问，而当她们俩回家想揭开谜底，却被母亲告知哥哥和嫂子刚刚去民政局办离婚了，这个时候，本就对胡某有所怀疑的姐妹俩更加确定，胡某绝对有目的。于是，两人匆匆赶往民政局，这姑嫂的第一次见面，却充满了火药味。

两姐妹和胡某吵了一架，并把自己哥哥拉回家了。

姑嫂之间的第一次见面就很不愉快。胡某的这种强硬态度，更让薛娇两姐妹感到事出异常，所以，就在离婚手续递上去之前，把哥哥薛玉拽回了家，这婚也就没离成。而在双方不欢而散的几天后，薛家人又接到了一个蹊跷的电话。

电话那头说是胡某的老公，并且言语有些不堪入耳，甚至有点挑衅和侮辱的意思。胡某和薛玉是领了证的夫妻，电话里却又蹦出一个老公，电话两头的两人越说越激动，话赶话越说越难听。

撂下电话之后，盛怒之下的薛家人也慢慢消了火气，可随之而来的却是恐惧。他们最担心的是：离了婚之后怎么办，如果名下有个孩子，又不是薛玉亲生的，那他以后就进不了养老院。因为薛玉在婚前一直享受五保户待遇，薛家人觉得，正因为薛玉是单身和残疾，所以政府才予以了照顾。现在莫名其妙多了一次婚姻，或许会影响到以后的养老问题。

薛家人的担心不无道理，就现在的情况，薛玉和老娘相依为命的老屋，已经非常破烂，屋里没有一件像样的家具，房屋年久失修，室内和室外没什么区别，好不容易攒点钱，又换成了成堆的药。看着这糟乱的家，薛玉的妹妹实在是忍不住了，开始数落起哥哥来：“哪个瞧得上你这种人，身体残疾，眼睛又不好，还挣不到1分钱……”

听着妹妹的数落，薛玉的梦已然醒了一大半儿，薛玉说，直到这个时候，他才想起一件事，一件大事！那就是直到现在，他都不知道这个胡某到底是谁。

也难怪，见面5分钟就结婚，不到一天闹离婚，根本没有那么多工夫进行了解。而且，登记当天，胡某直接把两个结婚证都带走了，所以她的任何信息薛家人都不知道，此时的胡某，俨然成了个隐形人了。那么她的葫芦里到底卖的是什么药，她和那个打来两次恐吓电话的男子到底是什么关系？薛玉的妹妹决定要探个究竟。

为了弄清事情真相，薛家两姐妹来到了江油市民政局查询胡某的信息。通过查询得知，胡某生于1972年，是一家企业的运输设备维修人员，婚姻状况为离婚，和薛玉的结婚手续是真实有效的。得到这个消息，薛家姐妹俩的心情并没有轻松，反而是生起了更大的疑团，胡某这样闪婚闪离，到底为的是什么？

于是薛玉的妹妹再次与胡某取得了联系，经过不太平和的交流，薛家人得到了一些讯息。其实胡某的意思很明确，我是嫁给薛玉了，可是你连我打麻将都供不起，我还跟你过什么日子，这婚必须离！听到这话，薛娇（薛玉的妹妹）也没含糊，你既然嫌弃我哥穷，当初为什么还主动要求嫁给我哥？你这心里究竟打着什么算盘？

为了调查事情的真相，薛家尝试再跟胡某沟通一下，但是她的回答却有些令人咋舌：“婚姻自由，现在闪婚闪离，其他人都没权管。我今天想跟哪个男人睡觉，想跟哪个男人结婚，是我的自由。”

看胡某的意思，好像“闪婚闪离”就是随她心情的事，这样的婚姻态度实在不能令人苟同。可是就在这时，胡某撇下一句话，她说，为什么要闪婚，薛玉心知肚明。这句话，无异于一个重磅炸弹！在场的所有人全都愣住了，这里边的信息量可太大了，难道薛玉一直在揣着明白装糊涂？

可是问薛玉当初和那个女人是怎么见面的，他却说记不起来了。这样的回答，可能他还真的隐瞒了什么。

仅仅几天相隔，薛玉就开始回避与胡某从相见到闪婚的种种细节了，而态度的突然转变，都是在胡某所说的那段话之后，“闪婚闪离的原因，你薛玉心里清楚！”那么，薛玉与胡某之间到底发生了什么，难不成这场闪婚闪离，是两人事先约定好的？这里面究竟还有着什么隐情？此时，有一个人似乎可以解开这所有谜团，就是薛玉与胡某的介绍人：李某。

“一个人找一个残疾人又是个烂房子，见面几分钟就结婚了，你觉得正不正常？”

李某：“人家两个人承认。”

“你是介绍人你要清楚情况对不对，你要晓得男方女方的情况。”

李某：“人家愿意，有些60岁的老头找个18岁的大姑娘，你说为什么？”

“那这个女的是做什么的？”

李某：“是工人，还有工作。她说她老公把她气到了，所以想找个老实本分的好人。”

“你是介绍人，她有没有老公你都不清楚？”

李某：“人家有离婚证。”

对于种种疑问，介绍人李某对答如流。李某说，她的目的就是为了促成一段姻缘，至于人家婚后的日子过得好不好，她是管不了的。两个人因为什么闹离婚，更不在她的职责范围。

对于薛玉他们为什么离婚，李某说都是他薛家姐妹那些人，说人家这不对那不对，总之是跟她没有一点关系。当被问及当介绍人有没有收过一定的好处，她矢口否认，很坚定地说没有。

李某一口咬定，薛玉和胡某的婚姻本身并没有问题，至于夫妻两个人不和，这和她无关。她自己，更是一清二白，纯粹的好人好心。事情发展到这儿，薛玉和胡某的离奇婚姻仍是迷雾重重，越来越让人摸不到头脑，而就在这个时候，一个村民竟无意中道出了一个更加离奇的说法。

薛玉收了人家的钱，人家骗他，只给了他5000块钱。

这一剂猛料，似乎让那么多不合乎常理的事，瞬间有了真相大白的可能。可为什么胡某要花上一笔钱，非走个闪婚闪离的过场？让人没想到的是，对于收钱一说，薛玉竟低头默认，可对于胡某为什么要给他钱，他说自己是真的想不明白。

但是胡某单位的一个领导则提供了一个信息，那就是：她和现在的老公一直在一起。

本来一场由胡某主导的闪婚闪离，就够让人匪夷所思、不尽猜想了，可没想到，老实巴交的薛玉，竟也是这场荒唐婚姻的参与者。那么，他们之间到底达成了一个怎样的协议，而胡某执意要成为薛玉法律上的妻子，为的又是什么？这场有着交易的荒唐婚姻，又真的能像胡某策划的那样，闪婚后，就能离得成吗？

谁是最终得利者

闪婚、闪离、交易、恐吓，这些离奇的情节交织在一起，似乎说明了什么。事实上，在胡某和薛玉办理结婚手续后，胡某转身就和前夫生活在一起，不仅如此，俩人感情如初，而且人家还有一个 10 岁的儿子，这不就是传说中的“幸福人家”吗？那么，胡某的这一切，究竟是为了什么？

在记者的反复追问下，薛玉终于说出了实情，而此时的他，感觉多了几分镇定。也许是因为自己收了胡某钱这事可以不用再瞒着了，所以比较坦然。可是，当他说出办准生证这样一个缘由之后，整个事件反而更加扑朔迷离了，闪婚、准生证，这到底是什么关系？

后来据薛玉说，这场荒唐婚姻的最终目的，就是胡某想要二胎准生证。由于胡某和丈夫的申办条件在当时的政策下是不允许的，所以，夫妻二人就决定假离婚，找个未婚的人闪婚，借此再办一张准生证。而薛玉，正成了不二人选。只是没承想，薛玉是个五保户，享受国家政策，一旦办了准生证恐怕将来养老就成问题了，所以薛玉的妹妹是极力反对。看到计划破灭，胡某的预期成为泡影，她这才提出了离婚。

胡某情绪激动态度强硬，她一直在说，真正上当的哪是薛玉，分明就是她自己。但是她就是不愿意透露这其中的细情，更不愿意和薛家人坐下来协商离婚事宜。事情发展到这里，看来婚是一定要离的了，只不过在离婚这件事上，又起罗乱。薛家人说，因为胡某态度强硬，坚决不现身，所以婚是迟迟离不成，薛玉的养老问题仍然是一块心病。

原本是一件互相得利的勾当，没想到却因为错综复杂的利益卡在了离婚这个问题上。如今看来，薛家人也是铁定要离了，而胡某就更不必说了，本来就不该有这场荒唐的婚姻。既然在离婚的问题上，两家人的态度空前一致了，可胡某却为何迟迟不现身呢？

就在薛家人寻找胡某的时候，却意外地收到了人民法院的传票。原来胡某这是起诉离婚。胡某在起诉书中称，自己的确是为了生二胎才和自己丈夫假离婚，同时找到薛玉假结婚的。结婚后，胡某非但没有达到目的，反而还被薛玉要求为他买保险，建新房。胡某认为，面对这样的不平等、不合理的要求，我必须离婚才能保全自己的利益！不仅这次婚姻荒唐，连这纸诉状也皆是笑话！

不过庭审当天，薛玉倒是做了一番准备，最大的变化就是他配了一副眼镜，因为他想好好看看，这胡某到底长什么样儿。与薛家三兄妹不同的是，胡某家来了很多亲友，都等候在法院门外。1 个小时后，庭审结束，看到众多媒体记者聚集门外，胡某和律师迅速离开。

在离开的时候，因为面对镜头，所以胡家人情绪激动，甚至有一个人抓住了一位记者的衣服不让离开，后来，在旁人的劝说下，才把手给松开。而就在这时，一辆小轿车出现在众人的视线中，开车的男子对着镜头辱骂了几句，随即带着胡某疾驰而去，这个男人正是胡某的原配老公。庭审后，荒唐的婚姻按理说应该是结束了，但让人大感不惑的是，庭审之后，薛家人一改之前的态度，不愿意说出庭审结果。交流了好久，薛玉才透露出，对方赔偿了他 2000 元现金，双方协议离婚。这个胡某，花钱假结婚又赔钱办离婚，真是亏大了，难怪刚才胡某一家是那种态度。但是同样觉得亏大了的，还有薛家人，因为有知情人透露说，这次为了找一个人假结婚骗取准生证，胡某向中间人支付了 2.5 万元，哪里想到，中间人扣留了 2 万元，薛玉只得了 5000 元，这让薛玉很不满，所以才引来了离婚过程中的种种坎坷。

对于这个薛玉，真不知道是该同情他还是该责备他。自己的一个心理不平衡，让这件各怀鬼胎、却本该早早结束的闹剧，绕了这么大的一个弯子，以这样一种方式草草收场。这件事打从一开始就是错的，所以搭进去的不仅仅是两家的精力和钱这么简单。这里的“红娘”，看起来是从中得利，成了整个事件里最大的赢家。但是，做这样的事，肯定会一传十、十传百，不知道以后的生意会不会受到影响。聪明反被聪明误，这道理恐怕不用多说了吧。

其实人生这出戏，演好靠设计，可当机关算尽走投无路时，想来个反转，搭进去的，恐怕是整个人生！

“赌神”的阴谋

他，笑傲赌场，千术出神入化。

是怎样的经历，让他举起反赌大旗？

反赌之路铿锵有力，却又为何锒铛入狱？

千王背后，到底隐藏着怎样令人嗟叹的阴谋？

反赌战士

提到“赌神”，想必很多人眼前都会闪出几个电影里的角色，风流倜傥，赌技出神入化，绝对是叱咤风云、所向披靡，而且总是能在关键时刻四两拨千斤。现在就给大家介绍一个现实中的“赌神”，虽说样貌普通，但是他的牌技却不比电影里的差，更重要的是，他也像电影里的一样，把自己塑造成了正义的化身，只不过，在关键的制胜环节，却出了意外的结局。

他叫高阁，扑克牌在他手里是上下翻飞：洗牌、发牌、控牌、偷牌，手法娴熟老练。谈笑间，这牌和手好像是融为一体了。

他就是现实中的“赌神”！他玩牌真跟变魔术似的，想要什么就来什么，让观众看不出一点门道儿！可是，就在大家感叹他的牌技怎么就如此高超的时候，他自己倒是给大家揭底了！

原来，看上去眼花缭乱的牌技，都是有猫腻的。高阁瞬间换牌的功夫其实是赌局里一种最常见的“千术”，说穿了，高阁其实就是个老千。说到这儿大家都得纳闷了，哪有老千自己戳穿自己的？

高阁说：赌徒输了无非是输点钱，老千一旦破绽被人发现，你输掉的是命。

这句话，可是高阁掏心窝子说的，早在2005年，那时候高阁就已经精通千术了。千术，就是弄虚作假的骗术，总有露马脚的时候。

有一次，高阁在牌桌上出老千被人识破，被两个马仔按着，老板则拿着刀，说要把他的手剁下来，当时高阁脑袋一片空白，感觉很害怕。万幸的是，对方只是图钱，并没有砍了他的手，高阁说，也就是从那一刻起，他觉得再这么靠骗术活下去，早晚有一天得把命搭进去。

高阁说，除了自己的命，他还想到了那些赌桌上的赌徒，一瞬间，他仿佛跳出了这个圈子去冷眼旁观。

高阁说：挺害人，其实我都挺笑这帮赌徒的，因为太蠢了，我连赢五六场，他不甘心，认为有翻本的机会，实在拿不出来钱了，连给小孩儿买奶粉的钱都拿出来了，几千块钱。

对于高阁来说，他正站在一个节骨眼上，说白了就是要钱还是要命。这个看似简单的选择题，在赌场老千的眼里，恐怕只有经历过类似断手事件之后，才能看得清楚。

高阁说：赌博从古至今没有一个有好的结局的。

这可真是大彻大悟，一个老千能够幡然醒悟，听起来挺不可思议的，但是琢磨一下高阁讲述的那些经历，也真是不由得让人信服。听高阁讲话，思路清晰很有条理，尤其对自己的心路历程摸地那叫一个透，基本上听他说完没有不信的。高阁说，想通了才只是个开始，戒赌才是关键，而且他现在不光要戒赌，还要举起反赌的大旗！

如何反赌？他开始自揭赌局上的各种千术，点悟那些还沉溺在赌桌上的赌徒，而且他还让所有人都知道，他高阁如今已经金盆洗手了。由此，高阁走上了他的高调反赌之路，而他也被冠以“东北赌神”“中国民间反赌第一人”的称号。

这个称号绝不是浪得虚名。比如，他会告诉你，扑克牌通过药水就可以清晰地看到每张牌的点数以及花色；麻将机里面装了芯片，要清一色来清一色，要什么来什么。

感觉高深莫测的东西，让高阁这么一解释，简直是太小儿科了！而这种直观的方式也确实起到了不小的反赌作用。更重要的是，高阁借着这股热乎劲儿，开办了公益戒赌中心，并且先后在北京和沈阳开办了模拟赌场，为的就是揭秘老千术。高阁反赌，走的是高调路线，还别说，这么一来他的反赌事业风生水起，转眼间，高阁就成了公众人物。

从赌场老千、到反赌先锋、再到媒体常客，这一切看起来顺风顺水，高阁也成为了人们心中的反赌英雄，他说这期间，他也曾受到过多次恐吓，但却从未想过退缩。

高阁说：当老千的时候都没害怕，今天站在阳光下就更不害怕了。

这话说得挺有高度！符合高阁的一贯风格。可就是高阁不顾自身安危，在反赌的战场上冲锋陷阵的时候，警察找上门了。

就在不久前，辽宁省沈阳市北站分局一早便派出了几名民警，警车是一路疾驰，很快就到达了犯罪嫌疑人的藏身之处，他们要去抓的不是别人，正是反赌战士——高阁。

为什么来抓高阁？因为警方有一段视频，而视频里说话的就是高阁，拍摄地点就是高阁和朋友开的公司。只见他洗牌、码牌、出牌，这些画面似曾相识，好像是在给大家揭秘千术，可没想到，警方抓捕高阁的原因，正是因为这段视频。而这一切还要从一个人说起。

这个人叫小王，沈阳人，有一天，他闲来无事上网浏览的时候，无意中就翻到了关于高阁的介绍，他瞬间对这个人产生了兴趣，赶巧儿，两个人还是同城，高阁还有自己的公司，于是小王就很想见见高阁本人。打了电话后，高阁居然答应让他去公司看看。

小王也没想到，如此顺利就和高阁联系上了。到了公司之后，本来是半信半疑的小王看见了墙上满是高阁和名人的照片时，所有的疑惑瞬间烟消云散了。紧接着，高阁向小王展示了他的手法，确实出神入化。

太神奇了！当时小王心里只剩下这四个字儿了。那天，和小王一起看高阁表演的，还有几个人，本以为表演结束大家就都散了，可没想到，事情远远没那么简单。

“他说最低 1 万元，想学的话出去交钱。”

原来高阁这一套下来不是赌术揭秘，而是赌技传授，而让小王更没想到的是，还真有人掏钱，要拜师学赌！

一个人当场交了 2 万元，要学扑克。

此时的小王，心里头很复杂，整个过程就是从好奇到崇拜，再到此刻的鬼迷心窍！没错，看完了高阁的演示外加见到有人交学费，小王竟然动心了！于是，在交了 1 万元钱之后，他也走进了高阁的课堂。

小王学的是麻将，一是教你认牌，二是偷牌，三是换牌。

几下子，高阁就把自己的赌术秘籍传授给了小王。之后，作为老师的高阁还赠送了他两枚戒指，这可不是普通的戒指。高阁说，有了它们，你就能称霸赌坛，坐等收钱。可是，让小王自己都没料到的是，自从收了这两枚戒指，他的肠子都悔青了。

原来，这两个特殊的戒指，是 10 块钱都不值的玩意儿：一个底下有吸铁石，可以吸麻将；另一个可以在麻将上做记号。在小王看来，1 万元就换来两个廉价的做过手脚的戒指，这分明就是骗子！你还别说，高阁这招比抢钱都快，可是也要说一下你这个小王，你是被骗了，但你也没好到哪儿去，你来这儿学的是什么，不就是骗术吗！这就是小骗子遇上了大骗子，吃了哑巴亏，你都得咽下去。可小王却咽不下去，他咬了咬牙，我举报！

弥天大谎

由于证据确凿，在高阁的所在公司里，警方按照涉嫌诈骗罪将他抓获。可是面对警方，高阁竟然这么说：我必须这么做。

必须这么做？难道这其中有什么难言之隐？

高阁说：要不这么去做，来人不展示，不去教，不交流不交谈，他们怎么能相信我？

这话越听越让人发蒙，相信你高阁才会交学费？总不会是以这种方式反赌吧？小王说：他没说过反赌之类的话，一点都没说。

但是看高阁那样子是真委屈，随后他说，之所以收高昂的学费，其实真正目的是想吓跑那些想学的人，可没想到，大家理解不了他的良苦用心，更重要的是，这些只是他整个大计划中的一小步。

高阁说：我准备要当卧底。

卧底？这又是从何说起？难道高阁反赌不走高调路线，转为地下了？

高阁说：我为什么要教他，其实我是想知道，在“3·15”之前向媒体举报两个放货的厂家，我得知道这个货源从哪儿来。说实话，从我以前要千到现在，不至于用这么一点小钱去犯这么低级的错误。

恐怕高阁还真就犯了个低级错误。如果说他想通过传授千术来博取公司老板的信任、又怕害了人的话，那收取高额的学费真不是个好办法，因为确实有人交了钱、他也确实教了人家还送了赌具，这就是违法。另外，他说自己想当卧底，这事就更说不通，因为警方在高阁所在的公司，有了重大发现。

警察在一个保险箱里发现了大量的赌博工具，甚至还有喝过的可乐瓶子，都会成为用来出千的道具！

真不知道，面对如此多的赌具，高阁为什么不选择报警而是要当卧底？口口声声反赌，面对那些想学赌技的人，不是警示而是拉下水，这就好比眼睁睁地看着一个孩子把玻璃杯打翻到地上，然后再揍孩子一顿，这么个迂回法不知又坑了多少人？从高调反赌到锒铛入狱，高阁到底在想些什么？

警察认为：主要就是他离不开千术，如果给他找个工作，一个月开多少钱，他干不了，就得干这个。赌博在他生活中像吃饭喝水似的，深入生活，一天不喝酒不抽烟难受，那叫作成瘾，而高阁就是赌博成瘾。

联想高阁自始至终在说起自己的赌博经历，从来没有懊悔的表情，反而神情炫耀时，不得不让我们深思之前他开办模拟赌场的初衷，他也许一直都在布一个局。

骗子首先得骗得了自己才能骗别人，这种谎说多了他就信以为真了。一般人把谎话天天说天天说，最后自己就相信这是真事儿了。

而这种自我催眠可能从高阁反赌的那一刻就开始了。

其实从他打算戒赌的那天开始，他就把自己给骗了，而且骗得深信不疑。高调反赌火的是他自己，那种快感也许与当老千赢钱无异，他就是以这种方式实现自己的“价值”的。可渐渐地，随着热度的降低，高阁从浪尖儿上落下之后，他又该如何生活？打着公益的幌子开赌术培训班卖赌具，恐怕是他圆梦的唯一途径了。其实，生活方式都是自己选的，自己要承担后果，像高阁，一开始就选错了路，而有些人，一开始选的是光明大道，但是走着走着就走偏了。

成功的女儿

为人女儿，从未惹父母生气；
做商人，生意两年净赚百万；
生双胞胎，毅然做全职妈妈。
人人夸赞的80后，为何欠下1.4亿元赌债？
面对曾经“成功的女儿”，父亲要如何抉择？

广东省中山市大涌镇，遍地都是红木家具加工厂和门市商铺，被称为“国际红木家具之都”。卢锡德是镇上做红木家具生意的千万富豪，生意好的那阵子，卢锡德可以说是日进斗金，出门有豪车有司机，无限风光。然而对于卢锡德来说，让他骄傲的并不是这些家产，而是他的宝贝闺女。

卢锡德说：我女儿是最好的，因为她在家里从来不让我生气，我真的很疼她。

卢锡德的女儿叫卢小琴，是个“80”后。高中毕业后考上杭州一所大学，上学两个月后她参军入伍，在杭州某武警部队服役3年。退伍回到老家后，卢小琴原本可以成为一名公务员，安安稳稳地过日子，可是她却有自己的想法。

卢小琴的想法和父亲一样，做一个成功的商人，父亲再有钱自己也得拼搏。难怪卢锡德这么得意自己的女儿。因为家境不错，卢锡德花 80 万元买了一间商铺，帮卢小琴开了一家内衣店，而且年底结算时她净赚了四五十万元，紧接着她在生意上更是如鱼得水，资产也早过百万。

这当爹的提起闺女来的自豪劲儿，就不用提了！卢小琴也真是争气，看来她当初真是选对了路。紧接着，卢小琴在父母的帮衬之下，在东阳市最繁华的商场盘了两家店面，做女性用品生意，两年时间就净赚百万。听听这数字，感觉人家赚钱就跟玩儿似的那么容易。而在这期间，让卢家人更高兴的是卢小琴结婚怀孕，并生下了一对双胞胎。这个时候，恰逢卢小琴生意最红火之时。于是，她面临着一个重大的选择：是顾生意还是顾孩子？最终，她决定安心做一名全职妈妈。

现在，真有点儿佩服卢小琴了，年纪轻轻，自己很有主见而且知道进退，有了孩子之后把重心全都放在家里，完成了女强人向全职妈妈的转变！一转眼，8 年过去了，突然有一天，在外忙生意的卢锡德接到了一通电话，是卢小琴打来的，她说，她已经被扣押 5 个多小时了。究竟发生了什么？

卢锡德见到女儿的时候是在派出所，卢小琴因为欠钱还不上而惹怒了债主，这才出了扣押一事。细一了解，债主叫徐旭光，是东阳市海天集团的老板娘。海天集团实力强大，用东阳人的话说，“海天集团在东阳的企业中位列前五”。卢锡德心里犯起了嘀咕，女儿怎么会和她有经济往来？而且欠的钱数有点离谱。

确切地说，欠款应该是 1.4 个亿！当卢锡德知道这个数字的时候何止是眩晕？自己身家几千万，但是面对上亿元的欠款，谁能不迷糊？但是，久经商场的卢锡德最不缺的就是镇定，他签了一份还款协议后，最担心的是自己的闺女，而且他必须查清楚，这钱到底花在哪儿了？

卢锡德发现，自己女儿向徐旭光借款 44 次，女儿还款 68 次。

就在卢锡德对这上百次的金钱往来刚刚查出点眉目时，发生了更不妙的事，在签订还款协议的 8 天后，卢锡德接到了妻子的电话，称女儿涉嫌诈骗被警方带走了。起诉女儿的不是别人，正是东阳海天建设集团的老板娘徐旭光。

卢小琴骗钱，究竟用来做什么了？

富翁成“负翁”

一夜之间，千万富翁卢锡德替女儿背上了1.4亿元的债务，从还款协议签订到徐旭光起诉卢小琴诈骗的这8天里，卢锡德彻底弄明白了女儿欠下巨款的原因，那就是因为澳门豪赌！这一切都是从什么时候开始的？卢锡德一点都没察觉！

卢锡德此时除了后悔就是自责，因为自从女儿当了妈妈之后，他对女儿更加放心，因此很少过问女儿的事。

可是小孩子大了，女儿就好像没事了，没事以后，有个银行的营业员，看她有钱，就经常叫她去打牌。

就这样，当了全职妈妈的卢小琴迷上了打牌，而且瘾越来越大，以至于最后走上了去澳门赌博的这条烧钱路。

卢锡德说，一起跟他女儿去赌博的人说，女儿本来赢了几千万元，后来全部输掉了。

在这期间，卢小琴经人介绍认识了徐旭光。第一次见到徐旭光，卢小琴就试着提出借160万元用于做生意，没想到徐旭光很痛快地就划了款。卢小琴也在规定的时间里，把这笔借款还清了。初次合作愉快，之后两人的借款也开始频繁起来。按照卢锡德的话说，女儿第三次向徐旭光借款的时候，就已经告诉她，借钱是为了去澳门赌博。

卢锡德说：平时输赢都是正常的，而且在徐旭光那里都是借、还，借、还。

有了徐旭光这个坚强后盾，卢小琴开始频繁进出澳门的各个赌场，一年中她在澳门的时间，甚至比在东阳的时间还长。算起来，从2012年3月到2013年6月，卢小琴出入境共计55次，平均半个月去一趟。她每次都从拱北出境，理由要么是到柬埔寨旅游，要么是到泰国，无论是哪儿，但最终目的地只有一个：澳门。

卢锡德说：后来她运气不好，在2013年2月到4月底，钱全部输光了，输得没办法了。

这都什么时候了，当父亲的还把女儿赌输看成是运气不好，这不仅仅是溺爱，说不好听的这是愚蠢。而卢锡德能做的就是替女儿还债。原本以为事情会就此告一段落，签订协议欠债还钱，天经地义，但没想到，徐旭光竟然以卢小琴虚构经商事实，骗走了她的钱为由告她诈骗。而这一转变，按照卢锡德的话说，都是源于一封信。

卢锡德说：我女儿前段时间写信给我，她是这样子给我说的，真的向徐阿姨借钱的本金是七千多万元，大概不会超过 8 千万元，其他都是利息的钱。

信写于卢小琴被扣押之后，被告诈骗之前，卢锡德看完信后如梦初醒，这 1.4 亿元的真面目原来如此！

卢锡德认为，这么大一个公司的老板娘，人家在你家里骗 10 万元都骗不走，这完全属于放高利贷造成的，你想赚这个钱。

卢锡德也是这时候才清楚，卢小琴向徐旭光借钱，对方约定的月息平均超出了银行利息的 14 倍。

胡龙律师介绍说：如果是民间借贷的利息，超过同期银行贷款利率 4 倍，法律是不保护的。

由此卢锡德认为徐旭光就是在放高利贷，所以坚持只认本金七千多万元的债务。

卢锡德认为：自己女儿卢小琴成为了她赚钱的机器。

卢锡德说，自己的这个想法一出，徐旭光大为恼火，于是，她以诈骗 1.4 亿元的罪名将卢小琴告上了法庭。

到现在，本不单纯的事件变得更加复杂了。除了纠结在钱上，还有一件事一直是悬而未决，那就是卢小琴向徐旭光借钱，徐旭光到底知不知道她把钱用来赌博？如果知道，那诈骗一说就不存在了。在庭审中，徐旭光坚称她不知道，她说卢小琴借款的理由很多，什么做红木生意、还银行贷款、工程保证金等，就是没提赌博。而卢小琴的律师觉得这种说法根本就不成立。

卢小琴的律师王永杰认为：双方之间往来的借还款有 110 次之多，如果是诈骗的话能诈骗 100 多次吗？徐旭光是一个成年人，她智力正常。

而就在这个时候，卢锡德也提供了一条重要的信息。

卢锡德说：女儿在澳门赌赢了钱，就马上到澳门的地下钱庄把钱打到徐旭光儿子的账号上，还给她了。

卢锡德觉得，打钱的地点是澳门的地下钱庄，他们怎么会不知道女儿借钱用作赌博？

王永杰律师认为，这个案子关键的地方在于，如果徐旭光知道卢小琴是去澳门赌博，还借钱给她，那么卢小琴显然就不是犯罪。

还有一点，卢小琴在法庭再三强调，从她第三次向徐旭光借钱开始，就已经告诉她用于赌博了，而徐旭光更是把月息从3.5%慢慢涨到了14%，这一做法已经触犯了法律。事情发展到这，孰是孰非法律自有明断，单说卢锡德，为了给女儿还债，可以说是倾家荡产。

卢锡德现在就剩下一家工厂，外面还有一个商铺。

若不是厂里的伙计跟了他30多年，恐怕这仅有的生活来源他也会卖掉，可对于女儿，他依然没有放弃。

卢锡德说：我真的很疼她，我做梦都没想到她会做出这样的事，虽然她现在出这么大的事，我感觉还和以前一样。

可怜天下父母心！但是卢锡德也真是太惯着孩子了！看到这里我想大家在心中也都有了自己的判断，没错，整个事件没有赢家！何止卢小琴一个人在赌，对于徐旭光来说，这又何尝不是一场豪赌？十赌九输，赌局中就没有不红眼的，上瘾之后，这一局接一局的，把自己的一辈子都输进去了。

这次讲的几个人，都是贪赌之人，都想不劳而获，但就算你时来运转赌赢了，这不是好来的钱，能好去吗？

家庭伦理

被囚禁的“校花”

曾经，她是清秀美丽的校花；
现在，她骨瘦如柴、神志恍惚。
长达5年的囚禁，赤身裸体，挨饿受冻。
她到底遭遇了什么？
何时才能重见天日？

解救被困女孩

2014年大年初七，在湖北省孝昌县的金港村，发生了一起冲突。双方有不少人，而且互相拉拉扯扯，眼看就要群起而攻之，甚至连警察都出动了。大过年的在这里打起来，会是因为什么事儿呢?

人多的那一方，都是些外来客，而且是来自全国各地。大过年的，来到这里都算是长途，不可能是为了打群架。现在，这些外来客们还算理智，冲突并没有升级。不过，他们情绪依然很激动。

其中有一位孝感市义工联合会会长，名叫鲁锋，算是这些外来客的一个代表，他说之所以起冲突，是因为这些村民认为他们多管闲事。而这个所谓的闲事，用他们自己的话说，是来救人的！要解救的人叫琪琪，据说她目前居住在一个漆黑的小屋里，她在里面难见天日，甚至衣不蔽体，挨饿受冻。在这样的环境里，这个叫琪琪的女孩儿已经待了5年！不对，应该说，是被囚禁了5年！

她被发现，是因为一名叫张胜的人，他是琪琪以前的同学，也是最先曝光琪琪被囚禁事件的爆料人。换句话说，那些来自全国各地的人，都是他召集来的。他第一次看到，是其婶娘拍的一张相片，那小屋给人的感觉就是一个垃圾堆。据张胜了解，琪琪在小黑屋里吃喝拉撒，持续五六年了。张胜说，里面的环境极其恶劣，看了之后会非常难受。

张胜之所以难受，不仅仅是出于善良的本性，也不仅仅因为他是琪琪昔日的同学；还因为，他心里产生的难以想象的巨大落差。他实在想不明白，学校曾经的校花，怎么会沦落到这种地步。

张胜的说法，其他同学也可以证实。他们都说琪琪当年在学校是一个非常漂亮的女孩子，很受欢迎，她的容貌可以说是校花级别的，很多人追捧，很受男孩子喜欢。有很多男生给她写情书，都得用袋子提。虽然有些夸张，但是张胜说这确实是事实。

那么好的一个女孩，竟然沦落成这样，同学们哪里受得了？张胜率先在微博上发布了琪琪的遭遇，对琪琪父母的行为进行了控诉："把自己的女儿锁了5年，如花似玉的孩子彻底毁了……看着可怜的孩子，我现在不知道怎么办，希望大家转发，谴责她无良心的父母，也希望政府部门救救这个孩子。"微博上还附了两张照片，照片中，一个消瘦憔悴的女孩儿被关在一间杂乱阴暗的房间里，她近乎赤裸，半身被杂物和垃圾掩埋。

也许家家都有一本难念的经，但是作为同学和朋友，张胜和同学们不能就任凭事情这样发展下去。

张胜的微博发出之后，立刻在网络上引起了轩然大波，很多网友纷纷谴责琪琪的父母良心泯灭，残忍虐待自己的女儿，更有不少网友和爱心人士自发组织起来，打算解救琪琪。于是，才有了故事开篇的那一幕。

不过这些热心网友还是很有素质的，也是很理智的。最终，在当地政府与民警的调解下，琪琪的父母终于同意将琪琪送往医院。时隔多年，张胜再次看到曾经的同学、昔日的校花时，眼前的情景，让他欲哭无泪。因为5年来，这个曾经如花似玉的女孩，就在这狭小昏暗的空间、垃圾遍地的环境里消耗着美丽的青春，忍受着非人般的待遇。

不管怎么说，琪琪病得不轻。什么也先别说，要赶紧送医院。由于长时间没有行走，琪琪的肌肉完全处于萎缩状态，不得不被抱着出门。而这也是她5年来第一次得以离开这间小黑屋，见到阳光。

医院的涂医生事后描述，说琪琪给他的第一感觉，就是从地狱走出来的人——看不到全身，脸和手基本上和骨头一样，几乎没有脂肪、没有肉，整张脸就是一张白纸，完全没有血色。

说出来令人难以相信，今年24岁的琪琪，体重只有60多斤，甚至还不如一个10岁的孩子。

而且根据康复医院王医生的检查，发现琪琪的营养状况很差，另外，她的姿势是蜷缩状态，双下肢，包括膝关节、髋关节都不能像正常人一样保持正常的体位，更无法固定姿势，看起来就像是双下肢缺失的状态。

不仅身体状况极差，琪琪的精神似乎也存在问题。在医院里的琪琪，不愿意见人，总是蜷缩着腿，低着头。

所以医院首先对她进行了抗精神病的治疗；其次是营养支持的治疗，因为她身体状况比较差；最后就是抗炎的治疗，因为琪琪身体有发炎的迹象。

其实，即便是被囚禁了这么多年，琪琪依然眉清目秀，面容姣好，绝对无愧于校花的称号。可让人难过的是，她不仅骨瘦如柴，而且精神上也有问题。前面也提到过，她是被亲生父母关起来的。那当父母的为什么要如此残忍对待自己的女儿呢？到底发生了什么呢？

难言之隐

都说女儿亲，女儿好，女儿是父母的小棉袄。按说，有个女儿，那是父母的福分，肯定百般疼爱。可对24岁的女孩琪琪来说，在过去的5年时间里，她不仅没享受公主般的待遇，还过着猪狗不如的非人生活。她有父母，却有家不能回，而是被父母关在一间小黑屋里，琪琪居住了5年的这个地方，屋里屋外都堆满了垃圾。墙上长满了青苔，还有裂缝。房间的门窗也被砖石完全封闭起来。一进屋，就能闻到一股难闻的气味。而曾经的校花琪琪，一个正值妙龄的美丽女孩，就是在这样的环境中，一个人生活了5年。在琪琪的身上，到底发生了什么呢？

据村民们说，经常会听到犹如电视、电影中的那种惨叫声，而且几乎每天都能听到。这肯定是琪琪发出的动静。但是乡里乡亲的，既然都看不下去了，而且时间也不短了，为什么就不管管？

毕竟街坊邻居住着，大家不会视而不见。其实村民们大多都跟她的父母进行了一些沟通；有的村民为了这件事，也没少和琪琪的父母交涉，可是没有任何结果。这当父母的为什么就这么固执？囚禁自己的女儿到底是因为什么呢？

据村民们说，琪琪之所以这样，是因为感情问题，她处了个对象，但是家里不同意，都说她男朋友那边好像条件不是很好，但是具体情况谁也不清楚。而且他们提到说，几年前，琪琪曾经早恋怀孕，被母亲强制堕胎。

早恋？堕胎？村民说的这事儿是真是假，也没人去核实。反正，从那时候起，母女俩就开始较上劲儿了。有一天，母女二人又大吵了一架，之后，琪琪就被母亲锁到了那间小黑屋。平日吃饭都是她爷爷给送。可是，身为人母，不可能因为一次吵架就把女儿关起来，肯定还有别的原因。

据村民们说，“女儿患有精神病，不关起来不行”。是琪琪的母亲一直对外的说法，然而对这个理由，很多人似乎并不认可。

张胜认为琪琪很正常，虽然他们见面的机会很少，但是过年的时候自己会跑到小黑屋那里，透过窗户跟她聊天。通过聊天，他感觉琪琪是正常的。比如她时隔五六年，还可以清楚地叫出自己哥哥还有妹妹的名字。又比如那天张胜的妹妹做了个美甲，琪琪的第一反应就是：这个指甲挺漂亮，在哪里做的？张胜认为，琪琪对这些事情分得很清楚。

这么说来，琪琪患有精神病，似乎是当妈的敷衍外界的借口。可是琪琪毕竟是她的亲生女儿，哪个当妈的忍心把如花似玉的女儿锁在小黑屋里？而且一关就是5年？她有必要撒谎吗？这不合常理。难道，当父母的真有什么难言之隐？

长期给琪琪送饭的爷爷说，自己年事已高，老伴儿又双目失明，个人生活都自顾不暇，所以才导致琪琪长期挨饿受冻。如今孙女被解救，他这个当爷爷的也非常高兴。

毕竟是亲孙女，还是隔辈儿人，肯定是惦记的。不过，心疼归心疼，老爷子也说了，琪琪确实精神不正常。而这或许和几年前恋爱遭到母亲反对有关，当时可能受刺激了，从那以后，琪琪就经常打人、砸东西。

好好的一个孙女，突然就变成这样了，当爷爷的怎么都不能理解。而孙女接下来的行为，更是让他难以接受。

爷爷说她在外面打人，回家也打人，在外面闹，有时候又不知道跑到哪里去了，还发生过跳河的事儿，她的脑子根本不受控制。

如果按照爷爷的这个意思，孙女琪琪的精神确实不太正常。可是以前明明都好好的，难道是因为谈恋爱遭到父母反对，受了强烈刺激才引发了精神疾病？还是得听听琪琪的父母是怎么说的。

琪琪的母亲说，琪琪这个孩子，其实精神一直就不太好。她后来发病，跟父母阻止早恋没有丝毫关系。说到底，都是琪琪自己的性格造成的。

据琪琪的母亲说，琪琪小时候的学习很好，可到了初中之后，也不知道为什么，成绩直线下降，最后连读了三次初二，这让琪琪深受打击，后来父母感觉孩子上高中没什么希望，就把她送到了职业学校。而就是在那所职业学校上学的时候，琪琪发病了。别人上课，她就讲话，说窗户外面有鬼，哪里哪里有火灾，学生们当然会比较怕。

这个情况，在琪琪父亲那也得到了印证。琪琪父亲说，在学校老师的叮嘱下，他特意带着琪琪去了医院。

根据琪琪父亲的回忆：琪琪当时的情绪有点不正常，动作行为跟别人有点不一样，就到医院去看，一开始是在同济心理门诊咨询，医生说她打人你要理解她，要顺着她来。

其实，琪琪被父母囚禁一事曝光后，舆论始终都是一边倒，大伙儿纷纷说父母太狠心，太残忍。可琪琪的父母说，他们简直冤死了，因为光给女儿治疗，他们就花了几十万元。

琪琪的父母没说谎，他们确实带女儿去过很多医院，而且当时治疗的效果还可以，只是有时候可能反复发作。不过，钱没少花，琪琪的病却没见好。

琪琪的父亲开了个小诊所，母亲是卖水果的，这样的家庭谈不上富裕。而琪琪的病情一而再，再而三地治疗又复发，让父母备受煎熬。渐渐地，他们有点儿心灰意冷了，于是，开始将所有的希望都寄托在琪琪的弟弟身上。

琪琪的父母是不是重男轻女，这一点不能随便下结论。不过，女儿得了精神病，还治不好，但儿子正常，对他好点儿，也是人之常情。但她的父母可能忽略了一个问题，你越是疏远女儿，不管女儿，她的问题就会越大。后来发生的事情，也验证了这个事实。琪琪的病情越发的严重了。面对这种情况，琪琪的父母干脆把她送回了老家，由爷爷照顾。

因为琪琪本身带有攻击性，怕伤到人，主要还是怕出什么意外，所以把她锁在家里，开始锁了两个月是好的。后面也出来玩过，她也不走远，就在附近转。可是有一次她把人家小孩的头摔了，搞得全家不幸。有时候，她甚至撕烂衣服，一丝不挂地往外跑。这成何体统？用父母的话说，他们实在没办法了，索性把屋子的其他门窗彻底封闭，只留下一扇平日里紧锁的大门，供人出入。从某种程度上说，他们倒是解脱了，可琪琪却遭了大罪。

屋里面的环境外面的人几乎想象不到，也是看不到的，房屋全部被封锁起来，窗户上面还加了几层东西，就留了很小很小的一个窗口。相片的拍摄是打开手机闪光灯才可以拍到里面的情况。在这样一个没有阳光、密不透风的房间里，吃喝拉撒 5 年的时间，任何一个人都受不了。

这期间，琪琪的父母也不是彻底不管了，怎么说也是亲生女儿。他们每个月都会来看望女儿一两次，但是虽然来了，可每次除了争吵还是争吵，而且是很凶的那种。

总之，在这个间黑屋里，琪琪被锁了 5 年。直到出现那么多热心人的干预和帮助，这个曾经的校花、可怜的姑娘，才重见天日，被送往湖北省孝感市的康复医院进行治疗。可事情到这儿并没有结束。一个昔日的校花究竟为什么沦落到今天这种地步？究竟是谁的责任？她的未来又在哪儿呢？

何去何从

昔日的校花，在小黑屋里被囚禁 5 年后，终于见到了太阳。舆论是一片叫好声。但冷静下来，仔细想一想，似乎又高兴不起来。热心归热心，可这些热心人并不能照顾琪琪一辈子，她以后该怎么办？高昂的治疗费用谁来承担？谁又能保证她不会再次回到那恐怖的小黑屋？

其实，琪琪的事被曝光后，她的父母简直是被骂得狗血喷头，什么难听的话都有。可光谴责和谩骂是不行的。换位思考一下，就不难理解，琪琪的父母也有自己的苦衷。试想一下，如果你家也有个精神病患者，你又该如何？说实话，那种痛苦，也只有当事人才能够感受，局外人未必能深刻理解。别的先不说，看病是需要钱的，更何况，这种特殊的病，钱也未必能彻底解决问题。

而且琪琪长期这种情况，搞得家里人的心情也都不好，生意也不太顺利，经济上也跟不上来。还有小孩儿要读书、老人要照顾，都要负担，而且这都是无法回避的实情。要知道，精神疾病的治疗，相比身体疾病的治疗，更是一个长期的过程，如何能够得到持续治疗，相当重要。可所谓的持续治疗又靠什么？

据专业医生的介绍，琪琪的病是慢性迁延的一个过程，反复发作，可以说是终身性疾病，目前，这种疾病需要在长期服药的情况下，才可能治愈。如果一个人确诊是精神病，专家建议是长期服药，甚至终身服药。停药之后，复发的可能性非常大，所以对于一个普通的家庭来说，是一个长期的负担。

家里有个精神疾病患者，不仅是长期的经济负担，同时也是巨大的心理负担。现实生活中，家庭囚禁精神病患者的事，也屡次被媒体报道。就在去年年底，江苏省徐州市有位患精神病的男子，发病时打死了自己的父亲，万般无奈，家人只能把他关进了笼子里，最后，由于种种原因，造成这位精神病患者不幸饿死家中的悲剧。

正所谓，家家有本难念的经，如果家里再有个精神病患者，那这经就更难念了。为了帮助琪琪筹集治疗费，孝感市义工联合会发起了一场爱心捐款活动。几天的工夫，就募捐了两万多块钱，目前，捐款活动仍在进行。

社会捐款救助是好事，可完全靠这个，也未必能彻底解决琪琪的问题。事实上，这件事出了之后，舆论除了指责父母狠心外，对有关政府部门也提出了不少质疑。琪琪被囚禁长达5年的时间，他们难道一点都不知情吗？怎么就没人管一下？

对此，琪琪所在的白沙镇政府的工作人员首先解释说，对于琪琪被父母囚禁5年的事情，他们并不知情。

但是村里有干部、有书记，难道他们也一点都不知情？没有向上级汇报吗？在追问之下，这位工作人员不知如何回答，他最后的解释是这样的：琪琪的情况属于特列，他们也有点为难，一方面，如果政府去干涉，感觉这是家务事；另一方面，如果真的依据相关法律，让警方把琪琪父母抓起来判刑，那谁来照顾琪琪？

如果抛开漠视不管，这话倒也没什么不对。在这点上，或许所有精神病患者的家属都有同样的感受。如果家庭不囚禁，精神病患者就很可能对他人造成伤害；如果囚禁，又会遭到舆论的指责，左右为难。琪琪父母也一样，到底怎样做才是对的，他们也不知所措。那么琪琪的事儿到底怎么解决？她未来的生活又怎么办？

让人欣慰的是，早在2008年，湖北省孝感市就出台了《贫困精神病患者医治救助实施方案》，在药品以及住院治疗方面实施救助和关爱。当地政府去年就为琪琪全家办了低保，对琪琪治疗的后续费用，也尽量通过捐款和救助的方式来解决。镇政府工作人员说，他们报销的比例提高到60%。

不管怎么说，琪琪已经走出了那间困守了她5年的小黑屋，我们真心希望，在多方的关怀帮助下，琪琪的心也能走出黑暗，沐浴温暖阳光。我们更希望，所有类似特殊人群以及他们的家庭，都能在全社会共同的努力下，摆脱困境，这才是最理想的结果，更是我们的目标。

藏在脑袋里的筷子

一岁幼童深度昏迷，危在旦夕。

罪魁祸首竟然是大半截塑料筷子。

这么小的孩子，筷子是怎么插进他头部的？

父母懊悔自责的背后又有着怎样的特殊隐情？

他到底遭遇了什么？

他还有救吗？

不像脑膜炎

“孩子有啥错啊，孩子没错，都是大人的错。”

“很好的一个孩子，特别活泼的一个孩子，你看他这样，我说咱俩少胳膊断腿，也不能叫孩子这样啊，死的心都有。”

这个近乎自言自语，唠叨不停的人，是位父亲。这会儿，他就像祥林嫂似的，嘴里不断重复着一句话，“孩子没错，都是大人的错”。话里话外，我们读到的其实只有两个词——心疼和自责。

整件事情还得从头说起，2015 年 2 月 7 日，眼看就过年了，沈阳医科大学附属盛京医院的小儿急救中心，来了个十分奇怪的小病人。据儿童抢救中心主任李久军描述，这个小病人发烧、高热，意识状态不好，处于昏迷状态。

他的家属描述说从小孩的鼻子里面往外淌黄水。这种黄水，在当时医生护士们看来，根本不是那种平常所见到的鼻涕，而应该是分泌物什么的。

这个鼻子里往外淌黄水的孩子名叫航航，才一岁零八个月大。这会儿，孩子正发高烧，浑身滚烫，意识模糊。情况紧急，孩子立刻被送进了 ICU。从目前孩子的症状看，似乎是脑膜炎，医生随即给航航做了脑部积液化验分析。

结果令李久军非常惊讶，因为孩子当时的情况是：每毫升脑部积液里有 39000 个白细胞。可是正常人大致一毫升脑部积液里应该有 0 ~ 8 个，小孩是 0 ~ 15 个，所以笼统说 10 个左右的白细胞是正常的。但表象都应该是很透明的，就像水一样，但是这个小孩的脑部积液已经形成脓性的了。

也就是说，航航的白细胞已经达到每毫升 39000 个，是正常孩子的 2600 倍！再说得形象点，正常孩子的脑部积液，跟水似的，是透明的；可眼前的航航，颅内已经严重化脓，跟糨糊一样。这样的情况，对孩子来说非常的危险。

如果这个感染控制不住，任其发展下去，可能会导致严重的后遗症，比如说，失聪，耳朵听不见了；失明，眼睛看不见了；甚至还有可能导致意识状态恢复不了，更为严重的情况是可能导致死亡。

失聪，失明，甚至死亡。航航才一岁多，怎么就这样了？他什么时候发的病？为什么发病？在他身上到底发生了什么？

航航的父亲焦永存说，他和妻子都是辽宁省朝阳市喀左县普普通通的农民。2 月 6 日这天早上，孩子突然大哭不止，而且，哭得都不是动静了。两口子看情况不对，赶紧带着孩子直奔朝阳二院。检查结果是脑炎！两口子有点发蒙，虽然在这之前的几天，孩子有些呕吐，也上医院查过，可当时只是说孩子肠胃有些问题，吃了点药，打了几针，就好了。这怎么又变成脑炎了？更让两口子着急的是，医生说了，这孩子已经病得很严重了，他们这小地方治不了，让父母带着孩子去沈阳！于是，他们才抱着航航来到了沈阳盛京医院。这里的李少一主任对孩子做过检查后发现，小患者的病情已经很重了，时间不允许再做进一步的检查，因为他已经进入昏迷状态。

经过医生的紧急抢救，小航航终于暂时脱离了生命危险，可孩子的情况依然不容乐观。为了尽快稳定住航航的病情，医生决定，使用更强效的抗生素来进行抗感染治疗。

但是最高等级的抗生素都用上了，而且，已经是幼儿用药的极限了，可航航还是不见好转。这孩子是不是还有什么其他病症？孩子刚来时，病情危急，来不及做细致检查，这会儿，想不细致都不行了。李主任立即对小航航进行了脑部增强磁共振的检查。结果显示，孩子脑部出现了囊肿，这也是航航持续不见好转的原因。与此同时，医生还注意到，孩子的脑中竟然还有一个奇怪的阴影！

凭经验，医生判断出，航航脑袋里的阴影绝不是普通的囊肿，这形状太特殊了，分明就是个异物。于是赶紧问家长，是不是忘了什么事。航航的父母说，十多天前，航航在家玩耍的时候，不小心摔了一下。

当时孩子在母亲的怀里吃饭，吃完后就随手下来，往床边走，可能跑得太急，一回身就摔倒了。当时大人看孩子哭了，就马上过去抱孩子。

因为一岁多的孩子，正是踉踉跄跄学走路的时候，摔跟头很正常。所以，当时父母根本没往心里去。

之后孩子接连两天都没什么精神，但是之后就一切都正常了。可平常孩子这么摔一下，不可能出现脑部阴影啊。难道真是普通囊肿？还没等医生们详细追问，航航的病情又严重了，医生们只好先救命！

此时的孩子已经处于一个频繁呕吐而且昏迷的状态，体温达 40℃左右。情况很糟糕，当天下午就给他做了囊肿的穿刺引流手术。

穿刺引流手术，就是在孩子的头上打个小洞，把大脑里的感染组织引出来。这样做，不仅可以尽快缓解孩子的病情，也能让医生更好地判断孩子的病因，进行下一步的治疗。

脑部引流手术很成功，航航的情况也有了很大好转。小家伙不仅清醒了，还能喝点牛奶了，压在父母心头的那块大石，总算是可以放下了。而医生们也趁着小家伙状态不错，又给航航进行了一次磁共振的复查。复查完以后，却发现没有什么变化。但是正常情况下，引流手术之后，航航脑部的阴影应该消失，因为化脓的组织已经引出来了，可现在，这孩子脑部还是有阴影，那肯定就是异物了。

筷子闯下大祸

几番检查后，医生确定，造成这一切的元凶，就是孩子脑袋里那个奇怪的阴影。而这个阴影，特别像吃饭用的筷子。在医生的反复追问下，航航的父母回忆起了十多天前的情景。

孩子的母亲说，那天，趁大人都在吃饭的时候，航航自己拿了根筷子玩儿，结果不小心摔倒了，鼻子被扎了一下。当时，也没见孩子怎么样，就只是哭而已。而孩子的父亲只顾和孩子母亲生气了，把饭桌上一大把筷子全撅折了，连同那根儿扎伤儿子的半截筷子，都扔了。可他万万没想到，还有半截筷子留在了孩子的脑袋里。他的疏忽和大意，不仅耽误了孩子，也误导了医生。

其实，航航刚来医院时，医生就觉得孩子有点不对劲儿，也问过家长。可孩子父亲当时坚持说，筷子已经拿出来了。

其实这个当爸爸的并不是要故意隐瞒事实，欺骗医生，只能说他太粗心了。用他自己的话说，孩子就是被筷子扎了一下而已，要说孩子脑袋里面还有筷子，那不可能。真有的话，那孩子早就受不了了，不可能挺到现在。

那么现在只能用科学来说话了。医生决定，再给航航做一次脑部的三维CT成像检查。结果出来以后，根本就是一个筷子的影像插在脑子里面，它的边缘很锐利，形态和它的密度值，显示是一根塑料的筷子。

半截筷子，就这么斜着插在航航的大脑里！让人听了毛骨悚然。航航还不到两岁，那么小的脑袋里，插着半截筷子，一插就是十多天！怪不得孩子的大脑里感染得那么严重。病因虽然找到了，可医生和航航的父母还是松不了那口气，怎么才能把筷子安安全全地从小航航的脑袋里取出来呢？

当时父母是心疼并担心孩子。而医生呢，不仅是心疼、担心，还有困难和责任。因为什么时候取、如何取，中间的过程，都是很复杂的问题。简单地说，如果颅内有异物，可能在当时插的过程中，没有损伤。但是当你取出的时候，就可能会有损伤。

这个不难理解，脑手术本来就是把双刃剑，更何况，又是那么小的孩子。既要取出筷子，又尽可能不伤害到孩子的大脑，确实不容易做到。孩子、家长、医生，等于都在冒险。可是根本没有其他的选择。在征得航航父母的同意后，李少一主任立即进行了手术前的准备会议，并拟定了三套方案。

对于一个不到两岁的小孩，做这么大的开颅手术，对他血液的流失，身体的状态，影响是非常大的。医生们必须想到很多可能，包括筷子万一取不出来怎么办？如果脓肿壁不能完全切除怎么办？以及切除过程中出现大量的失血怎么办？

这么多的问号，简直就像一把把刀扎在父母身上。孩子那么小，就要面临这么大的手术，得遭多大的罪。更别说还有种种风险。想到这个，当父亲的就懊悔不已。

孩子的父母非常自责，连死的心都有，太没有尽到做父母的责任了。当父母的如此，那隔辈儿的爷爷奶奶、姥姥姥爷心情又是什么样子？航航病成这样，肯定不是一天两天就能治好的。眼看出来治病的时间也不短了，老人们都在家等消息呢。

让人又盼望又担心的一刻还是到来了。看着航航被推进手术室，做父母的心就像被摘走了一样。这么小的孩子，那么大的手术，他能挺过去吗？这会儿，航航的母亲蜷缩在角落里，怀中紧紧地抱着孩子的小被子。她多希望，孩子能安全闯过这道难关，多希望，出事那天，自己能及时地看管好孩子，多希望，这噩梦般的一切从未发生过！

手术室外，弥漫着焦灼的情绪。手术室内，同样充满了紧张气氛。

据李少一主任回忆：手术开始，脓肿腔打开以后，很快就看到了这半截筷子，而且事实上比想象中的要顺利，这半截筷子在脓肿腔里。它其实比看到的位置更高更深。所以当医生打开了以后，它就顺着其身的窦道滑脱出来了，然后轻轻一取就出来了。因为它是很光滑的，跟周围没有粘连。

时间在一分一秒地过去，手术内的医生觉得时间过得飞快，而手术室外的父母却是度日如年。父亲一直自言自语似的唠叨个不停。其实旁人都能看出来，他是真的心疼年幼的儿子，也是真的对自己的粗心大意懊悔不已。

此时此刻，这两口子真是死的心都有。家里面的大女儿才10岁，夫妻俩一直就想要个儿子。天遂人愿，盼了这么多年，终于等来了航航。家里人都特别喜欢这个孩子。可如今，好好的一个孩子却变成了这样。当初为什么就没看住孩子？如果那天孩子没拿着筷子，如果孩子被扎后，能再细心检查检查，就不至于走到今天这地步。

由于航航耽误治疗的时间太长了，一部分脓肿已经和孩子的大脑长在一起。要想完全切除，就不可避免地会损伤航航的脑组织，可不切除的话，航航的病情又会毫无疑问地加重。

可恶的筷子，可怜的孩子。此刻，失去知觉的航航正在和命运进行无声的抗争。最让人心疼的是，几天之后，他又将迎来新的生死考验。而几年之后呢？筷子已经在脑袋里插了十多天，加上接二连三的大手术，他的未来又会是怎样？他还能恢复到正常孩子那样吗？

能否平安醒来

当孩子的父母亲，还有他们的大哥大嫂，看到最少有六七厘米长的半根塑料筷子，惊得都傻了。

而这么长的一个东西，别说是插在一个孩子的大脑里，就是大人也受不了！可能有人会问，这么长的筷子插进了脑袋里，而且插了十多天，这孩子居然还能挺到现在？未免太神了。但是还别说，这航航真是命大。用医生的话说，这事儿也赶巧了。

医生说，当时筷子插入航航脑部的路线非常奇特，不仅避开了主要的血管，而且，最后停留在大脑一个不重要的功能区域，对孩子日常活动不会造成太明显的影响。所以，虽然航航脑袋里插着筷子，但他依然该吃吃该喝喝。

单从这点看，航航也算福大命大造化大。可话又说回来，这是好事儿，也是坏事儿。正是这个假象，加上父母过于粗心，孩子就被耽误了十多天，直到颅内发生严重感染。但是，不管怎么说，现在筷子取出来了，父母那颗紧张又内疚的心似乎可以暂时放松一下了。

手术正值腊月二十八，一家人就这么在医院里守着航航度过了羊年的春节。虽说孩子遭了那么多罪，但总算挺过来了，当父母的终于又看见了希望！可就在这个时候，航航的病情又发生了变化。

晚上3点钟，孩子的父亲突然发现孩子的腿蜷着，而且一碰就哭着喊疼。

据李少一主任解释，这是因为一部分脓液已经进到左侧的脑室系统里去了，所以脑室壁的炎症很严重。颅内压力增高，患儿重新又表现出呕吐的症状，神智也越来越差。又出现了哭闹不安，并出现嗜睡甚至喊不醒的症状。

插在航航脑袋里的筷子虽然取出来了，可炎症还在。也许是因为筷子在脑袋里时间过长，也许是因为孩子太小。总之，现在聚集在航航颅内的脑积液无法被吸收，已经开始向全身扩散了，必须再次手术，引出脑积液。一岁多的孩子，接二连三的手术，谁看了都揪心。

可是，再做手术，父母担心孩子会受不了，就是做一次微创也有可能要了他的命。父母希望医生们再想想什么好办法，尽量不做手术。

父母的担心可以理解，可孩子的病情不等人。很快，医生再次为航航进行了引流手术。排出脑积液后，航航之前的症状明显有了好转。尽管如此，这进一步退半步的治疗过程着实让人心惊胆战。当父母的，更像劫后余生，惊魂未定。

父亲打算孩子好了之后，让孩子母亲回家什么活也不干，只要一步不离地看好孩子就行。

事实上，无论对小航航，还是对这个家庭来说，未来的路都是漫长而艰辛的。小航航的病情尽管有了好转，可是，会不会留下后遗症还很难说，而且，康复治疗也将是一个漫长的过程。值得庆幸的是，社会各方的好心人一直关注着小航航，关注着这家人，很多好心人纷纷伸出援助之手，这也让航航的父母看到了希望！

而且孩子的父亲把每一个好心人的联系方式都记了下来，就想着等孩子好了，长大以后，把这个小本子拿给孩子看，对他说，你的命是这些好心人给救回来的。

其实大家帮航航，并不图什么回报。航航的爸爸只要好好照顾航航就行了。在这里，我们也真心祝愿，这个家庭尽快走出曾经的阴霾，迎来灿烂阳光，更祝福小航航，早日恢复，健康成长！

还得提醒那些家长，孩子的童年是脆弱的，父母必须站好每一班岗。

断掌迷情

一道割裂手掌的深深伤痕，引出扑朔迷离的情感纠葛。
本是恩爱夫妻，妻子因何割破丈夫手掌？
受伤未愈的丈夫，又为何毫无怨言，力保发妻？
一个平凡的家庭，一段离奇的婚姻。

都是因为爱

有一首流行歌曲，无印良品的《掌心》，歌词写得特别好："你手中的感情线，是不肯泄露的天机。"要说爱情这东西，如果能从手相上看出来，那下面这位的感情线，可有点儿吓人。

因为这根本就不是感情线，而是一条长达 10 厘米的伤口，它割裂了皮肉，横贯整个手掌！简直触目惊心！这只手的主人是个中年男人，名叫吴长春。他手上的伤，并不是意外所致，而是被他的妻子张梅，用小刀片给割的。说到割伤丈夫的原因，张梅的回答却出人意料，她说，那是因为我爱他！

张梅自己说她愿意为他做任何事，不想让他吃苦。

既然不想让他吃苦，什么都愿意为他做，结果却是给对方留下一道狰狞的伤口，这逻辑有点儿混乱。还有更奇怪的：从吴长春手上这道伤口的长度、深度和角度来看，并不像激情所致。说白了，要是两口子打架、动刀，划不成这样。这道伤口，似乎是在被害人不动、不挣扎的情况下，才形成的。而对于这道伤口，吴长春本人的态度也很是让人捉摸不透。

因为问他手掌的伤深不深的时候，他说：不深，要深的话就伤到筋了，这手就不能动了，现在这是完全正常的。

左手掌长达 10 厘米的伤口虽然逐渐痊愈，可是一眼看去还是有些吓人。令人意外的是，吴长春话里话外，竟处处维护着曾经伤害他的妻子，就连提到伤口的时候，也尽量说得若无其事。

据知情者透露，吴长春对受伤的事总是尽量回避，甚至要不是当时的护士报警，这桩“家庭伤害案”都不会为外人所知。而最近两个多月来，吴长春想得最多的，就是如何把妻子张梅从看守所里保释出来。

我们通常的印象里，但凡夫妻之间，发生这种伤害案件，往往是爱与恨纠缠在一起，也必然有刻骨铭心的故事。而张梅和吴长春的故事，却似乎没那么简单。妻子伤了丈夫，还口口声声说是爱对方；丈夫呢，刀割皮肉都没有怨言，还积极的在营救妻子。这是什么样的爱？又怎么会留下这么一个狰狞的伤口呢？

据张梅的姐姐说，他们夫妻俩感情一直都很好。而且还说张梅很看重家里面的两个小孩，而且也舍不得丈夫，所以一直没有离婚。

张梅姐姐的话有两层意思：首先，张梅和吴长春曾经感情很好；其次，俩人现在正在闹离婚！其实很多失败的婚姻都是这样，从很好开始，以离婚告终。只不过，张梅和吴长春的婚姻，则更为轰轰烈烈一些。怎么说呢，这段感情从一开始，就差点儿闹出了人命！

那一年，吴长春不到 20 岁。他初中辍学后，便做起了屠夫的生计，猪肉摊刚好摆在张梅家门前。张梅也辍学在家，经常光顾肉摊。一来二去，两人情投意合，便坠入了爱河。只是没想到，一提到结婚，双方的家人都竭力反对。

至于反对的原因，是因为农村里都是有亲戚关系的，张梅跟吴长春的辈分不合，张梅低了一辈，所以家里人就不同意。之后吴长春喝了两瓶农药，最后好不容易才救过来。

当时吴长春喝的药叫“敌敌畏”，是一种剧毒农药。从鬼门关里爬回来后，家人不敢再反对，两人终于结合在一起。

为了在一起，连命都能豁出去。这份情，也算是惊天地泣鬼神了。不用怀疑，这绝对是真爱！相爱的两个人冲破阻碍，最终走到了一起，我们都爱看这样大团圆的结局。可对于婚姻来说，这不是结局，只是开始。再浓烈的爱情，也总要归于平淡，轰轰烈烈过后，剩下的，就是一天一天、柴米油盐的日子了。婚后不久，小两口有了一个女儿。为了改善家庭生活，张梅和吴长春一同外出打工挣钱，努力经营着他们的小家。

恋爱是美好的，婚姻却很现实。生活在一起的两个人，面对的是最真实的彼此，这就难免会有摩擦和磕碰。

婚前，吴长春最喜欢张梅的一点，就是她性格内向，话语不多。但是结婚之后，性格内向却成了俩人沟通的障碍。

同样的两个人，婚前，内向的妻子散发着淑女气质；可婚后呢，越过越觉得她小心眼儿。丈夫呢，婚前给人感觉是热情开朗；婚后发现他对谁都热情，整天招蜂引蝶！其实，人没变，只是所处的位置不同了，看彼此的角度也不同了。这个事情没有什么好的解决办法，只能磨合。但张梅和吴长春显然不这么想。

都说婚后“七年之痒”，这是一个长久的磨合过程。然而七年过去了，吴长春和张梅似乎还在磨合。没有相互适应不说，反而越磨越火星四射。

按吴长春的说法，是张梅的嫉妒心太重。有一次他们去杭州玩儿，晚上吃饭，一群朋友同学。其中有一个女的和吴长春关系很好，张梅就不高兴了。饭桌上吴长春说今天晚上他来埋单。说过这话后，张梅就跑掉了。可是吴长春身上不带钱的，所以又是气恼，又觉得丢面子。因为这件事，吴长春提出了离婚，说了好多次，不过张梅也从来也没有害怕过，也不觉得什么。

所谓“江山易改，本性难移”，多简单的道理！在婚姻中，很多人却忘了这句话。张梅和吴长春也是这样，没想过调整自己，却总要改变对方，这不太可能。拿离婚赌气吓唬人，更是糊涂的做法。不过话说回来，杭州的这次不愉快，吵得挺凶，但还不至于让两口子动刀。那后来究竟发生了什么，刺激到了张梅，让她狠心割断了丈夫的手掌呢？准确地说，不是因为一件事儿，而是因为一个人。

信任危机

时光飞逝，张梅和吴长春这对曾经的生死爱侣，变成了平凡日子里吵吵闹闹的老夫老妻。他们有了两个孩子，吴长春也有了自己的买卖，在青浦区徐泾镇上开了一家文身店。生活逐渐有了改善，夫妻俩的分歧也处于可控的范围之内。吵吵闹闹未必不能白头到老，然而，一个人的出现，却打破了这微妙的平衡。

这个人是一个女人，而且是吴长春文身店斜对面服装店的老板娘，她叫肖金仙。是她，后来成为了吴长春夫妻关系变化的导火索。

因为都是开门做生意，低头不见抬头见，对面店里这位俊俏风流的老板娘——肖金仙，让本就爱吃醋的张梅，感到了一种莫名的危机。虽说也没有什么实质的证据，但肖金仙跟吴长春说话时那神态、那动作、那声音，让张梅看着就来气！女人的直觉告诉她：这肖金仙来者不善，任何可能危及到这段婚姻的苗头，都要坚决地消灭在萌芽中！为了保卫自己珍若生命的婚姻，张梅行动了起来。

其实在认识肖金仙的三四年里，夫妻俩便常常为她闹别扭。而这一次，张梅和肖金仙在街上吵起来了，这也引发了夫妻俩结婚以来最厉害的一次争吵。

吴长春也是气急了，说哪一天他真的找一个人的时候，张梅才会后悔。

吴长春的一腔怒火，把张梅烧的有点儿发蒙。她万万没想到，在这场女人之间的战争中，老公竟然胳膊肘往外拐，旗帜鲜明地站在敌方阵营，向着自己无情开炮！更讽刺的是，张梅本意是要消灭外遇的萌芽，可消灭了半天，人家俩人之间，反倒萌芽了！

按照吴长春的说法，他以前跟这个肖金仙一点儿关系都没有。谁知道被张梅猜忌了三四年之后，反倒真的变成了事实。

因为吴长春在张梅这里总找不到共同语言，但是有话总要说，于是就跟肖金仙聊，聊来聊去，就聊出了感情。

到底还是出轨了！该说当妻子的弄巧成拙呢，还是高瞻远瞩？这就不好解释了。总之，吴长春为了表明自己曾经的清白和如今的坦荡，他决定向张梅公开这次出轨的经历。

吴长春回到家，隐晦地同张梅说起了自己出轨的事儿。谁知，张梅起初根本没在意，不过一个月后，当肖金仙丈夫找上门来的时候，她一下子蒙了。

当时肖金仙的丈夫把吴长春的衣服直接抱到张梅家里，那肯定是捉奸在床了。而吴长春回来的时候，又把家里面砸得乱七八糟，接着便跟肖金仙在旅馆里面待了两天，之后就打电话说要跟张梅离婚。

整天喊狼来了，到狼真来的时候，张梅反倒不知所措了。丈夫出轨已成事实，闹，结果只能是离婚。张梅想到自己来之不易的婚姻，这么多年的点点滴滴，还有两个年幼的孩子，她觉得不能就这么放弃。那怎么办？忍吧！就装作什么事都没发生，让这可怕的噩梦快点儿过去吧！可是，当婚姻已经出现裂痕，不看不听，就能天下太平吗？

很快，肖金仙那边的家庭离婚了，但吴长春和张梅这边，还是没能下得了决心。过完年后的上半年，算是比较太平。不过开完文身分店之后，矛盾又开始激化了。

吴长春并没有否认同肖金仙之间藕断丝连的关系，就他单方面而言，既然已经出轨，以往挂在口头上的“离婚”，这回真的要提上日程了。

吴长春自己说：我这个人性格可能也是这样，从来也不会找人。但是一旦找人的话，可能也不是那么容易断的。我跟她说，就跟当年我对你一样，一旦认上你了，哪怕家里人把我搞死了，我也会跟你在一起，对不对？！

吴长春这话不假，他就是这么个人。当初为了跟张梅在一起，能连命都不要；现在为了肖金仙，也能连家都不要。张梅也知道，这一次，他们的婚姻，可能真的要保不住了。还能怎么办呢？一瞬间，害怕、不甘、愤怒，许多复杂的情绪涌上心头。

张梅想到了死，可就是死，她也不能让那个负心汉好过！她要报复！

吴长春后来说：也是我做得太过分了，白天我在店里，她打电话来我总说在做生意，到晚上我也不回家。因为要准备离婚的话，也要有个过程，先从分居开始。于是我有一个礼拜左右没回家，然后她就下手了。

老实巴交的张梅，在隐忍了近一年之后，终于出手了。这天上午，张梅在文身店楼上的房间里倒了一杯水，然后抱着儿子出了门。这杯水，是张梅特意为吴长春准备的。当然不是一杯忘情水，而是一碗迷魂药！

剧情反转

吴长春要离婚，不管当初如何生死相许，也不管这么多年有多少夫妻情分，已经铁了心，就是要离婚！张梅似乎也是无计可施了。但是，她还有最后一招——报复！

可是怎么报复呢？如今吴长春跟自己分了居，张梅知道，她的婚姻大势已去。于是这天上午，张梅突发奇想，在给吴长春准备的水里，放进了一粒所谓的“迷魂药”，开始实施她的“报复行动”。

至于为什么要报复，张梅回忆当时的情绪说：我以为他断了和那个女人的联系，他跟我家里面亲戚朋友都说了他要断的，可是还是没断，他总是这样骗我。所以我那时候有点气，就想打他，于是就买药，我也想打他试一下，让他感受一下被打。

事后经过鉴定，这种所谓的“迷魂药”中含有安定的成分，会使人头痛、头晕、嗜睡，严重的会导致昏迷。

而当时的吴长春则在一个巧合下将这杯“水”喝了。据他回忆说：10月2日那天她打电话叫我回来，说有人文身，前后做了6个小时，我就觉得挺渴的。本来我想让她去给我买一瓶水的，可是想了想就没说。后来上完厕所，正好看到这里有一杯冷开水，我就一口喝掉了，刚喝完我就感觉到好像不对，有一点别的味道。

吴长春中招了，而张梅随后展开了她的报复行动。

她的报复行动，按照上海市青浦区人民检察院检察官陈冲的描述，则是这样的：当时犯罪嫌疑人（张梅）先是用胶带在被害人（吴长春）的脖子上绕了两圈，然后往后勒，最后被被害人挣脱掉之后，继续用充电器的电线勒他脖子，然后也是被被害人挣脱掉了。之后也是因为气愤，随手拿起了放在旁边的修眉刀，划伤了她老公左手的手掌，导致了一个轻伤的结果。

怪不得吴长春手上那道伤口那么深，那么长，原来是在他反抗能力下降，晕晕乎乎的情况下被割伤的。但是血一流出来，张梅的理智也回来了，气也消了，也知道害怕了，于是赶紧陪着吴长春一起去了医院。

出事之后，夫妻二人并没有报警，而是到附近的小诊所去缝合了伤口。由于这种“迷魂药”的作用，吴长春一直头晕。第二天上午，他拒绝了张梅带她去医院的请求，反倒找来了第三者肖金仙，一同到中山医院治疗。

可是他手掌划伤的长度比较长，跟一般的受伤不同，所以发现这个疑点的护士就报案了，这才案发。

可能在张梅、吴长春夫妻俩看来，这只是他们打架打得比较激烈的一次。两口子打架，无论打成什么样，都是家庭内部矛盾。可是他们想得太简单了，把人伤成这样，已经触犯了法律，是要接受法律制裁的！

我们或许会问，这件案子的本身，被害人自己并没有去报案，而且还强烈要求撤掉这个案子，为什么不能撤掉？

这种想法是不现实的，因为这件案子本身是一个刑事案件，一定程度上已经侵犯了公众的利益，不能说因为当事人不同意，要撤案就能够撤案的。不过因为有被害人的求情，所以可以作为从轻或者减轻处罚的情节，但是不会影响到这个刑事案件的定性问题。

于是张梅被带走了。按说这件事过后，吴长春本该更坚决要求离婚，可是他没有。不知出于什么原因，这个男人的态度发生了180° 的转变，不但不怨恨张梅，反倒还替她求情。是顾念旧情？还是为幼子着想？不得而知。但有一点，离婚的事，他再也没有提起。

其实吴长春这个人，很重感情，自己心中也有自己的一套伦理道德，他说：如果她出来我再和她离婚，那不是逼死她了吗？这样的话就算她死了，那我也是有罪的，我不能这样做，还是先让她出来。

不久后，吴长春又准备好再次到司法机关去求情。10年前，他为了结婚喝下农药；10年后，他坚持离婚，逼得妻子给他下了迷药。两两相比，似乎是彻头彻尾的讽刺。这桩多少具有一些离奇色彩的婚姻，怎么会走到今天这个地步，确实值得我们思考。

心理学专家耿文秀这样分析这件事情：这两个人之间，我觉得不能完全用爱情来说他们之间的感情，而是占有和互相占有。就妻子来说，这个老公是我的，就是我的私有财产，所以要把他管得紧紧的；反过来老公对待老婆也是，你是我的你就要听话，你不听话我就要把你抛弃，所以他们之间根本就不是一个现代的文明家庭，而最受害的则是他们的子女。在子女身上可以看到父母的影子，甚至父母婚姻的影子。这对夫妻，不仅要看到是他们自己把生活搞得一团糟，还要警惕他们可能会毁了孩子的一生。

至少还有你

造化弄人，两兄弟竟然在相同年龄遭遇生命危机。
地陷天塌，绝境下的这个家还要面对无法破解的难题。
给他？还是给他？割肾救子演绎成一场撕心裂肺的赠予。
交织的亲情里，一场生命抉择又该如何结局？

患难兄弟

2013年11月的一天，正在海边工地干活的李秀开突然接到一个电话。接完电话，整个人都疯掉了。李秀开站起来又摔倒，就是不能接受，怎么会这么倒霉？

“倒霉”是李秀开形容电话里传来的消息。什么样的消息，会让这个50多岁的男人直接晕倒在工地上？原来电话中的消息，说弟弟的血肌酐800多！坏了，800多就是尿毒症。

李秀开嘴里说的弟弟，是小儿子李海松。此刻，他正躺在厦门市中医院血液透析室的病床上。而就在相隔不远的地方，还躺着一个人，他不是别人，正是李海松的亲哥哥——李海清。

这回我们能理解李秀开当时为何瘫倒在地了。其实，在得知小儿子李海松患病之前，大儿子李海清已经病了两年了。而且，他得的，同样是被称作第二癌症的尿毒症！噩耗连连，双重打击，哪个父母都受不了。

托尔斯泰有句名言：幸福的家庭都是相似的，不幸的家庭各有各的不幸。这次要讲述的就是一个特殊家庭的特别故事。父亲名叫李秀开，51 岁，是个建筑工人；母亲连荣华，50 岁，也是建筑工人。而他们的儿子，哥哥李海清，25 岁；弟弟李海松，23 岁，此时他们正躺在医院的病床上，两兄弟都在做透析。

应该说，这个家庭的成员构成并不复杂。可是我们明显能感觉到，这个家出事儿了，而且，还是大事儿。

曾经，这是个让无数人羡慕的家庭。虽然父母都普普通通，却把两个儿子都培养成了大学生。可就在这个家充满希望、欣欣向荣的时候，正在四川一所高校学习临床医学的哥哥海清，还没等成为一名医生，就病倒了。那年，他正读大三，22 岁。更要命的是，仅仅过了两年，刚刚大学毕业的弟弟海松，在和哥哥同样的年龄，得了和哥哥同样的病。不清楚什么原因，不知道未来如何，面对这残酷的、令人憎恶的巧合，这个家，真的要塌了。

蹊跷又痛苦的阴影笼罩着这个不幸的家庭。为了方便两个儿子透析，李秀开回到了之前打工的厦门，租下了一间小屋。

哥哥李海清介绍说：这就是我们住的屋子，外边我爸妈睡，里面我睡上面，我弟弟睡下面。房子也就 20 多平方米，一个月 450 块钱。从我生病就住这里。床头这些书都是我上学时候的书，没事的时候就看一看。

似乎从前的美好都被封存在了床头的那一摞书里。与此同时，无以为继的学业，昏暗的前途，甚至生命的终结，都在哥哥海清的脑海里被一遍一遍翻阅着。

海清特别绝望，继续读书也没有什么动力。休学第二年，他就回到学校办了退学，因为真的不想读，压力太大，觉得得了这个尿毒症，前途都毁了。

别的不说，就说眼前，海清站在拥挤的公交车上拉着扶手，前往医院。也许，曾经的同学们现在也在坐着公交车，也是去医院。只是，人家都是去上班的；而海清去医院，却是为了活着。

海清的手臂上累累伤痕，触目惊心。它不仅是疾病痛苦的证明，也是对命运无声的控诉，更是美好青春和死亡的顽强抗争。

海清只能忍着，为了活着也没办法。

用海清的话说，再苦再难，自己也能忍。他最受不了的是，自己所经历的一切，现在又复制在弟弟海松身上。

此时此刻，哥俩一样忍受着痛苦，一样在生死边缘挣扎。每隔一天就要去一次医院，一躺就是半天。透析，虽然暂时维持着他们的生命，却也像魔鬼一样，束缚、折磨着他们的身体。而且，这不过是缓解症状的手段，尿毒症并不会因此而治愈。就算哥俩可以挺，又能挺多久？什么时候才算到头？对这点，父亲的心里其实很清楚。

海清病的时候，他就边打工，边带着孩子去看病。最远的地方去过新疆乌鲁木齐，后来到处打听，这种病唯一的办法就是换肾。

要想让儿子保住命，过上正常人的生活，唯一的办法就是做肾移植手术。可排队等肾源，说不上等到什么时候，而且，费用也是个问题。眼下，最直接最简单的办法就是，直系亲属捐献。要说拿出一个肾给儿子，身为父亲的李秀开并不在乎，早在海清刚生病的时候，他就做过配型检查。

但是他的血压有点儿高，医生说，风险太大。站在父亲的角度说，给小孩捐个肾，吃点儿降压药，应该就可以了。医生则说不行，又不是开玩笑，而且还有伦理协会，还有卫生厅要批准，因为风险太大，这些机构是不会批准的。毕竟血压高，做这种手术很可能会大出血的。

因为身体不符合捐肾标准，父亲李秀开不能给儿子做肾移植手术。于是，能提供肾源的，就只剩下一个人了——母亲连荣华。可她能成功配型吗？退一步说，就算成功了，她也只能拿出一个肾，可是有两个儿子，给了这个，就意味着放弃了另一个。怎么办？

骨肉亲情

父亲的身体不适合捐肾，要想挽救这个行将破碎的家，希望完全寄托在母亲连荣华身上了。而此刻的她，却是前所未有的纠结和无奈。无形中，她已经陷入了一个更加痛苦的深渊。

“给他了，就没有给他的！”当妈的只能拿出一个肾，面对随时可能失去生命的两个儿子，先救哪个？放弃哪个？这个当妈的实在是太难了。试想一下，如果设身处地，我们会如何选择？作为母亲，连荣华对自己没有任何舍不得的，她恨不得把两个肾都拿出来，也不愿经受这种撕心裂肺、左右为难的痛苦折磨。

华灯初上的夜晚，远处的万家灯火似乎在描述着各个家庭的平安和温暖。或许，没有人知道，有这样一家人，正在经历着他们难以想象的痛苦煎熬。看着近乎崩溃的妻子，想到生死难料的两个儿子，父亲李秀开心一横，作出了一个决定——他准备牺牲自己去换回两个孩子的生命，而且准备交代一个好兄弟，给他留一条短信：两个儿子，一个儿子给一个肾。作为父亲，他说我这辈子的路也完成了。

尽管有些无奈，但无论怎样，这是一个父亲，更是一个男人的选择。为了妻子，为了两个儿子，李秀开打算放弃自己的生命。他要把两个肾，都留给儿子。作为父亲，为了孩子，什么都可以做，甚至是舍弃生命，只要为了孩子，也都无所谓。

话是这么说，可是他这个想法，妻子和孩子不可能同意。不管怎么说，坚持，就有一线希望，你这么做，等于是直接让这个家散架。

在家人的劝说下，李秀开终于恢复了理智。但那个折磨人的难题却无法回避。两个孩子的情况也不允许再拖、再等了，必须尽快作出决定。这像是一次关乎生死的考试，不仅是必答题，更是艰难的选择题。

父亲的想法是先把肾源给海清，毕竟海清病得早一点，已有三四年的时间了。他再拖下去，会有生命危险。一场小小的感冒，还有其他的什么并发症，都有可能随时夺去他的生命。

李秀开的提议马上得到了小儿子海松的认同：“我赞成，应该给哥哥！”

海松说，两个月前，他（指哥哥海清）的手臂刚脱臼，这也是尿毒症的一种并发症，骨头会慢慢坏死。

哥哥海清的身体状况，弟弟海松都看在眼里，他真的心疼哥哥。甚至在他自己没得病的时候，他还说过要把他的肾给哥哥。

当初本想给哥哥一个希望，哪曾想，现在自己也病成这样了。弟弟海松似乎觉得亏欠了哥哥什么。而且，哥哥病的时间不短了，已经出现了并发症。所以，他觉得应该把这个机会，把这一线生的希望留给哥哥。

海松说：只要我哥好了，我父母他们开心就可以了。我刚生病不长时间，我去别的医院排队等肾源嘛。

孩子越懂事，父母就越心疼。心疼归心疼，眼下，也只能这么决定了。夫妻俩正忙着张罗手术的钱，却突然发现个问题，大儿子海清好像有点不大对劲儿。

因为连着好几天，哥哥海清都是早出晚归，整夜不回家。一问才知道，他去工作了，做通宵物流。

海清并不糊涂，他知道自己这病要注意休息，因为透析的时间越长，器官就会慢慢衰竭。透析不充分，衰竭的越快，这些他都知道。可他不想，不愿，也不能躺在家里。透析做一次就是500多元，一周要做三次，一个人一个月就要七千多块钱。

一句话，海清知道家里有多难。父亲没日没夜地打工赚钱，瘦弱的母亲也要扛水泥和砂浆，干的是最累的体力活儿。即便这样，他们还得含着眼泪，甚至厚着脸皮四处借钱。父母的辛酸他都看在眼里，他这家里的老大心里实在不好受。正因为这个，海清每周只做两次透析，就是为了省500块钱。因为透析不充分，海清的体质已经越来越差了。这么下去会是什么后果，海清自己刚才已经说得很清楚了。可他还是通宵去工作，这简直就是在玩儿命！玩命儿，他自己当然知道，所以海清这么做，不光是为了钱。其实，他心里还有个不为人知的秘密——他是故意这么做的，他要放弃自己！海清说："我看不得我弟弟生病，他生病我心里不好受。"

其实父亲也能猜到自己儿子的想法，他应该是觉得自己也病了这么多年了，能过一天是一天。他内心想放弃。

海清觉得，当哥的得有个当哥的样儿。于是，他坚决不去医院和母亲做配型，更别提做手术了。弟弟劝他几次，他就凶，说要让弟弟跟妈妈做配型。

接下来所发生的，是持续了数日，让人心酸又感叹的争吵。兄弟二人，都想把重生的机会留给对方。让来让去，最后，他们都选择了用沉默对抗的方式，试图让对方接受自己的爱。

海清说：他（指弟弟海松）刚发病，时间不长，术后的状态肯定会比我好。我已经这么长时间了，不知道状态怎么样，要是状态不好，还白白浪费我妈的一个肾。不管怎么说，我就是想把这个肾留给弟弟。

相持在继续，维系两个脆弱生命的透析也在继续。此刻，机器是无情而冰冷的，可血却是热的。同一个时空中，无声地弥漫着难以言说的兄弟情，我们的心也跟着被撕扯，揉碎，战栗，融化……

海清在椅子上休息，因为做完透析会有点儿晕。海清也不知道自己哪天会彻底晕过去，不再苏醒，但他心里的主意早已打定！

他说：我压根儿就没想和我妈做配型，剩下的就是他们再商量。不管什么结果，给我我也不会同意。对于我来说，这个肾就是给我弟弟的。

苍天保佑

在哥哥的坚持下，妈妈的肾源最终确定捐给弟弟。上苍似乎也理解了哥哥海清的苦心，弟弟海松和母亲成功配型，马上就要准备手术了。

海松说：虽然我不想要我妈妈的肾，但是为了这个家，也只好接受了，只能到康复之后慢慢弥补吧。

带着对哥哥和母亲的歉疚，也背负着整个家庭的希望，海松和父母登上了前往福州总医院的列车。因为还要继续透析，哥哥海清暂时留在了厦门。谈到自己的选择，他说了这样一番话：我被这个病折磨了四年了。所以我希望他可以尽快摆脱这个病。每个人都有求生的欲望，其实我也怕死，真的，我也想活下去。但是亲情嘛，亲情比我的命重要。

亲情比命更重要。这或许是对血浓于水最好的诠释了。这让我想起两个字——抢，让。其实说起来，现实生活中，为了点利益，别说普通人了，就算兄弟姐妹间明争暗斗，甚至大打出手的也并不少见。一点利益都如此，更何况性命攸关。而哥哥海清的让，并非礼貌礼节，更不是谦虚客气。是因为，他知道，无论对人生还是对家庭，还有比这更重要的东西。

海清应该独自去透析了，但还惦记着给弟弟做的糖醋蒜。因为做完手术就必须吃这个，它是排毒的，所以就提前给弟弟准备了。虽然这天是海清透析的日子，但他没有按时去医院，而是匆匆赶到了福州。原因很简单，母亲和弟弟就要手术了。他想见证那一刻：弟弟推出手术室的那一刻，他就不用再受折磨了。

然而，母亲连荣华肾脏的情况并不理想。她右肾的血管横跨在脊柱之上，还被压在下腔静脉之下，取肾可谓困难重重，而接受肾脏移植的海松也将面临巨大的危险。特殊的状况让这台手术的风险陡然增加了10倍。

这天晚上，谁也没敢再提手术的事情。海松随后被安排进特护病房，隔离休息。深夜，睡意全无的父亲李秀开给儿子发了一条短信，“在里面好好照顾自己，一定要坚强面对，晚安”。此情此景，这个“安”字，恐怕是这家人最大的心愿了。手术会成功吗？他们会平安吗？

既盼望又紧张的一刻还是到来了。早上8点，母亲连荣华被推进了手术室。

海清当时的感觉就是比较匆忙，什么话都没有说，也不知道说什么，其实就是多看两眼，心里也好受一点。

焦灼而漫长的等待开始了。海清相当紧张，手里的水瓶都被他捏的七扭八歪。他牵挂弟弟，更心疼生他养他，这会儿还要割肾的妈妈。其实在家里就属母亲最累，最受苦的也是她：扛砖，提水泥……海清怕她身体吃不消。

此刻，想着手术室里的母亲，海清的脑海中浮现出不久前的情景。那还是在厦门的家里，他发现妈妈偷偷出去干活儿，为这，他还责怪过母亲。

海清说：“不要总是出去干活儿，好好休息。”

海松说：“以后我们去挣钱。”

母亲说：“以后你们两个兄弟挣钱，我们就老了。”

等你们兄弟俩挣钱，我们也老了。这是任何儿女听了都会心酸的话。海清听了，更是心如刀绞：因为我妈做重活，我就一直不想跟她做配型，怕她身体受不了，怕万一以后出现什么问题，我会很愧疚。现在也没得选择，只能等我弟弟病好了以后，让我弟弟来替代我妈。

其实这会儿，妈妈将来是不是还干重活儿，那都是后话。她能平安从手术室出来，才是最关键的。

下午一点，连荣华被推回了病房。看着眼前这个昏睡的母亲，我们仿佛听到了一段无声的画外音：小时候摔倒，妈妈把你扶起来；你爱吃什么，妈妈不厌其烦给你做；如今你病了，别怕，妈妈把肾给你。只要妈妈有的，全都给你……

等来母亲平安的消息后，海清又回到了手术室的门口，准备迎接弟弟海松。

因为耽误了透析，体内的食物不能正常代谢，海清已经减少了2/3的饭量，尽量饿着自己，减少食物的摄入。即便这样，他的身体还是出现了各种不适，比如身体酸痛，体乏无力，心脏疼痛等，但是此刻，他顾不上这些了。

终于，弟弟海松的手术也结束了。妈妈那颗带着温度的肾脏，正在他体内孕育着新的希望。

似乎听到了小儿子安全走出手术室的消息，母亲连荣华此刻也醒来了。她忍着疼痛挤出了一句似乎只有妈妈才会说的话：“现在想见海松，放心了。”

忘我，或许是母亲专属的品格。您尽管放心吧，海松的情况不错，小伙子恢复得也很快。

第三天的时候，医生说排气了，可以吃点东西了，父亲李秀开就熬了点粥。

在医院旁租住的小屋，父亲起劲儿地给儿子做着术后第一餐。而此时在厦门的哥哥海清，也同样在喜悦中。他如释重负，感觉起码家里有了一线希望。他也盼着早日康复，然后一起回家。

事实上，人们一直都在关注、关心着这家人，正是有了来自全国各地的捐助，他们才能走到今天。

父亲说：这个笔记本是我记的，每一笔捐款我都写下来了。如果家里好转，我必须要把钱还了，不是还钱，是还情。钱好还，但是情一辈子都还不清。

没错，情义无价。亲情，爱情，友情，皆如此。生死关头，危难时刻，更是验证真情的试金石。不过，大家帮你是因为这个世界还有更多人心存善意，而你们，也用亲身经历，启发教育了更多人去重新审视、认识人生的真谛。非要还的话，也好办，其实这也一定是大家的共同心愿，那就是：让海清尽快找到适合自己的肾源，让这个家迅速走出过去的阴霾，迎来幸福快乐的明天！

这是一个哀而不怨，悲而不伤的故事。如果说这是中国式亲情，我倒希望，它能像烙印一样，镌刻进千千万万个家庭！

父子间的战争

父子反目，一场风波究竟为何？
一份协议，为何成了争议的焦点？
亲情泯灭，三代人恩怨难消。
心中坚冰，到底该如何化解？

房子官司

有句老话是这么说的：打虎亲兄弟，上阵父子兵。这句话的意思是说，人一起干事就得团结，更别说兄弟俩、父子俩了。可有这么一对父子，却很有意思，他们倒是一起上阵打仗了，可是对阵双方正是他们父子俩自己！再看坐在被告席的儿子身边，还坐着一个中年女性，这三个人合起来，正好是一家三口！

事情发生在江西省吉安市万安县人民法院，庭上的律师是你来我往，争得脸红脖子粗，看得出来，原告和被告之间，矛盾不小。可亲父子之间，哪来的这么大矛盾，还至于上法庭？

一家三口对簿公堂，这事还真是挺蹊跷。都说家丑不可外扬。一般家里有矛盾，都是遮着掩着的，这家倒好，家里的事，全都来了个现场直播！但是出了这个事，当然还是家里的老人最闹心！左边是儿子，右边是孙子！手心手背都是肉，你们这么一闹，老爷子气的是捶胸顿足！

爷爷名叫刘英芬，看着自己的至亲，如今坐到了法庭的两边，老爷子心里不是滋味儿。别说是老爷子，就是旁观者也看不懂。原告席上的刘良斌，也就40岁出头，而坐在他对面的儿子刘小飞，现在还是一名在校大学生。这样的亲爷俩能结下什么深仇大恨，非要对簿公堂？

原来，刘良斌早在2010年就已经跟前妻郭琼离婚了，离婚之后，儿子刘小飞就跟着妈妈郭琼搬走了，原本热热闹闹的家就剩刘良斌自己了。刘良斌说，他没事就把电视打开，只为让家里有点动静。

其实，刘良斌跟郭琼的感情一开始就充满了波折，从没顺利过。两人总是因为一些事情发生争吵，就因为吵架，两人就连最重要的婚礼都没办成！

原来，在1994年两人即将举行结婚典礼时，不知为何，刘良斌和郭琼两人爆发了一场激烈的争吵，盛怒之下，两人甚至取消了婚礼！据刘良斌说，婚礼毁了之后，他一气之下去了外地，后来是已经怀有身孕的郭琼到找他，苦苦哀求，这场婚姻才得以延续。

刘良斌看着郭琼挺着肚子，好不容易找到了自己，毕竟自己是一个男人，而且她的肚子里有自己的孩子，自然不能拒绝。于是为了孩子，他选择与郭琼再续前缘。而在小飞出生后，他对小飞十分疼爱，心思就全扑在孩子身上了，恨不得天天捧在手心里。小飞第一次会叫爸爸、第一次学会走路、第一次上学、第一次离家求学，这一切都好像是不久前的事。可好不容易盼着小飞长大了，万万没想到，盼来的却是小飞的疏远。

也许是受郭琼的影响，小飞懂事后，对刘良斌的态度就越来越冷淡，不但很少跟刘良斌说话，就连看他都不是拿好眼神儿！刘良斌心里那个难受劲儿就别提了！好不容易养大的儿子，看自己就跟看陌生人一样，搁谁心里能得劲儿！但就算这样，刘良斌说，他还是不想解释什么。在他眼里，小飞仍然是个孩子，他和孩子母亲的事情，孩子最好不要参与，站在中立的位置就好。而且他觉得自己这要求不过分，对孩子来说，那边是你亲妈没错，但我还是你亲爸呢！咱家一共就仨人，总这么谁都不搭理谁，日子还怎么过？可是没想到，就连这样的要求，刘小飞还是置若罔闻，该不搭理他还是不搭理他。而在2010年离婚跟着妈妈搬走后，儿子干脆就不跟他往来了！

这让刘良斌很难受，也想不通：生活了那么多年的房子，得留下多少记忆？每每夜深人静的时候，他总是睡不着，房子里的一桌一椅都让他想起一家三口那些美好的片段，想起小飞小时候的各种事儿。可现在，三口人却即将老死不相往来。

想到唯一的儿子就这么离开了，刘良斌也没什么办法，只能往好处想，时间或许可以解决——日子久了，孩子长大懂事了，也许就能理解父母当初离婚的决定，那时，就能接受刘良斌这个父亲了。可是没想到，眨眼间孩子是大了，可倒是一纸诉状把他给告了！

听到这个事情的时候刘良斌都懵了。

虽说小飞跟着郭琼过以后，父子二人的关系有点紧张，可毕竟还有着血缘关系，毕竟打断了骨头还连着筋！养了20多年的儿子，反倒把他老子告到了法院，这叫什么事？而且儿子起诉老子，道德情理上也过不去呀！

原本刘良斌还觉得，是不是小飞一时闹脾气？可打官司这事，那是小孩子一时闹脾气的事吗？你得有理有据法院才会受理！那刘小飞递交到法院的诉状，具体是什么呢？

法官告诉我们：他儿子起诉他父亲，是要求他父亲搬出诉争的房子。

当初郭琼带着小飞搬出去的时候，走得匆忙，也没有具体谈及财产分割的问题，刘良斌也舍不得离开家，就一直这么住着。刘良斌不明白，他也从没想过要独占房子，你们娘儿俩想要房子，咱毕竟也曾经是一家人，什么时候坐下来研究一下都可以，根本不用上诉。

所以听到儿子的这个诉求的时候，刘良斌真的是彻底懵了！自己朝思夜想的儿子，要把自己撵出家门！这时候，刘良斌心里那简直跟针扎一样疼！他觉得，我刘良斌对儿子，那是一片初心，儿子哪来这么大仇，非得把我告上法院？

然而在刘小飞那里，父亲刘良斌已经成为了妨碍！必须得把他从房子里面赶出去！可能大伙儿奇怪，刘小飞是当儿子的，有什么权力把老爸赶出家门？刘良斌当时也是这样想的，以为娘儿俩就是想分房子，所以想出这么个馊主意。等见面聊一聊就没事了！可是到了法庭上，他就傻眼了，小飞掏出一个小红本——那是家里房子的房产证！而房产证上，白纸黑字写得明白，房屋所有人不是刘良斌，而是刘小飞！而且注明了是单独所有！

到底谁在说谎？

刘良斌纳闷了，这栋房子是2004年9月买的，虽然购房协议上写的是郭琼的名字，但是当时夫妻双方并没有离婚，这栋房子应该属于夫妻共同财产。可是他去房产局查询时发现，就在2007年，关于这栋房子又签署了一个新的购房协议，可这套房子，怎么会签署了两份购房协议？

原来，当初买房的钱，基本上都是郭琼从娘家借来的，刘良斌根本就没出过一分钱，以至于郭琼东拼西凑的钱，只够交房款，甚至买完房子都没钱办过户！

可刘良斌觉得，就算当时没过户，后来补办的，也应该是属于夫妻共同财产，怎么就成了儿子刘小飞的房子？这不是胡闹吗？

刘良斌的意思，按照法律术语来说，就是他要确认这个房子是夫妻共同财产。

如果要是一家人一起过日子，房子是谁的也没什么，反正都一起住着！可现在离婚了，麻烦也就来了，房子的归属成了关键。如果小飞手里的房产证有效，那老刘就得乖乖儿的收拾东西，走人！无奈之下，刘良斌对前妻郭琼和儿子刘小飞进行了反诉。

事情发展到这个份儿上，2007年那份合同是否有效，成了事情的关键！可这合同有没有效，先按下不说，先说这个刘小飞，为什么非要把刘良斌赶出去？

据刘小飞说，并不是他非要把父亲赶出去，而是父亲先做出了对不起他们母子的事情。

刘良斌先对不起他们娘儿俩？这话从何说起？按之前刘良斌所说，可是个好男人！是不是因为他的不解释，让刘小飞误会了？可接下来，我们从刘小飞和郭琼的口中，却得到了跟刘良斌所说的完全不同的版本！

刘小飞现在想起当时的事情，还是有些愤恨：每当我考试考得不好或怎么样，他就是以武力来解决，完全就是暴力；吃饭的时候，就是拿碗一下子砸到地上，然后说着说着，一脚就把我踹到桌子底下，起都起不来。

还有这么回事！原来这刘良斌之前都是光挑好听的说！正常情况下，孩子不听话，教训教训倒是正常，但这一脚给孩子踹桌子底下起不来，可就过了！这根本就是家暴！那这当爸的下手这么狠，当妈的郭琼不出来拦一拦？不提还好，一提起来，郭琼想起来还有些后怕！

原来不光是打孩子，连媳妇也一起揍！怪不得小飞对老刘这么大仇。原来在刘小飞的记忆里，自己就是这么战战兢兢地长大的。再想想郭琼，这个女人又何尝不是血雨腥风的在老刘的拳脚下过日子？ 但比起这个，让她更容忍不了的是，刘良斌在外面干的那些事。

在一次偶然的机会，郭琼发现刘良斌和别的女人有不正当关系！从此之后，郭琼就多了个心眼儿，开始留意刘良斌的行踪，在几次跟踪之后，郭琼最怕的事情发生了！刘良斌果然在外面有了其他的女人，还让郭琼抓个正着。这更是让郭琼对刘良斌失望至极。终于，郭琼下定决心，离婚！

可让郭琼没想到的是，刘良斌这次竟然一反常态，跪在郭琼的面前，痛彻心扉地向她道歉，恳求她的原谅。郭琼虽然对刘良斌已经哀莫大于心死，但想想毕竟还有孩子，总不能让他没有爸爸！所以，郭琼忍了！

就这样，郭琼一直忍让着。而刘良斌就真的断了该断的，就此悔过了吗？不！他非但没有痛改前非，而是变本加厉，而且还掌握了一套越来越纯熟的认错方法。

刘良斌写给郭琼很多的保证书，保证书里写得都特别诚恳！可据郭琼说，保证书里面就是说出花来，保证书一放下刘良斌就该怎么着还是怎么着，这事闹得好多街坊邻居都知道了！忍无可忍的郭琼，在 2006 年又一次和刘良斌提出了离婚，可在法官的调解下，她放弃了这个念头，为什么？还是孩子！她郭琼自己可以没有丈夫，但孩子小飞不能没有爸爸！

为了小飞，郭琼当时勉强接受了调解，与刘良斌重归于好了，但基于刘良斌往日的劣迹斑斑，郭琼还是放不下心。在郭琼的坚持下，两人写下了一份和好协议。而就是这份协议，如今却成了双方争论的焦点！

郭琼说，这份和好协议上面注明：两人同意将房屋出售，出售款除了还家庭的债务外，剩下的用于下次购房或者小孩上学。而在2007年的时候，由于房子还没有卖，按照协定，双方就又签了一份购房合同，并且把房屋产权全部写在了刘小飞名下。

郭琼说，将房产转给儿子刘小飞，是她和刘良斌早就说好了的事，而且后来房产过户的时候刘良斌也是在场的。怎么现在就翻脸不认账了？这事除了他俩清楚，其实还有一个人也在现场，正是儿子刘小飞！这事，刘小飞记的是相当清楚，为这事儿，当天他还特意向学校请了假。

小飞和郭琼的意思再明确不过了，就是这房产证过户的时候，三口人的态度是一致的！你刘良斌也在场，怎么现在就不承认，硬要说自己不知道呢？

刘良斌说，过户办产权证的时候，他确实去了。但整个事情都是郭琼操办的，他也就是去走个过场，他以为是补办买房子时的过户手续，房子还是归他和郭琼所有，并不知道房子是准备过户给儿子刘小飞的。

要说这父母年岁大了，担心时日不多，把房产过户给子女，倒也情有可原，可刘良斌和郭琼都身强力壮的，在这时候郭琼这么着急把房产过户给小飞。这老刘心里，可就不免有些猜忌！小飞现在跟你郭琼，你帮着小飞把房子要回来了，那就相当于你占了房子！

刘良斌觉得，郭琼就是想利用小飞把房子弄到手！可气归气，这和好协议确实是俩人当时签订的，每句话，刘良斌可都还有印象！但刘良斌看着看着，发现不对劲儿了，这协议确实是原来俩人一起签的协议，可是这协议上，却莫名其妙多了一句话，而且这句话简直太重要了，有没有这句话，直接左右着整个事情的结果！

生活该如何继续？

这句话是：若2007年房屋未卖，房屋产权全部归儿子刘小飞所有。这让刘良斌感觉十分蹊跷，他说他怎么也想不起来自己写过这么一句话！开庭审理后，他立刻申请了笔迹鉴定。

经过鉴定，这一句有争议的话确实不是刘良斌当时协议上所写的。

这回刘良斌觉得自己抓住了郭琼在背后耍花招的证据，正准备好好质问郭琼一番，没想到郭琼自己就开口了，她说，这事你老刘装什么糊涂？当时加这一条，你不也同意了吗？

郭琼承认这是她后加上去的，但是，她是在大家都在场的情形下加的！郭琼说，你们老刘家一家人当时都在场，也都同意了，怎么现在来找这个后账？这就是耍无赖！当初你说得好好的，现在离婚了就翻脸不认人。

但是不管怎么说，两边还是各说各的，谁也说服不了谁。

刘小飞这方认为，根据双方协议，过户给刘小飞的行为完全是合理合法的，所以现在房产无疑是属于刘小飞的。而刘良斌却坚持认为房子是属于夫妻的共同财产，后来补签的购房协议无效，办理的产权证也应属无效。可这事麻烦就麻烦在两边都是空口无凭，谁也拿不出关键证据！这下法官也犯了难，因为就协议上那么几个字，很大程度上决定了房子的归属！

如果说是后面添上去的，刘良斌不知情的话，那么这句话肯定是无效的；如果当时是知道这个情况，也同意添加这句话，那就可以认定他们双方的赠予行为成立。

知情？还是不知情？到现在，这事也没有定数。房子的归属问题，也就没法最终确定下来。这事就这么僵住了，父子间的诉讼也得以暂时告一段落。可法庭上的争斗暂停了，生活中的矛盾仍然没有消除。为了这场官司，一大家人都已心力交瘁。

自从打了官司后，刘小飞没有去见自己的父亲，甚至连爷爷奶奶家也不去了。这让爷爷心里也很不是滋味儿，他觉得这个孙子跟自己越来越不像一家人了，曾经自己捧在掌心里的宝贝孙子，转眼间就成了对自己横眉冷对的敌人。这一把年纪的老爷子，心里别提多难受了。

而反观郭琼，也是一身疲惫，一场官司，让她又回忆起了之前失败的婚姻，她心里又何尝好受？

其实受官司影响最大的，还是刘小飞。在见证家人之间互相猜忌、互相诋毁之后，他对父亲的恨意又深了许多。原本那一丁点儿的父子之情，在他心中已经再无痕迹。甚至连刘良斌的泪水，在他眼里都是虚伪的表现。

而刘良斌现在的想法，就算房子最后没有他的份，他也不会多难受。可真正让他心里感到难受的，是自己的儿子刘小飞对自己的怨恨。

刘良斌后悔了，可是已经太晚了。多年的积怨终于转化为了父子两人心中无法消融的坚冰。冻住了往昔的温暖，也冻住了彼此的情感。无论刘良斌此时说什么，在刘小飞眼里都是做戏。

刘良斌说没有家，刘小飞说你曾经有一个美好的家，可是你自己不知道珍惜，家是被你自己弄没的；刘良斌说儿子没了，刘小飞说你当我是儿子吗？他是看我有一栋房子。

清官难断家务事，原本是一家人自己的矛盾，却因为一套房子，闹出了父子法庭对峙的一幕。其实到最后，双方争的，已经不是这套房子了，而是看对方是否愿意为造成今天的这种结果表现出道歉的态度！可在这场官司里，注定没有赢家！不管官司赢不赢，失去的，已经太多太多！其实亲父子二人，都该各退一步！毕竟血浓于水，无论怎么样，这亲情，是无法割舍的！为了利益，不断地用最恶意的心理去揣测对方，想必在谁的心里，也不好过！

婚姻，千万不能儿戏，否则，遭罪的不光是你们两个人，注定是两大家子人！

阴差阳错的团圆梦

一个为寻找儿子浪迹天涯的母亲；
一个想尽一切办法回家的游子。
是什么让他们在命运的轨迹上一再错过？
30 年后，又是什么让他们突然相逢？

坚定的寻子路

2015 年年初的一天，家住吉林省图们市的吴淑荣、权广金老两口，接到了当地派出所打来的一个电话。这个电话，可以说，让他们期盼已久，却也意想不到。电话里，户籍民警掩饰不住话语里的兴奋，他告诉老两口：你们要找的那个人，樊海东，找到啦！

吴淑荣当时就感觉心都要跳出来似的。

吴淑荣时年 66 岁，不夸张地说，她这半辈子的时间，都在寻找这个叫“樊海东”的人。找了 30 多年的人，突然说找到了，那会是什么心情？吴淑荣有点儿慌，有点儿六神无主。消息来得这么突然，真的会是她找的那个“樊海东”吗？多亏老伴儿权广金提醒：咱们赶紧上派出所核实一下！

老两口熟门熟路，来到图们市公安局，找到户籍民警。民警当着他们的面儿，在户籍网上输入“樊海东”“1975 年”这几个关键性的信息，果然，在查到贵州省的时候，一条新录入的个人信息出现了。那上面还有一张中年男人的照片。

权广金一看，觉得他和自己的老伴儿真像。再仔细一看，更像，当时心里想肯定是了。没错，吴淑荣找的这个“樊海东”，就是她儿子，但是，这儿子却不是和权广金生的。原来，这老两口是半路夫妻，要不是吴淑荣找儿子，两个人还真不一定走不到一块儿。

权广金和吴淑荣第一次见面，是在 16 年前。当时的吴淑荣，是个孤苦无依、四处漂泊的苦命女人。她给权广金的第一感觉就是：确实可怜。

吴淑荣自称，她从黑龙江一路流浪来到吉林，为的是到南方去寻找失散多年的儿子。然而走到吉林省汪清的时候，再也难以坚持，多亏一位好心人救了她。这位好心人——田淑珍，后来成了吴淑荣和权广金的媒人。

田淑珍回忆当时看到吴淑荣的情形，觉得她像是来逃难的。因为当时的吴淑荣，面黄肌瘦、破衣烂衫，体重不到 70 斤，任谁一看，都是一个流浪的乞丐。然而，跟一般流浪者不同的是，吴淑荣不是漫无目的地游走，她有一个坚定的方向——贵州！

原来吴淑荣早年在贵州有一双儿女，小儿子不幸失散了，她要去贵州，把儿子找回来。因为没有路费，吴淑容只好流浪，边打工边寻找，一转眼，都找了 15 年了。她走城市、过农村，甚至还要过饭。

从黑龙江到贵州，从我国的东北到西南，这是个什么样的距离？看看中国地图就能明白了。这么远的路途，靠走、靠流浪，而且还要穿城市、过乡村，挨个村子那么找，照这个速度，猴年马月也不一定能到贵州。再说，她找的方式也不对。不去公安局和政府部门登记、查找，也不依靠媒体扩散，就靠一张嘴到处去问，这根本就是给自己找罪受。茫茫人海，十几亿人口，要真能打听到，简直就是奇迹。可是，吴淑荣却固执地坚持着这种自虐式的寻找方式，在等待着奇迹的发生，她相信总有一天她能够找到自己的儿子。

也许，多年的寻找，已经把吴淑荣变得有些偏执了。但不管怎么说，一个母亲为了找孩子，那种不顾一切、永不放弃的劲头儿，还是很让人动容的。

有人为之动容，也有人为之动心，动心的正是吴淑荣现在的老伴儿——权广金。

权广金说自己小的时候也是3岁没有母亲，7岁就没有父亲，跟她有类似的经历，所以她的心情他完全可以体会。

当田淑珍把吴淑荣介绍给权广金的时候，他身边不是没人反对。在一些人看来，吴淑荣这个女人太神秘，身上充满了未知。一个东北口音、来自黑龙江的女人，怎么在贵州有孩子？而吴淑荣对过去的经历和丢孩子的经过，又不愿多说，那这一切，是真事儿还是编的故事，别人不得不琢磨琢磨。不过，权广金有自己的看法：他相信，吴淑荣思念儿子的那个痛，假不了！不说，不代表有意隐瞒，也有可能是有苦难言。

权广金说吴淑荣以前每年过年的时候都哭，而且一哭就是三四天，这自然是想自己的儿女了！

权广金对吴淑荣说："妹子，别往南走了，留下吧。从今往后，我跟你一块儿找！"

权广金这话可绝不是说说而已。婚后，他带着吴淑荣通过查找户口档案的方式，继续寻找樊海东。图们市公安局成了他们最熟悉的地方，老两口每年都要去，每个月都要去，从不间断。

图们市公安局户政管理大队教导员尹相振说，权广金和吴淑荣来了，就算是不说话，也知道他们要干什么，因为他们两个人满脑子就是孩子的事。

渐渐地，公安局管户籍的民警和他们也成了熟人。吴淑荣儿子的情况，民警都能背下来了：樊海东，1975年生人，于9岁时走失。

老两口每次到公安局，民警都会当着他们的面儿，打开全国户籍网，输入樊海东的名字进行查找。但是民警们只能根据他所说的姓名开始，而且姓名还有很多同名不同字的，所以搜索起来也都要考虑到。

查户籍档案这方法，的确比吴淑荣到处去问要科学多了。叫"樊海东"的人，全国一共有300多个，他们分布在不同的省份。然而，查来查去，这么多个"樊海东"当中，能和吴淑荣儿子对上的，却一个都没有。

后来，户籍民警索性把“樊海东”的名字，贴在自己的台案上，没事儿就帮着查查，老两口来了当着面儿继续查。16年的时间，前后换了三任户籍民警，但是无论怎么换，帮吴淑荣寻找儿子这件事，他们一定会坚持。

尹相振民警说：从我们前任大队领导就开始一直坚持寻找，之后他临走的时候就把这个事又交代给我了。

其实谁都知道，户籍网上的信息是没那么容易变动的，除非是新生或死亡，否则，这300多个“樊海东”，不会凭空多出一个人来，也不会有谁无缘无故的消失不见。尽管知道，老两口还是隔三差五来问，民警也还是三天两头地去查、去找。凭借着一丝微茫的希望，他们都期待着一个奇迹的出现。

至少在尹相振民警的眼里，不想看到他们绝望的样子。而吴淑荣也从来没有绝望，她感觉她的这个孩子还活在这个世上，她总有一天能见到她的这个孩子，她就是有这个决心。

说到奇迹，这奇迹还真就在不经意间突然降临了。

这天，图们市公安局的户籍民警，又在网上习惯性的查找“樊海东”，在查到贵州省的时候，一个陌生的信息突然跳了出来，民警当时就是一惊。

16年的查找，让民警对全国300多个“樊海东”的信息，已经了如指掌了。他清楚地记得，以前贵州省只有一个与“樊海东”同音同字的名字，还是一个小孩子，现在怎么突然多出了一个？再看档案里的照片，那是一张饱经沧桑的中年男人的脸。他，会是吴淑荣的儿子吗？

波折的回家路

户籍网上突然凭空多了一个“樊海东”！看这个人的年龄、籍贯和亲人姓名，写的跟吴淑荣的儿子是丝毫不差！档案照片上，是一个中年男人，跟吴淑荣长得还挺像！不过，毕竟吴淑荣的儿子丢的时候才9岁，长相早就变了，光看照片还确定不了。民警建议吴淑荣赶紧和贵州警方取得联系。

电话打到贵州省清镇市巢凤派出所，对方不假思索地回答：“没错，是有这么个人！”那边还说，能马上找到“樊海东”，让他和吴淑荣通电话！

幸福来得太突然了！能这么快就把人找来吗？贵州警方对这个“樊海东”

未免也太熟悉了。这个念头在吴淑荣心里一闪而过，还没来得及细想，听筒里就传来了一个带着东北口音的男人声音，第一句话就喊：妈！

突如其来的一声“妈”！把吴淑荣的心喊乱了。原本还想盘问两句，这会儿早都忘到九霄云外了。她下意识的叫了声“儿子”，眼泪就下来了。其实，要说听声音，30 多年了，人早就变声了，哪能听得出来？只能说，这是一种直觉。既然都相认了，光打电话肯定不够，吴淑荣迫不及待地想要和儿子见一面。

第一次通话后不久，在吉林警方和贵州警方的热心帮助下，吴淑荣终于可以在网上和儿子视频通话了。

这相见，让人不禁感慨。娘儿俩仿佛近在咫尺，却又远在天边，他们隔着屏幕，也隔着 30 多年的漫长时间。这段难以逾越的距离，究竟隐藏了多少故事呢？在母子俩简单的对话中，有两句让人印象深刻。

吴淑荣说：“儿子，妈对不起你啊。”

樊海东说：“妈，这事儿与你无关，都是我爸的事儿，别哭了妈。”

吴淑荣的一句对不起，终于揭开了一段尘封已久的往事。吴淑荣本是辽宁沈阳人，21 岁那年，为了响应国家号召，志愿支持三线建设，和丈夫一起去了贵州省清镇市。在贵州，吴淑荣生下了一双儿女。就在樊海东 6 岁那年，吴淑荣和丈夫因为感情不和，最终分道扬镳，法院将两个孩子的抚养权判给了丈夫。因为一时负气，吴淑荣抛下两个孩子，给丈夫留了一封信，就只身回到了沈阳。

吴淑荣回到东北，就去了黑龙江打工。她一心想着要闯出个名堂，衣锦还乡时再把自己的两个孩子要回来。可这一天还没到来，丈夫就打了电报说，把孩子给她送来了，不过，只送回了大女儿。

可是，一个人坐火车过来的女儿，带来了一个坏消息。

女儿跟吴淑珍说，小弟丢了，是她爸给扔了，扔在北京故宫。

自己的亲生骨肉，就算不想养了，你把他们一块儿送来也行。这当爹的倒好，竟然扔了一个，仿佛在跟妻子叫板：既然你不管孩子自己跑了，我也能做得更绝！这是多混账的爹！他的这个狠招，的确是击垮了吴淑荣，让吴淑荣陷入了无尽的自责中。

就这样，吴淑荣放下一切，带着愧疚和自责，开始了寻子的漫漫长路。之所以把目的地定在“贵州”，是因为她相信，不管在哪里走丢，9 岁的儿子一定会想尽办法回家的。

吴淑荣没料到的是，等儿子回家，竟然花了她 30 多年的时间。那么这些年，儿子到底去哪儿了，又经历了些什么？一提到这个话题，儿子樊海东的脸上掠过了一丝阴霾。一幕幕不忍提起、却又难以忘记的往事，一下子涌上了他的心头。

那年，樊海东 9 岁，和父亲、姐姐一块儿去北京故宫游玩。年幼的他怎么也想不到，这次让他兴奋不已的旅行，竟成了永生难忘的噩梦。到了故宫，父亲说要带着姐姐去买一些东西，让樊海东在故宫门口等着。谁会想到，10 分钟过去了，1 个小时过去了，眼看着天都黑了，父亲和姐姐却再也没有回来。

樊海东就这样丢了，或者说，是被遗弃了。幸运的是，他很快被送到了遣送站。但不幸的是，在遣送站却出了问题。

9 岁的樊海东对自己来自哪里一清二楚，他说自己是贵州人，嚷嚷着要回贵州。可因为父母都是东北人，樊海东操着一口纯正的东北话，这让遣送站的工作人员误以为他在说谎，直接把他送回了东北，最后辗转进了黑龙江一所福利院。

南辕北辙的遣送，让樊海东离家更远了。9 岁的他，根本没有能力独自返回贵州，只能把回家的念头，默默地装在心里。其实回过头看，那时候，母亲吴淑荣就在黑龙江，母子俩近在咫尺，却彼此不知，只能说造化弄人！然而，从福利院这个节点开始，樊海东的人生轨迹就渐渐偏离了轨道，虽然他一直想回家，但实际上，他与家却渐行渐远。

在福利院生活了 4 年后，樊海东被一对夫妇收养，谁料仅仅两年之后，养父母便双双因病去世。樊海东彻底成了没人管的孩子，一个人在社会上飘荡，靠着在工地打工养活自己。17 岁那年，他看到工地有人偷钢筋，便也动起了歪脑筋，结果因为盗窃被捕，教养一年。劳教结束后，他回到工地，没多久又再次闯了祸——在酒桌上与人起了冲突，砍了人，最终因为伤害罪被判入狱 17 年。

那些刀里来棒里去的记忆，那些在罪恶深渊越陷越深的过往，母亲不忍听下去了，儿子又何尝想说？回想在铁窗里的日子，除了悔罪，樊海东最强烈的感觉，就是想家。

樊海东在狱中表现很好，三次减刑，终于在2008年刑满释放。

刑满出狱时，樊海东已经33岁了。重获自由的他，想尽一切办法回到了贵州。然而，令人遗憾的是，都到家门口了，他竟再次行差踏错，又掉沟里了！

回到贵州的樊海东，本想通过电视台寻亲，不料却碰上了骗子，被骗走了1000块钱。身无分文的他，在火车站又遇到了一个人，而且又不是好人！

这个人是偷盗光纤电缆的惯犯，樊海东因为参与了盗窃，再次被警方逮捕，被判3年有期徒刑。

20多年的时间，监狱里三进三出。怪不得谁也找不到樊海东，原来都在监狱里面关着。这惨痛的教训，只证明了一点：想回家，靠歪门邪道实现不了！当然，回到贵州，樊海东还是有收获的——他终于在看守所见到了自己的父亲。

终于母子团圆

樊海东在贵州因偷盗光纤电缆再次被捕。在案件侦破过程中，警方联系到了樊海东的生父。这是自北京故宫一别后，父子俩20多年来的第一次相见。

然而在看守所，樊海东还没来得及开口，便听到父亲对他说：你不是我的儿子！樊海东听到这句话的时候什么都说不出来了。

你不是我儿子！一瞬间，樊海东仿佛又回到了多年前的那个晚上、在北京故宫门口等不来亲人的那一刻。他又一次被父亲无情地抛弃了。只不过，当年父亲还编了个谎话，如今则是当面断了他的念想。想想也是，老爷子早就有了新家庭，当初就不要的儿子，如今变成犯罪分子回来了，他更不会认了！这件事情过后，樊海东反倒看开了，放下了，他不再奢望回家了，而是突然想要好好地为自己活一回。

3年刑满释放，樊海东在贵州警方的帮助下，获得了一份正经工作——在贵州省清镇市阳光家园当保安。樊海东很珍惜这次机会，他勤勤恳恳，任劳任怨，表现突出，成了公司的优秀员工，也终于落上了户口。

要不是洗心革面，樊海东就落不上户口，母亲也就找不到儿子。要说，生活真是最好的编剧，不经意间蕴含着因果。如今，母子相认，愿望成真，跟这个相比，那些不堪回首的往事，似乎都不重要了。

吴淑荣说："儿子，你想吃啥？"

樊海东："妈，我想吃你做的切面。"

母子两人已经开始讨论见面的事儿了。是啊，都 31 年了，不能再等了！

樊海东以最快的速度订好机票、上了飞机。偏偏在这时候，又出了个小插曲！

因为下大雪，飞机又返回沈阳了。

这也许是老天爷跟这母子俩开的最后一个小玩笑。这次返航，不过就是把见面时间推迟了点儿，母子团圆已是近在眼前！

第二天，飞机正常起飞，樊海东抵达延吉机场后，立刻踏上了去往图们的大客车。吴淑荣也早早地来到客运站。等了 31 年，找了 31 年，这一次，他们不会再错过了。

母子相见的时候，两个人都哭成了泪人儿。

这一刻，任何的语言都是多余的。这拥抱、这泪水，还有母亲给儿子带上帽子、围脖这小小的动作，足以说明一切！许久，吴淑荣对樊海东说：儿子啊，咱们回家！

这是一顿特别的团圆饭，权广金的女儿也赶了回来，一家人其乐融融。而樊海东，也终于吃上了妈妈亲手做的面条。

樊海东说，当初看到别人吃面，就能想到小时候母亲做的那碗面。而此时吃到的面，还是当初的那个味儿！

"还是那个味儿"，自然是妈妈的味道，家的味道，爱的味道！

据邻居说，以前一到年或是节，老太太吴淑荣的心情就很不好，总是哭，掉眼泪。如今找到了儿子，今年过年就没哭，从来没这么开心过。

对于吴淑荣来说，儿子回来了，家更像家了；对于樊海东来说，在这个家里，他多了一个爸爸。

团圆、美满，这故事的结尾，大家都喜欢！回头想想，这其实是一个关于“信念”的故事。30年的分离，几经波折，母亲、儿子、老伴儿，甚至警察，没有一个人放弃过寻找的信念。但凡有一方中途放弃，最终也就促成不了这样的结果。不放弃，才能见证奇迹！另外，我们都该好好品一品樊海东的经历，从中感悟出一点儿做人的道理。

很简单，就一句话：还是要做好人，走正路，生活总会给你意外的惊喜。

疯狂的骨头

清秀少年怪病缠身：
肌肤之下，骨骼狰狞交错、疯狂生长。
多余的骨头从何而来？
又将怎样改变他的人生？

怪病缠身

他叫龙兰轩，是一个家住湖北省武汉市的15岁少年。他模样清秀，气质文雅，与其他同龄人好像没什么两样。然而，在小轩15岁的人生中，却一直有个噩梦如影随形。这噩梦，就藏在他的衣服下面。

小轩的身体，在单薄的皮肉下面，是一块一块坚硬的突起，大大小小、杂乱无章、纵横交错。假如世上真有造物主，那这一定是造物主在癫狂状态下的产物。这些七扭八歪的突起，从外表真是看不出来是什么。可是经过专门的X光和CT检查，其结果却令人惊讶。

据湖北省妇幼保健院医学影像科的欧阳伟医生介绍，小轩的骨骼发育很不正常，很明显，脊柱变形，肩胛骨后面也有一块一块多出来的骨头。

小轩的母亲一时不能理解，认为不可能会是骨头，孩子已经长这么大了，骨头的形状也不是这样的，就算是骨头，怎么会是多余的？又怎么会那么多呢？

科学告诉我们，正常成年人全身的骨头是206块。小孩儿由于骨头没有完全发育完整，骨块会稍多一些。但不管大人、小孩，骨头的生长规律是一定的。好好的一个人，不可能凭空长出这么多块多余的骨头。而且，这些骨头都像疯了一样，没有规律、没有节制的生长，它们的数量逐渐增多，位置和形状也是千奇百怪。因为这些骨头，小轩根本没法像正常人那样生活。一个简单的动作，对他来讲，都可能意味着百倍的痛苦。比如他睡觉的时候不能躺着睡，只能卧着，也就是趴着睡。这么多年来，小轩从没享受过躺着睡觉的那种舒服，因为背上不断突出来的那些骨头，硌得他太疼了，有时还会磨破皮肉。又比如他根本无法自己穿衣服，这些都要靠妈妈来帮他完成。

孩子真够可怜的！15岁，本该是活泼好动、尽情挥洒青春的年纪，小轩却腰不能弯、手不能抬。这到底是什么可怕的怪病？

同济医院、协和医院，是武汉比较有名的两家医院，小轩的爸爸几年前带小轩去看过。首先带他到协和医院去看，协和医院挂的是骨科专家号，可是把化验结果交给专家看，却看不出来是什么病。于是父子俩又到同济医院去看，这次挂的是一个副教授专家号，同样，看过后也不知道这是什么病。

不怕疑难杂症，就怕这病连名字都叫不出来。因为你没法预测，接下来它会怎么发展，又会带来什么可怕的结果。那小轩这病，最开始究竟是怎么得上的？

小轩的父母说，这多余的骨头，从小轩出生不久之后就已经有了。那时候，还只有一小块儿，是长在头上的，很不起眼。

小轩的父亲说：他没满月的时候，我们就发现后脑的后面出现一个小包。就跑到军区医院去看，他说新生儿头上有个小包、肿块之类的，太正常了，一般的做法就是，先观察。等孩子大一点儿了，有的自然就会消退。

可是小轩的这些小包却不见消，甚至还肿了起来。

到小轩3岁的时候，他脖子和背上的包，已经到了不容忽视的地步，看着都吓人了。不用说，这绝对不是一般的疾病，不治是不行了。于是，父母带着3岁大的小轩，来到湖北省妇幼保健医院求医，医院外科的杨主任对当时的情况还记忆犹新：当时来的时候，小孩是一个很可爱的男孩，最近的表现是背部出现一个包块，然后医生们以为是一个皮下组织的感染，就用了一个星期的抗生素。既然是个感染，打针就可以给压下去。但是小孩的这个包块不仅没消，还慢慢地从头颈部向下发展。

从3岁起，小轩身上的包，就开始不受控制的大爆发。更糟的是，这些奇怪的大包一开始不疼不痒，还好一些，然而长到后背的时候，孩子可就遭罪了。特别是睡觉的时候一碰这些包就疼得直哭。

为了弄清楚这是个什么病症，进行了穿刺手术。小孩儿还小，手术中的各种挣扎，看在母亲的眼里，更是百般难受。

孩子各种罪都受了一遍，很遗憾，那些常规的检查方法都没能查明病因。最终，由在小儿外科从医多年经验的杨主任决定，直接从那些奇怪的大包上取样，看看是否能明确病因。

于是医生们就在小孩子病变的地方取了一大块组织，连同皮肤，做病理检查。

一般来说，如果病人身上长了瘤，手术的时候都会做切片检查，在显微镜下一看，就能看出这个瘤子是良性还是恶性。因为在医学书籍上，各种病症组织切片在显微镜下的图像，都是有一个标本的，基本上一对照，就能知道这是什么东西，就能判断出这是什么病。小轩的手术很顺利，这切片是取下来了，可是检查的情况却并不明朗。

当时湖北省妇幼保健院拿不准，只认为是一个结缔组织的疾病，后来他们就把这块组织送到了外单位，甚至有些标本送到了国外，希望联合进行病理会诊。

对小轩的病理切片，专家们有各种各样的推测，但是没一个能说得准。甚至可以说，连教科书上都没有可参考的先例。这怪病也太罕见了！难道就没有人能给小轩一家一个明确的答案吗？

少年的阴影

没有诊断何谈治疗，这让小轩的父母陷入了无尽的迷茫和痛苦之中。而且医生说如果非要说一个发病率，那么几百万个、几千万个中，可能就这么一个。

小轩的母亲一直都搞不明白，小孩子怎么会得这个病？有人说是遗传，或者家族病，可是小轩的父母又不是近亲结婚，家族里也没有人得过这种病。小轩的父亲更是有力不知用到哪里去。就算是换肾或者换其他的器官，还可以换，至少可以知道怎么治，可是现在什么病症都不知道，这个情况给他们造成了比较大的压力。

看着自己的孩子被病痛折磨，当父母哪有不心疼的？对小轩的父母来说，这种感觉就更复杂了。因为找不到病因，你就只能眼睁睁看着，挺着，任由怪病一步步发展，不知道它会发展成什么样，也不知道最坏的结果是什么，一切都是未知。其实医生也时常很郁闷，就拿儿科专家杨主任来说，从医几十年，在湖北省也是小有名气的专家，可小轩这病，他竟然没见过？

杨主任一直关注着小轩病情的发展。一晃 10 多年过去了，这怪病并没有减缓的趋势，相反，小轩身上奇怪的骨头却越来越多，已经严重影响到了他的基本生活。小轩的左腿估计要比右腿短个七八公分，所以身子就向一边歪着。

由于多余骨头的挤压，导致小轩的脊柱严重变形，他已经不能像正常人一样坐立行走。而最近的一次检查，杨主任又发现了一个更棘手的新情况。

小轩身上又新长出了两块骨头。这两块骨头要命了，它们的位置在腋下，将肩部以下、手肘以上的部分与身体连接到一起了。医生说，就像根钢筋一样，直接把上臂和躯干焊在一块儿了！这么一来，小轩的上臂就再也张不开了。其实小轩 3 岁多之后，手就没有碰过脑袋，他每次头上一痒的话就要靠在墙上蹭。

真是不忍想象，小轩自己在家时那无助的景象。可是一个更急迫的问题，已经摆在了面前，如果这怪病继续发展下去，是不是还会影响到其他部位的活动，那最后，小轩岂不是要变成一个一动也不能动的“木头人”？

虽然小轩现在尽力控制着严重歪斜的身体，努力踮着脚自己走路，但其实，离开父母，他自己哪儿也去不了。

因为他走路的时候会经常摔跤，而摔倒之后，又因为不能像正常人那样用手撑地，所以小轩每次摔倒都是头直接着地，有次甚至还缝过几十针，而且鼻梁还摔碎了好多回。

小轩今年 15 岁，按说应该是读初三的年纪，可现在，他只能每天趴在阳台上，看着同龄的孩子上学放学。

身体的变化越来越大，小轩的心里也在潜移默化地发生着变化，完全不像一个 15 岁的孩子。

他现在基本上不跟别人玩儿，因为他自己心里肯定会有点想法。每次跟别人玩儿，别人好像把小轩当怪物；包括父母带他去玩儿的时候，别人看到也是用很奇怪的眼神看他。那种眼神连父母看着也不舒服，更何况是小轩自己。

现在的小轩显得很沉默。或许是多年患病的经历，让他对自己的怪病，似乎已经习以为常了。然而，在这份沉默的背后，在小轩的内心深处，却仿佛涌动着一些旁人所触碰不到的东西。只在极少数的情况下，小轩才会展露出一个少年所特有的敏感和脆弱。

除了旁人异样的目光，小轩还不得不面对未来、生死这些残酷的现实。他的担心又何尝不是父母的担心？然而病因不明，很多问题真的回答不了。父母也只能尽己所能，为小轩的未来多做筹划，于是，他们做了一个重大的决定。为了小轩将来有人照顾，父母给小轩生下了一个妹妹，今年，小妹已经 7 岁了。

而且这个小妹妹从小就知道，要如何照顾哥哥的日常生活，这样的对话，每天都会重复很多遍。那是因为，父母对小轩的未来忧心忡忡、无法释怀。那些奇怪的骨头究竟会把小轩变成什么样子？他未来只能像“木头人”那样，被人伺候着度过余生了吗？就在小轩一家已经对治病失去了信心和希望的时候，关注小轩病情多年的湖北省妇幼保健院的杨主任，突然打来了电话。他说，小轩的病，有诊断结果了。

意外的转机

湖北省妇幼保健院主任医师杨星海说，他们找了一个同济医学院的病理学教授，是在全国都很有权威的病理科教授，又找了一个从国外回来的病理学专家，三个人进行联合会诊，最后得出的结论，小轩的病，是肌成纤维瘤病。

具体来说，正常人长骨头是长在正常骨头上边，小轩的组织因为钙质沉着，沉着在一个肌肉和软组织上边，就形成一个骨块，这个骨块不是正常的骨头，所以说这是一个骨发性的肌炎，正常的肌肉和皮下组织完全骨头化，变得骨骼化了。而且骨骼化以后，变得坚硬无比，就像一根钢筋一样，把小轩整个关节都冻结起来了，因此导致了孩子无法正常行动。换句话说，小轩的肌肉，在不断地变成骨头。

医生们查阅了相关的文献和资料，得知小轩的病在全世界仅有 700 例左右，而且对治疗这种疾病，或碰到这样病例的人，目前还没有一种很好的办法来预防和治疗。这让小轩和父母刚刚燃起的希望，再次破灭。

但这还不是最坏的消息，杨星海主任对这个病的发展做了进一步的研究，结果更是不容乐观。因为这个疾病的发展是从头，顺着颈部向下发展，然后由中间向两边发展，接着肩关节冻结，髋关节冻结，膝关节冻结，最后像一个“木头人”一样站着——小轩的结局真的会变成这样吗？

这个病，对患病的人来说，真是太残忍了！按照杨主任的描述，随着时间一天天流逝，小轩的软组织和肌肉会从上至下逐渐骨化，直到整个身体完全不能动，成为一个被骨头“囚禁”的人。再往下发展，就将是“全身衰竭”！那也就意味着，生命的终止。如果说，没确诊病情那会儿，小轩的父母还仅仅是失望；那如今，当听说这个病不但治不好，反而还会危及生命，他们的心都碎了。一想到从今往后，儿子的病会越来越重，生活会越来越艰难，直至生命结束，那样的景象，他们不敢想，也不忍心去想。

小轩的父亲在外边会经常遇到乞讨的，特别是残疾人乞讨，他不管他们是骗子还是真的，总会给点钱，因为他总是想起自己的儿子。

为人父者的心情我们可以理解，但凡能救自己的儿子、保护他不受伤害不受病痛折磨，当爸爸的什么都会去做。可偏偏这病，是他无能为力，无计可施的。难道真要眼睁睁看着孩子，走到医生所描述的那一步吗？就没有一点点改变状况的办法吗？还别说，在一连串可怕的坏消息之后，杨主任再次打来了电话，这回，他想叫小轩再去复查一下，因为有个手术方案有些成功的机会。

但是小轩觉得去了很多次都治不好，就不去了吧。但是他爸爸说只要我们有一点点希望，我们就要把他抓住，所以第二天还是带着小轩来到了医院。

虽然小轩的病，在目前的医学领域还没有治疗的办法，但是多年来，杨星海主任却始终没有放弃对这个病的研究。在对小轩的病情认真分析后，他大胆地提出了一个改善状况的手术方案。

虽然杨主任的方案不能从根本上治愈这个怪病，但是通过手术，可以切掉对活动造成障碍的多余骨头，然后对脊椎进行矫正，恢复小轩的生活自理能力。这个思路不错，至少可以提高生活质量。这让小轩的妈妈非常高兴，但同时，她也有点儿担心，主要就是经济条件是不是允许。

杨主任估算了一下，矫正脊柱，再加上取出多余的骨头，总的花费需要20多万元。这对于小轩一家来说，无疑是个天文数字。然而，当着小轩的面，父母把忧虑悄悄藏在了心里，只把美好的希望留给小轩。

可以做想做的事情，可以读书……父亲描绘给小轩的未来，让小轩又重新燃起了希望，他开始积极地面对生活。

其实小轩的父亲已经做了不好的打算，这个病如果治不好，他也肯定不会放弃，还是要找到各种方法看看，怎么能把孩子治好一点。

小轩也觉得爸爸妈妈为自己到处奔波挺不容易，所以他想把这个病治好，然后可以帮爸爸妈妈做一些事，来报答他们。

即使在最绝望的时刻，也不放弃希望，这是小轩一家人的信念。如今，杨主任正在为小轩制订手术方案。而小轩也怀抱着希望，准备勇敢地迈向明天。

小轩的父母对小轩说：你跟别人不一样，可是你不应该感到自卑，总之你该怎么过还是要怎么过。

这一幕，让人又多了几分感慨。因为身体的原因，小轩从小到大所经历的病痛、折磨，比其他孩子要多得多；可以预见，他的未来，也注定要面对更多的坎坷与未知。不管过去经历了什么，前路又是怎样的曲折，他所需要的，或许正是这样——努力地走好当下的每一步。而旁人能够做的，便是送上包容、支持与祝福。

如果未来的某一天，你在街上看到这样一个少年，尽管他身形扭曲，但仍然努力平衡着身体，靠自己的双腿奋力前行，请一定记得，给他一个鼓励的眼神和善意的微笑。

这个女人不寻常

是什么样的妈妈，逼着年幼的女儿说出这样的狠话？
是什么样的妻子，让丈夫恨得咬牙切齿！
警察面前大动干戈，原来还是她惹的祸。
能请神不能送神，她到底是个什么样的女人？

郁闷的丈夫

说起女人，有各种赞美，比如知书达理、温柔贤惠、巾帼不让须眉等。当然了，也有另类，古语就有这么一句话：最毒莫过妇人心。这次要说的，就是个不同寻常的女人。

在广东东莞，有一个使劲儿拍门喊妈妈的小女孩，她叫甜甜（化名），今年 11 岁。孩子手里拿有一个牌子，上面写着一句让人触目惊心的话："妈妈，你不要我了吗？"而孩子嘴里说出的话让人听了更是心寒：我一辈子都不见你了！我以后也不认你这个妈妈了！

其实这会儿，女孩儿的亲生母亲章蝶就在屋里。可她死活也不开门。甜甜为什么苦苦哀求要见母亲一面？当妈的又为什么不愿意见自己的女儿？究竟发生了什么事？这件事情，还得从一个男人的遭遇说起。他叫余柏初，就是甜甜的爸爸。此刻，余柏初比女儿的情绪还激动。用他自己的话说，我这辈子真是倒了霉了，怎么摊上这么个败家媳妇？

说起来，余柏初和妻子章蝶都是江西九江人，结婚第二年就生下了女儿甜甜。后来，章蝶负责在家照顾女儿，余柏初去了广东东莞，做钻头加工生意。

那时候余柏初身上只有一两万块钱的本钱，每天从早上6点钟起来，一直工作到凌晨左右，非常辛苦。

辛苦就辛苦点，毕竟自己是男人，一切都是为了老婆孩子过得更好一些。很快，老余就积攒下几百万的资产。老公挣钱了，媳妇似乎也有点闲不住了。有一天，章蝶就和余柏初说，老公，我在长沙看好个项目，给我投点钱吧。余柏初也没含糊，一下子就拿过去110多万元。结果合伙人违约了，章蝶说，对方赔偿了30多万元。这样也挺好，本没赔进去，还多出了30万元。这之后，章蝶在家也待不住了，去了东莞的一个旅游用品公司。她又和老余说，咱们把这笔资金放我公司里吧，可以收利息。

既然公司效益好，那投资后的收益肯定比把钱存到银行划算。所以，余柏初不但同意了，额外又汇给妻子20万元，买了公司20万元的原始股。还不光他自己，在他的鼓动下，四哥也给章蝶汇了20万元。

余柏初的朋友说，他的这个四哥，是一个在他们镇上杀猪卖肉的，赚的都是辛苦钱。这些攒起来的钱，听说是拿去放息就投资了。

毕竟都是家里人，有钱大家赚。再说了，那是自己亲媳妇，保险。没多久，妻子章蝶又找他商量，老公，我有一个好朋友，叫李学志，我们一起看好一个投资项目，在东莞石牌镇投资个酒店。我们已经商量好了，各自投资150万元，你看可以不可以？

媳妇还说，大概两年就可以回本。余柏初打算赌一把。

舍不出孩子套不着狼。更何况，这是媳妇的事儿，全力支持。就这样，余柏初前后加起来，一共给了妻子220万元。酒店如期开张了，但几年过去了，钱不断往里投，却始终看不着效益。老余倒是没太在乎，可亲友们开始担心了。这事儿到底靠不靠谱？

余柏初的侄女说：投资投了那么多，总应该有点回报。但是只看到他们一个劲儿地打钱进去，一直没有回报，也没看到她（指章蝶）给过家里钱。

这老余，一直在东莞打理自己的钻头加工厂，而妻子章蝶也住在东莞。虽然离得不算远，但夫妻俩各忙各的，一年也见不上几次面。即便见了面，每次都是来也匆匆，去也匆匆。

据老余自己说，他们只是两三个月才见一次面、吃一下饭，而吃完饭之后，各自马上就走。

正所谓，当局者迷，旁观者清，投了那么多钱，始终没见效益，俩人又很少见面，老余没多想，但朋友们有点绷不住了，都对他说，老余，你要小心哪！

这样的话说多了，老余慢慢也觉得这是个问题了。当然了，他这会儿并没有怀疑媳妇。他想的是自己的四哥。四哥就是个杀猪的，挣点儿钱不容易，一下子扔进去 20 万元还没给过回报。于是，他就和妻子章蝶说，把咱哥那 20 万元先还给他吧。可章蝶却说资金紧张，一时拿不出钱来。20 万元都拿不出来？钱都哪去了？到这时，原本一直相信妻子的余柏初不得不起了疑心。这回他留了个心眼儿，偷偷给章蝶公司的老板娘打了个电话，想问问清楚！没想到，这一问，却问出了一个惊天的秘密。那个老板娘说，之前长沙的那个项目，她的赔偿得到了 68 万元。

对方违约赔偿了 68 万元，章蝶当时却说赔偿了 30 多万元。这是怎么回事？钱多少倒没什么，关键是，妻子为什么要说谎？老余像挨了一记闷棍，但是还没等缓过来，又一闷棍打过来。人家说，无论是旅游用品公司还是后来的酒店，投资方都没有你媳妇的名字。

两个意想不到的消息，如同两记闷棍，把老余打的直晕。没等他站稳，第三记闷棍又接踵而至，这次，他伤得更狠。老板娘说，章蝶不仅和一个叫李小刚的男人公开出双入对，两人的孩子都两岁了。

如果真像对方说的这样，那老余可确实够傻的。可他怎么会相信，女儿甜甜的亲妈，自己的结发妻子，会做出这种事？但要说一点儿不信，人家说的有鼻子有眼儿，不像是造谣。要想弄清楚，只能问自己媳妇。老余便去广州东莞找，可是却怎么也找不着妻子章蝶的住处。他突然想起来，女儿暑假时和妈妈待过几天。

那甜甜又是怎么说的呢？她说，那个暑假，妈妈确实带她在东莞的家里住了几天。而且，家里还有个小妹妹。那个小妹妹管自己的妈妈也叫妈妈。对了，当时妈妈还特意嘱咐她，千万别告诉爸爸。

甜甜照顾了那个小妹妹一个下午。章蝶还骗她说这是别人的孩子，她是在帮别人带宝宝。

其实，刚才说的这些，都是以前的事了，或者说，是被忽视和淡忘的事。但这会儿，想回避都难了。不妨简单理一理，赔偿款的事说谎，公司和酒店的投资方里根本就没有她的名字，和另外一个男人出双入对，还冒出个管妻子叫妈的孩子，等等。老余想不弄明白都不行了。很快，根据女儿的描述，余柏初终于找到了章蝶在东莞的住所。进屋的时候，只有一个小女孩和一个自称是孩子奶奶的老太太在家。老余问，这孩子的妈妈是不是叫章蝶？老太太回答，对呀，你怎么知道的？听完这话，老余当时就急了。

看来，那些所谓的传闻都是事实。老余此时脸红脖子粗，恨不得撞墙。小女孩的奶奶一看情况不太对劲儿，赶紧打电话叫儿子。不一会儿，一个男人出现了，他就是屋里那个小女孩的爸爸——李小刚。

两个人话不投机，扭打在一起，最后干脆闹到了派出所。老余委屈，警察同志，我来找我老婆，他反倒打我。做贼的怎么还这么横？结果警察说了一句话，老余当时就傻了。

警察说，他们两个有结婚证。

可是老余也有结婚证，这怎么回事。一问才知道，原来章蝶早就和李小刚登记结婚了。看着眼前的两本结婚证，老余都不知道说什么好了。

余柏初说：你拿我钱的时候，你跟我是夫妻，现在你把钱拿走了，你跟我就不是夫妻了。到哪都说不通。

余柏初的朋友也都很气愤，觉得老余这个人太老实了，被自己身边的老婆给算计了。

岂止是老实，简直就是窝囊。人财两空，丈夫还一直都蒙在鼓里。这女人也太过分了！钱的事先不说，你要是不想过了，把话说出来，好歹也夫妻一场，什么事都好商量。这下倒好，偷偷摸摸和别人结婚了，还有孩子了。甜甜怎么办，就不管了？这到底是个什么样的女人？她究竟是怎么想的？

所为何故

如果真是合不来，其实离婚再结婚也很正常。可章蝶非得瞒着丈夫余柏初，把事情搞得这么复杂，她是怎么想的？是有难言之隐？还是另有缘由？不管怎么说，从眼前看，她做的确实有点过分了。就算丈夫老实，也不能这么欺负人。兔子急了还咬人呢，再窝囊的人也得问个究竟。

眼前这个小区，是东莞有名的富人区。提起这个，老余更是气不打一处来。自己和女儿省吃俭用，攒下来的钱给你做投资，你倒好，在东莞住豪宅、开名车，还和别人结婚生子，过着养尊处优的小日子。天底下哪有这么过分的女人，不光把丈夫蒙得滴溜儿转，连女儿也骗。

这会儿，甜甜情绪激动地拍着门，大声喊着妈妈。而章蝶，明明在屋里，但就是不出来。

余柏初的侄女说：你问一下那个女人，她自己挣过一分钱给我叔叔吗？都是用我叔叔的钱。我叔叔几百万全给她了，她却在外面养别的男人，还在外面跟别的男人结婚。领了结婚证，在松山湖登记处我们查到了。

也许是害怕，也许是心虚，不管外面的人说什么，也不管怎么敲门，章蝶就是不开门。无奈之下，外面这伙人商量了一下，反正跑得了和尚跑不了庙，要不先去她投资的酒店看看。毕竟投在那里那么多钱，得看看到底是个什么情况。

这么说吧，章蝶当初要了 200 多万元，说是要和一个叫李学志的熟人共同投资这家宾馆。可宾馆的营业执照上标明的业主，既不是章蝶，也不是李学志。

那这个酒店现在到底在谁名下呢？李小刚！也就是那个已经和章蝶结婚，并且有了孩子的男人。章蝶为什么要这么做？难道真有什么不为人知的苦衷？老余觉得不行，我必须得问问，她到底怎么想的。于是，他领着女儿，再次返回到章蝶的住处。可无论甜甜怎么喊，章蝶还是不开门。没办法，只能找派出所的民警来协调。

民警还在这边做工作，余柏初突然忍耐不住了，直接冲了出去。因为李小刚的妈妈来了。

因为前面已经闹了一回了，所以这会儿，老太太已经大概知道余柏初的来意。

但是李小刚的母亲说：你们重婚了也好，她跟了两个男人也好，我这老太婆懂什么啊。

说的也是。没准儿老太太也是一直被蒙在鼓里。你们之间乱七八糟的事，还是自己解决吧。兴师问罪的来了，警察也来了，到这时，里面那个女人也知道躲不过去了。只好硬着头皮开了门！

章蝶始终不肯开门的原因，也许是没脸见丈夫和女儿，再就是，怕挨打。

好好看看这个不寻常的女人吧！投资酒店，但酒店的主人却不是她！220万元不见踪影。3年的时间里，一直和家人玩儿躲猫猫，还瞒着丈夫和别的男人结婚生孩子。对了，看她的身形，这会儿又怀了身孕。谁的？当然是李小刚的。此时此刻，面对愤怒的余家人，面对那一个个谜团般的疑问，她会怎么解释？能解释清楚吗？

眼前这一幕让人看着心里不是滋味。本来是亲生母亲，可在甜甜眼里，她不仅是陌生人，甚至是仇人。因为孩子都往上冲，想打她。也许是理亏，心虚，面对女儿的疯狂举动，章蝶站在那里，一动不动。

说话间，一行人来到了派出所。这时，一辆奥迪车开了过来，另一个重要角色到场了，正是李小刚。那他又会怎么说呢？

李小刚说，他也是被章蝶骗了。他根本就不知道章蝶竟然是个有夫之妇，稀里糊涂地和她登记结婚了。要不是余柏初找上门来。他还不知道真相。末了，李小刚还冒出这么一句话来：现在她跟我已经没有夫妻关系了。是因为肚子里怀着小孩，我出于人道，让她暂时住在我家里。我们的离婚协议写得很清楚。

对，这样的女人，还能跟她过吗？必须离婚！可是老余这回好像没有那么傻了，他说不要听这个人瞎说，什么离婚，两个人根本就是在演戏！目的则是为了转移财产。章蝶还倒贴李小刚 76 万元，她拿了自己 200 多万元过去，她还欠了他钱，还帮他生了小孩，世界上难道会有这种理？

原来，老余发现两人背地里结婚生子在先，而章蝶和李小刚离婚在后，中间就隔了 5 天。用余家人的话说，这绝对是两个人商量好的，是个阴谋，想用所谓的离婚，来转移财产，逃避重婚。还别说，章蝶和李小刚的离婚协议确实挺特殊，也挺耐人寻味。他们在协议书上是这么写的：章蝶的所有财产，包括酒店、车子、房子，全都划在李小刚的名下。对了，还有一张章蝶欠李小刚 76 万元钱的欠条。

余柏初的朋友说，当时告她重婚的时候，她那边马上就行动了。到东莞民政局离了婚，还把财产全部转移了。

还记得前面老余说的话吧，“拿了我 200 多万元，还倒贴 76 万元，还帮他生了孩子，世界上哪有这种理？”想想也是，我们都替老余喊冤。这都是什么人，太过分了。能让他们这么欺负老实人吗？难道就没有一个说法吗？

骗情又骗钱

余柏初认定了，章蝶和李小刚离婚，就是个阴谋，是转移财产的手段。而李小刚，翻来覆去就一句话：既然章蝶犯了重婚罪，那你就应该去法院起诉她。自己已经离婚了，现在只是孩子爸爸的身份。章蝶以前的事，就由她自己去处理，我管不着。

李小刚说：有证据上法院告她，章蝶哪怕是倾家荡产，该赔的赔。她跟我几年，每个月我给她两万元的零用钱，还买了一辆车给她。我现在才发现她骗了我的钱。

听他这话说得还挺委屈。这么纠缠下去不可能有结果，也没什么实际意义。老余一想，算了，我也不和你瞎扯了。我还是和章蝶聊聊吧，我得问问她，为什么要这么做？为什么这么过分？到底怎么想的？

余柏初问章蝶：你不想跟我过的时候，你喜欢上别人了，那你正经的跟我离婚，跟别人名正言顺的结婚不好吗？你现在做出这种事情，第一个你自己丢人；第二个我丢人；第三个你父母肯定也丢人；第四个我们的小孩，别人怎么看？我说你有没有想过？从哪方面想，这个事情你都划不来。

说实话，到了这个地步，说这些也改变不了什么了。老余说，自己其实就想听一句道歉，就算不冲我这个丈夫，起码还有亲生女儿甜甜呢。可他还是失望了。章蝶依然什么都没说。要我说，老余，你就别跟自己的姓氏一样了，和这种人讲道理，谈感情，根本就是多余，该怎么办就怎么办吧。

里边还想感化，外面却打起来了。不知为什么，开着车的李小刚和余家人又起了冲突。

李小刚高声嚷嚷着，好像已经疯了。正所谓，有理不在声高。通常真正有理的人，还不一定多张扬，相反，往往是心虚的人，才会有出格的言行。

闹来闹去，天已经黑了，期待的解释和道歉，压根儿就没有。老余的心也跟降临的夜幕一样，暗淡、沉重。他不再抱任何幻想了。

余柏初觉得铁证如山，重婚罪她是躲都躲不掉的。现在已经没有任何的夫妻情面可讲了。她对自己这么损，这么狠，她把全部都给了别人，恨不得把自己往死里踩。我们之间还会有什么感情。

老余这会儿似乎想明白了。我就是寓言里的那个农夫，而章蝶，就是那条恶毒的蛇。她已经不是当初自己认识的那个妻子了。这次东莞之行，更让我彻底看清了章蝶，什么也不说了，起诉她。而当法庭提起 220 万元的去向时，章蝶承认拿到了这笔钱，可是已经都输掉了。可这不是一万两万，而是几百万元啊。

既然这样，钱的事先不提了。重婚的事呢？这是事实，你怎么解释？法院一审判决，章蝶重婚罪罪名成立，判处有期徒刑 1 年，考虑到哺乳期妇女不宜服刑，采取监外执行。

余柏初的朋友们说真希望把她收监，让她受到应有的惩罚。

气话归气话，毕竟她还怀着孕。就算她不是人，咱们还是，还得讲点人道。对了，在审判的同时，章蝶也向余柏初提起了离婚诉讼。这对余柏初来讲，又是一个沉重的打击。而且诉讼内容只字未提那 220 万元如何处理，章蝶居然提出要分割余柏初在九江的两套房产和车子，而且，还要女儿甜甜的抚养权。

余柏初此时此刻的心情，我们可想而知：她主动提出离婚，现在又要求分我现在住的房子和财产，世界上竟有这种不知羞耻的女人！

12 年的夫妻一朝缘尽。妻子拿走了自己的全部积蓄，抛弃了他和女儿。本来，想讨回这笔钱就不是件容易的事，这倒好，连仅有的这点房产，也成为了妻子争夺的目标。这还是人吗？

余柏初的朋友们说：这个曾经身价 500 万元的人，现在都向我们借钱用。过得很惨，真的。

余柏初最近也没做生意，以前所有的钱都投到章蝶那里去了。所以现在都是借钱过日子。

男人可怜，女人更可恶。骗了那么多钱不说，居然还惦记人家仅剩的房子，这是要干什么？赶尽杀绝？真就一点不给自己留后路？对了，还想要女儿的抚养权，你还真好意思！跟着你这样的妈妈，谁能放心？谁敢放心？人在做，天在看，报应不分早晚。

监外执行，身体逃避了囚禁，可做了亏心事，灵魂面对的却是终身监禁！

被砍断脚筋的双胞胎

5岁孪生姐妹双腿被砍，伤势惨不忍睹。
现场一片狼藉，到底是何人下此狠手？
情况不容乐观，小姐妹能否重新站起来？
最熟悉的人，为何做出最冷酷的事？

孪生姐妹被砍

这个故事，要从重庆的一个快递员讲起，名字叫彭康。要说彭康在公司，一直是同事们羡慕的对象，倒不是他事业多么成功，而是他有一对双胞胎女儿，姐姐叫贝贝，妹妹叫菲菲，两个姑娘简直是一对儿美女胚子，那个可爱劲儿就别提了。彭康自己一直以两个女儿为豪，可这天，彭康正在忙工作，突然，他的手机响了。

居然是警察打的电话，说他的孩子脚筋被砍了，让他快点到医院来一下。

孩子被砍了？这简直是晴天霹雳！电话是警察打来的，这事八成已经很严重了！可谁会对两个5岁孩子下手？而且这天是周日，孩子应该在奶奶家好好地待着，又怎么能被砍？莫非，孩子出去玩儿，在外面碰上了坏人？彭康心里越想越急，越急越慌，恨不得马上赶到医院，看看两个宝贝女儿到底伤的怎么样？

带着满心的焦急和疑问，彭康赶到了警察所说的县医院。还没看见孩子，倒是先在病房外，见到了两个孩子的主治大夫，可大夫的第一句话却是：你赶紧带着孩子转院吧，咱这儿治不了，晚了可就赶不上了！彭康听完彻底蒙了，这得多严重？而当他走进病房时，眼前的一幕，即使他做最恐怖的噩梦，都不可能会梦到：两个年仅 5 岁的女儿躺在床上，浑身是血，已经哭得嗓子都哑了。

父亲彭康看见孩子脸上血肉模糊，旁边好多不认识的人看到都在那里哭。

可现在不是哭的时候！孩子的伤势刻不容缓！彭康立刻带着两个孩子赶到了重庆红楼医院，院方立刻对两个孩子进行了紧急处理。而这时，随着血迹逐渐被清理干净，两个孩子惊人的伤势，才终于展现在彭康眼前！

姐姐的面部有一个挺深的刀口。这个伤口对小孩影响肯定很大，说得明白一点，已经毁容了。

一个女孩子，脸上被砍个大口子，这到底是谁有这么大的仇？这不是毁了孩子的一辈子吗？可是，两个孩子最严重的伤口，却远比脸上这一刀凶险得多。

一个女孩儿的脚后跟上被砍了两三刀的样子。那是什么地方，脚筋！挨了两三刀，那不完了吗？而且凶手还把两个孩子都砍了！这简直是太疯狂了！这么严重的伤，别说别人了，连经验丰富的医生都没见过！

孩子的主治医生汪杰说，两个孩子送来的时候十分痛苦。由于出血过多和过度惊吓，两个孩子都已经有些神志不清了。可怜的姐妹俩，受伤部位的伤口都很深，而且都是被砍数刀，伤口深度甚至达到了骨头。

两个小孩毕竟只有 5 岁，非常痛苦，主治医生汪杰估计，里面的跟腱、神经、血管，都断了。

孩子的痛哭，撕扯着在场所有人的心。现在是决定孩子未来命运、最关键的几小时，这时候能多抢一分钟，甚至一秒钟，姐妹俩重新站立起来的希望，就多一分。

主治医生汪杰觉得非常心痛，第一，他身为一个孩子的父亲，这两个小孩儿才5岁，这种情况，这种遭遇是非常不幸的。第二，孩子的伤情非常严重，如果处理得不好——其实就算处理得非常好，她们能恢复得非常完美，也可能会对她们今后的人生产生非常大的影响。

姐妹俩的手术，需要将被砍断的肌肉、血管、神经一一进行缝合。可这些手术，就算是在成人身上做，都是难度非常高的手术，更别说5岁的孩子了！孩子不管血管还是什么其他器官组织，都要比成人的小好几圈！手术难度那是翻了倍的往上涨！

汪杰医生说，姐姐的伤势，要考虑到血管的长度是否够长，存在血管是否移植的问题。如果血管没有缺损，可以直接进行修复；如果是血管有缺损的情况，则需要在邻近的地方移植血管。

万幸的是，姐姐贝贝的伤口虽然很深，但伤口很整齐，只要进行细致的缝合就可以了。可在查看妹妹的伤情时，医生们最不想看见的情况，还是出现了！

医生说，由于妹妹的跟腱被砍断了，中间少了一截，只能采取跟腱修复。也就是把孩子上面完整的跟腱，劈开一段，折下来和下面的跟腱缝合。难度先不说，这个方法，听着就觉得不踏实！可不管怎么说，这已经是在目前的情况下，所能采取的最佳手术方案了。因为据医生说，这行凶的人，绝对是恶意的，就是奔着让姐妹俩残疾下的手！

经过6个多小时的漫长等待，两姐妹终于平安的被推出了手术室。在药物的作用下，两姐妹终于暂时摆脱身体上的痛苦，沉沉地睡去。如果不看她们身上的绷带，两个孩子在彭康眼里，跟平时睡着的样子没什么两样，可是一天之间，两个孩子，却可能再也不能自己走路了。此时，彭康心中的悲痛，渐渐被另一种情绪所替代，愤怒！

到底是谁这么残忍，伤害了这对姐妹？这得是多大的仇，才能下此狠手？彭康赶紧联系警察，他想知道，孩子们到底是怎么受的伤！而得到的消息，却让他怎么也不敢相信！孩子正是在奶奶家受的伤！而孩子奶奶家的房东，看见了孩子被砍后的惨状。

房东说："派出所来核实居民信息时，听到有孩子趴在窗子这边喊。有一个小孩儿就爬，爬着过来因为她不能站立了。地上都是血呀，她因为爬着身上脚上也都是血迹。她爬到屋里面我们就看见了，我和民警当时都不知道她们在屋里面。当时啊，还有一个站起来，她就慢慢过来把门开了，当时我和派出所民警一人抱着一个——我抱着站着的一个，他抱着爬着的一个——就往医院跑。”

听到房东这番描述，彭康仿佛能听到，屋子里，两个女儿痛彻心扉的哭喊；仿佛能看见，两个女儿在地上爬过的血迹。到底是谁对两个孩子下了这样的狠手？彭康自问平日真心待人，并没有结下什么仇家。可即便是仇家，有事冲他彭康来，为什么要找上两个女儿！她们才5岁啊！此时的彭康已经红了眼，他请求警方，一定要抓住凶手！他要看看，到底是谁这么丧尽天良！警察叹了口气说：凶手已经抓住了，而且这人，你认识。

凶手竟是孩子“爷爷”

这个砍伤自己双胞胎女儿的凶手，居然是她们的爷爷！到底怎么回事，还是听房东来说说。

房东说的有些混乱：“他应该是在这里面嘛，从窗子看她就是那么爬着过去的，当时都是血，四肢、脚都被砍了，两个四肢、脚都被砍了。因为孩子很小，才5岁多，一个劲儿地哭，说是她爷爷把她砍了。”

什么？没听错吧！爷爷，把孙女砍了？不可能！是不是孩子说错了？哪个爷爷也干不出来这事！都说隔辈儿亲，疼还疼不过来！平时屁股都不舍得打，怎么可能下得去这种狠手？

据邻居们说，孩子的爷爷是一个沉默寡言的人，当时大家都不相信，是不是搞错了。

可警察说，孩子的爷爷已经到警察局自首了。他已经承认，就是自己干了这么一桩惨案，而其中几个细节，让彭康觉得汗毛直竖。

爷爷是自己把衣服什么的都收拾好了，然后跑到派出所，还在大厅里面坐了一会儿，当时人家问他干什么，他才跟警察说自己把孩子砍了。

还坐了一会儿之后才自首？坐一会儿是在等什么？真是不敢想。而另一个细节，就是房东说的，当他到现场时，门是从外面锁住的。两个孩子根本出不来！更让人觉得恐怖的是，孩子的爷爷在警察局，手上根本没有血，也就是说，孩子的爷爷是洗干净手之后，才去的警察局自首；也就是说，这样的疯狂行为，完全是他在十分理智的状态下实施的！他清清楚楚地知道，自己在干什么！

彭康觉得太不可思议了，甚至不太愿意相信这是事实，怎么会发生这样的事情？亲戚朋友听到也都觉得怎么会这样？

如果真是孩子爷爷失去理智干出来的事，倒还说得通。可这人根本就是十分冷静地去砍的两个孙女，这到底是为什么？哪个当爷爷的不喜欢儿孙满堂？有两个小牛皮糖一样黏糊的小孙女，这是多幸福的事！这人如果不是疯了，还真想不到其他的理由！简直是不可理喻！

可这时，彭康却说了一句话，孩子的爷爷，不是孩子的亲爷爷！

原来砍伤孩子的不是她们的亲爷爷，而是继爷爷，也就是孩子奶奶的后老伴儿——任海林。彭康说，早在他 9 岁的时候，他的亲生父亲就因病去世了。随后彭康的爷爷，看彭康的妈妈太辛苦，就招了个倒插门女婿做了彭康的继父，这就是任海林。这样算一算，任海林来到彭家也已经 10 多年了，彭康也算是被他养大的。那孙女不就跟亲孙女一样吗？怎么就能下得去手？

彭康的大哥说任海林平时是一个很老实的人，和母亲结婚也有 10 多年了。要说老两口平时，拌嘴吵架，那也是常有的事，可都是小打小闹。一家人虽然生活比较艰难，但也还算和睦。到底是什么事，能让任海林痛下杀手，把俩孩子伤成这样，谁也想不明白！

彭康的大哥彭伟觉得，就算我们跟他有矛盾，一家人有时候有一点儿小矛盾那是很正常的，根本没什么大的矛盾嘛，更谈不上他以这样的手段来报复我们。

在农村，倒插门并不是什么光彩的事。估计任海林在乡下，过得也不是很开心。从彭家两兄弟的言语之间，我们也能或多或少的感觉到他们对任海林的轻蔑。

彭康介绍说，他那样的人就是脑袋比较拧，性格特别固执。总是感觉好像谁占了他的便宜，好像谁都要欺负他，总是不能吃亏，然而却总觉得都是他吃亏。

可不管怎么样，任海林来到彭家的10多年，几口人作为一家人，过的也还算融洽。而两个孙女，更是成为了缓解任海林和彭家两兄弟关系的小天使，俩孩子经常围着任海林“爷爷、爷爷”地叫着，听着别提多亲了。任海林这边，也对两个孩子十分疼爱，平常逛街回来，都得给孙女们带些东西。也许从孙女身上，任海林也找到了那种对家的归属感。可谁能想到，这表面的融洽之下，竟然暗暗酝酿着如此一场惨剧！

彭伟一直都不敢相信，一直在想，他从来到我们家这么多年，平时关系还算可以。但是他能做出这么大的事，他心里面得有多大的恨呀！我也想不出我们有什么地方能让他有这么大的恨。

可是，就算是继爷爷，就算是他与彭康兄弟俩有点儿摩擦，可这点儿小摩擦就真能酿成这样的悲剧吗？事情总得有个导火索。到底是什么事，让任海林举起了手中的刀？彭康绞尽脑汁，只想到了一件事，能称得上是双方有大冲突的事。可这事，应该算不上吧！毕竟，那都是3年前的事了。

如何走向未来?

彭康回忆说：3年前的一天，我妈披头散发的，脸上手上都是伤，哭着跑到我那里，说是我继父拿刀给她划的。当时我继父找她要钱去打牌，我妈没给。当时我就忍不住了，我过去就给了他一拳，把他打倒在地上。

这一拳，正是这场惨剧的源头。这么说吧，如果真是你亲妈跟亲爸打起来了，你能帮着你妈打你爸吗？所以这一拳，也彻底让任海林明白，彭康根本就没把自己当成爸爸，甚至没把自己当家人。事后，虽然在亲戚朋友的调停下，这场冲突不了了之。可那时谁能想到，就是从那时起，沉默寡言的任海林竟然不动声色地将仇恨的种子深深埋在了心里。而且，这一埋，就埋了3年！

彭康觉得从这件事情以后，他们之间也很少交流了。平时回去的时候，彭康虽然跟他没怎么交流，但是两个孩子跟他还是蛮亲的。

上两辈的矛盾，可孩子不懂。两个孙女还是“爷爷、爷爷”地叫着，她们并不知道，在那个爷爷的心里，仇恨的种子，正在跟着她们一起长大。可表面上，任海林对两个孙女，还是一如既往的宠爱有加。彭康也觉得，两代人的恩怨，再怎么也不会牵扯到无辜的孙辈身上。

可彭康错了，任海林一直在等，等一个机会狠狠地报复彭康，报复看不起他的彭家一家人。而他竟然就这样，不动声色地等了 3 年。3 年后，他终于等到了报复的机会。

早上彭康的妈妈去接彭伟的孩子了，家里就剩这两个小孩跟这个继爷爷，在老伴儿出门后，他突然转身就向两个孙女举起了菜刀！当时任海林心里的想法，我们不得而知，但 3 年来，两代人交恶的苦果，最终却落到了最无辜的下一代人身上。

在派出所的时候，任海林说，他只能打得过小孩子，大人他打不过。当时彭康也在那里，竟然不知道该怎么跟他说。

打不过大人，只能打小孩子。大家听了这句话，肯定会忍不住打个寒战。3 年了，原来任海林从来没放弃过报复。想到跟这样的人一起生活了 3 年，而这个人，还能不动声色地表演出一副好爷爷的样子，这个任海林实在是太可怕了！

多好的孩子，她们本来可能绽放出美丽的花朵，但却被人狠心地折去了枝叶。孩子，是最无辜的！虽说修复手术很成功，但康复的路还很漫长，能恢复到什么程度也是未知数，这两个可怜的孩子，或许不能像同龄人一样，蹦蹦跳跳地去上学了。

孩子们的主治医生汪杰说，两个小孩的胫神经都有断裂。姐姐的双侧是完全断裂。这意味着，如果今后神经恢复不好，可能会给她的行走带来比较严重的影响。

任海林砍伤两个孩子的刀是菜刀，后期很容易发生感染。除此之外，妹妹菲菲的伤口又出现了部分坏死，这让可怜的孩子不得不再次躺在手术台上。这一声一声的痛哭，仿佛一下一下地将孩子父母的心，慢慢地揉碎。

孩子的母亲真想这个痛苦发生在自己身上，而不是在孩子身上。

父亲彭康则对孩子们说是爸爸对不起你们，没照顾好你们。当时妹妹说：

“爸爸没关系。”

当两个宝贝女儿，脚上缠着厚厚的绷带，对自己说，爸爸，没关系。相信不管是谁，都会泪如雨下！其实孩子能不疼吗？可5岁的姐妹俩，除了实在忍不住了，都不轻易哭，因为她们发现，她们每次哭闹，父母都会流出比她们更多的眼泪。虽然姐妹俩才5岁，但父母的不易，她们多多少少也明白一些了。

妹妹说爸爸上班送快递很累。问她说你是怎么看出爸爸累了呢？她说，因为爸爸送快递的时候汗水都出来了。

父母的辛苦，两个孩子能想明白。可有一件事，她们不懂，即便是亲眼看见，亲身经历，却还是不懂。她们想打电话亲自问爷爷，他为什么要砍自己？每天晚上没人的时候，孩子们就会产生这样的疑问。

她们会问爸爸：“我们又没惹他，爷爷是坏人吗？为什么会这样？为什么会拿刀砍我们？”

由于目前案件正在审理当中，我们无法当面质问任海林，当他举起刀时，心里到底是怎么想的。而为了保护两个孩子，我们也不愿意再让姐妹俩去回忆当时的情形。因为这件事，也许会成为两个孩子一生的阴影。如果孩子记不起来当天的细节，其实那就是最好的结果了。

曾经，两个孩子对长大、对未来有着许多许多的幻想，可无论如何，她们也没想到，一切美好的幻想，会被她们的至亲，在刀起刀落间，被砍得粉碎。这几刀砍伤了孩子的脚，更砍伤了孩子的心！

孩子，千万别因为这件事，对这个世界失望，毕竟这世上，爱还是比恨多。

突然离去的母亲

幸福生活，突现巨大波澜！
迷雾重重，一切到底因何而起？
监控视频能否揭开背后真相？
神秘男子，为何丧心病狂？

母亲突然自杀

张森熇是安徽省亳州市的一位20多岁的小伙子，一天早上，当小张从床上起来的时候，不管从哪看，这都是再平常不过的一天。可这时候，他怎么也猜不到，今天，他将会遭受一生中最大的打击。

2015年4月的一天，下午4点钟左右，小张接到老爸打来的电话，电话很简短：快回家，你妈不行了！说完，就急匆匆地挂了电话。小张瞬间像被施了定身咒，拿着电话就愣在那了。妈妈不行了？怎么就不行了？早上还好好的！上午娘儿俩还通过电话！小张跳起来抄起车钥匙，就往家赶。可一进家门，小张彻底蒙了，这是个噩梦！妈妈双眼紧紧闭着，就像平时睡着了一样。可任凭小张怎么呼唤，妈妈的眼睛，就是不睁开。

小张赶紧拨打了120，同时用自己所知的一切急救措施，来抢救妈妈，掐人中、人工呼吸、心肺复苏等，可是，能做的都做了，妈妈还是紧紧闭着眼睛。

过了一会儿120就来了，给母亲测了一下心跳脉搏，发现她已经没有心跳了。

从接到父亲电话，到医护人员宣布母亲死亡，一共也就半个小时。小张怎么也不敢相信，这是真的。好端端的一个人，说没就没了？就在6小时之前，他还跟母亲通过电话！

那是上午10点多，小张的爸爸打来电话。问了小张一个很奇怪的问题：你知道你妈干什么去了吗？这句话给小张问得有点蒙，因为他家开着一个小卖店，老两口天天都在店里忙活，怎么现在问起他来了？可听父亲话里话外的意思，还挺急，到现在还没到店里来，电话也不接。小张心里琢磨，这又怎么了，老两口吵架了？好吧！自己打个电话问问！

小张给母亲打了个电话，打了第二遍才接，当时母亲只说没事，她还说“你不要问我了，我睡会就好了”。然后就把电话挂了，整个通话过程有40多秒。

当时小张并没有多想，以为也就是妈妈赖床，不想起来。可是他却没听出，母亲声音中的异样，也无论如何都想不到，这通短短40秒的电话，竟是他跟母亲最后一次交谈。那小张的父亲，又为什么会打来这通奇怪的电话？

老张说，老两口平时都是老张先来开店，在店里做点早饭，妻子过来吃，可今天，眼看就过了点儿，可妻子仍然没有出现。老张有些纳闷，就给妻子打了个电话，可这通电话，却怎么都打不通。

心里着急的老张，把电话打到了儿子那里。而随后儿子说，跟母亲联系上了，说没什么事。老张心里也就放下了，没准就是妻子想多睡一会儿。店里生意这时候也逐渐忙了起来，不知不觉，时间就到了下午4点，但妻子仍然没有来。老张心里可就有点儿毛了，妻子该不会出什么事了吧？他再也绷不住了，急匆匆跑回了家，可一上楼，他就蒙了——妻子上吊了！

妻子就这样挂在了门上，不动了。可家里的门，比她高不了多少，那基本就是一踮脚，就能下来，可就这么点高度，她却把自己吊死了。这到底是有多大的坎儿过不去，让她非得选择去死！

老张觉得她平时很乐观，怎么都想不通她会自杀。小张更想不明白，母亲怎么突然就没了？还是上吊死的？凡事总得讲个原因，对于母亲的自尽，小张真是想不出任何原因！是心情不好？不能够，母亲这阵子，心情一直都特别好！因为小张的媳妇现在已经怀孕 3 个多月了，母亲平常见到邻居都说，她快要当奶奶了，是很高兴、很自豪的。

这当奶奶的，最盼的就是抱上孙子孙女！小张是眼看着媳妇肚子一天天大起来，母亲的笑容就一天天的多起来。母亲几乎是天天念叨，让儿媳妇吃点好的，天天琢磨给儿媳妇做点补身子的吃的。这日子过的这么有盼头，为什么要自杀？莫非是跟小张爸爸感情出了问题？那也不太可能，这附近的人都知道，张家其实是小张妈妈顶起一片天，老张对媳妇更是一百个好！两个人感情绝对杠杠的！

小张说：我父亲什么事情都让着我母亲，有些事情不和我母亲去争，而且说实话，我母亲的能力也比较强，我父亲有时候也佩服我母亲。

莫非是小张妈妈性格有缺陷？抑郁症？小张说那更不可能了！要知道，自杀这事，那本来是八竿子都打不着小张的母亲，因为街坊邻居都知道，她是个极其开朗乐观的人！

看来，对于母亲的自杀，不仅是小张，就连街坊邻居都完全不敢相信，因为一切都太不正常了。老张还翻出了前不久出去玩儿的时候给妻子拍的照片。照片上的她，脸上带着幸福的笑容，开心的像一只一头扎进大自然的小鸟，可这笑容竟然成了永久的纪念。这时，一个细节引起了小张的注意。

而让小张发现这个细节的原因，是因为母亲是一个开朗、乐观的人，在家里条件不错、又即将抱大孙子的情况下，几乎没有什么理由去寻短见。而且如果是早就准备寻短见，怎么会在之前跟朋友约定周末出游？这证明，这是临时起的念头。莫非，让母亲想不开的事就是这两天发生的？这么一琢磨，小张还真想起一件事！

原来，就在几天前，小张出门旅游了一圈儿，回来时给妈妈打了个电话。

也许是多日未见，有些想儿子，小张的母亲说什么都要去接站。小张犟不过母亲，只好同意，可出了站，左看右看也没看见妈妈的影儿，打电话也没接，过了好一会儿，母亲才骑着车姗姗来迟，当时小张还埋怨了几句。可当两人走到比较亮堂的地方后，小张突然发现，妈妈的脸上竟然全是伤!

会不会是母亲在路上出事了？想到这儿，小张赶紧报了警。根据小张提供的情况，警方立刻调取了那段时间附近道路的监控视频，准备从小张母亲出门开始追踪她的行进路线。可万万没想到的是，就在距离小张家小卖店仅仅 100 米的路口，他的母亲就出事了。一段让小张痛不欲生的监控视频，出现在他的眼前!

为何惨遭痛打

视频的内容是一个男的疯狂踢打着一个女的。而这名倒在地上，被疯狂踢打的女性，不是别人，正是小张的母亲。而当小张看见平时温柔开朗的母亲，在别人脚下痛苦的翻滚时，仿佛视频那名男子踢的不是母亲，而是自己。这一脚一脚，都落在了小张的心上!

小张第一次看到这个视频的时候，气得浑身发抖，他甚至想活剥了那个男的。

小张此时终于知道，母亲脸上的伤是怎么来的。他的心里疼，为母亲疼。他多希望，此刻视频中突然出现个人，制止这名疯狂的男子的暴行！可这个人，最终还是没出现，男子仍然对母亲进行拳打脚踢，而接下来，让他更心疼的一幕出现了。

在男子疯狂对小张母亲进行踢打之后，出人意料的是，小张母亲并没有选择与男子继续纠缠，而是做了一个奇怪的举动。她掏出手机，看了一眼。

别人不明白怎么回事，可小张看到这一幕的时候，心都要疼碎了！他知道，母亲这是看时间呢！看看还能不能赶上儿子的火车到站！小张母亲默默地扶起了电动车，继续往火车站方向赶去。

小张不知道，母亲在经历了这一番暴行后，是以怎样的心情来到火车站的。也不知道母亲用了多大毅力，才能在儿子面前忍住不哭。也许是怕儿子担心！也许是不忍扫了儿子刚刚游玩回来的兴致！当小张问起伤势怎么回事时，母亲只是轻轻地说，没事，碰了一下。

小张跟他母亲说，要不然我们去医院做一个脑 CT 看一下，如果医生说没有什么事情的话那就没事，可是出乎小张的意料，母亲对于检查表现出了极其强烈的抵触，说什么都不去！没办法，娘儿俩就这么回到了家，按说儿子回来了，当妈的应该挺高兴，怎么也得张罗点好吃的，给儿子接接风，可自从到家，小张的母亲就一言不发，表现十分异常。

可以看出来，她非常低落，洗了个脸，就上床睡觉了。

当时老张见到妻子满脸是伤，也挺诧异，可妻子不愿意说，老张也拿她没办法。但是到了晚上，老张越来越觉得事情有点不对劲儿了。因为老伴儿在床上哭，抹眼泪地哭。

要说女人哭了，可能很多人觉得挺正常。但小张的妈妈不一样。因为这个家，包括那个小卖店，其实什么事基本上都是妻子说了算，这是多少年养成的性格了，主外又主内，强势得很！多少年没见过她红眼圈了，可今天，却悄悄地跑到床上抹起眼泪了！

于是老张劝了有一两个小时，因为看见老伴儿睡着了，所以想算了吧。而且自己睡着的时候已经 2 点多了。

可能为了儿子，小张母亲能够暂时忍气吞声，但是她最终还是没能过了自己这关，次日，她就带着屈辱和愤怒，走了。可那名对母亲当街暴打的男人，到底是谁？小张和老张看了半天，这人，他们根本不认识！

没仇没怨，就这么把人往死里打？为了找出真相，小张忍着悲痛，又打开了那段他最不想去看的视频。把时间调到了稍早一些的时候，果然有了新的发现。

这是稍早时候道路的监控，车辆行人并不多，车辆开得比较快，这时，小张看见自己的母亲，从画面下方骑电动车前进，而一名骑三轮车的男子，也高速的和她相向而行。两人在画面中间，差点发生碰撞。难道就是这次差点发生的交通事故，导致了男子的暴行？

此时，小张母亲的确是处于逆行状态，但从画面我们也能看出来，这时候，她是想要拐到正确车道的。所以才差点发生碰撞。由于现场其他监控视频缺失，小张母亲逆行真正的原因，我们不得而知。首先，无论因为什么，逆行确实是错误的。但是话说回来，就算是逆行了，别说是没碰着你，就算是碰着你了，你凭什么打人？那可是40多岁的女性，这你也下得去手？仅凭一次差点发生的碰撞，就当街打人？

在差点发生碰撞后，两人都在路上停住了。而两人似乎在激烈地说着什么，也许是在为刚才的事故争吵。到这儿，这件事也仅仅应该是一件简单的、差点发生的交通事故而已。可紧接着，两人不知说了什么，男子突然跳下车，直奔着小张的母亲冲了过去，飞起一脚，将小张母亲连人带车一起踢倒，随后竟然穷追猛打，对着已经倒地的小张母亲，又是一顿猛踢，从监控看来，这每一脚，都是奔着脑袋去的！

如此丧心病狂的一幕，很难相信就发生在我们真实生活的世界中。一位身强力壮的男性，因为一次差点发生的交通事故，一些口头上的争吵，竟然就对一位年近50的女性拳打脚踢。这简直让人无法理解！不就是一次交通事故，别说没撞上，就是撞上了，该赔钱赔钱，凭什么打人！而这时，目击者的一句话，让小张心里的那把火，“噌”地一下窜起几丈高！

生活如何继续

目击者说，当时男子暴打小张母亲的时候，口中还不停地喊着什么，由于十分大声，周围的人全听见了。而他们却不敢相信自己的耳朵，事情难道会这么荒谬？

这个男的说，他心情不好，今天活该你倒霉。

心情不好！活该倒霉？难道心情不好，就跑到大马路上来撒野？人家逆行不对，你打人就对？怎么好像打人还理直气壮了？你心情不好，就可以当街暴打小张母亲。现在小张母亲没了，他心情差的不能更差了，按你的逻辑，小张如果碰见你，是不是也可以暴打你一顿？

满怀着母亲离世的悲痛，和对打人男子的愤怒，小张发誓，一定要把这个打人的男子找出来，好好跟他说道说道。可就在他再次到处打听的时候，警方却给了一个他无论如何也想不到的消息。

5月11号的时候，这个男子到警察局投案自首。然后警方对嫌疑人进行了询问，并以涉嫌寻衅滋事罪把嫌疑人马某刑事拘留。

这人名叫马健，正是当晚的那名骑三轮车的男子。由于案件正在审理当中，民警还不能将嫌疑人的审讯信息公布。但是，从之前的监控视频和目击者的描述中，此人只能用四个字形容：丧心病狂。那么，这到底是怎么样的一个人？

就在这时，网络上出现了一个说法，说马健当时喝酒了，所以才会做出这一系列残忍举动。那么，这是不是事实？几经周折，我们拨通了马健妻子的电话。

原来那天马健并没有喝酒，而是因为和妻子吵架，心里烦躁的很，一时冲动才酿成这一桩悲剧。可是，即使没喝酒，心里烦躁也不可以当街打人！我们还真想问问你，你心里烦躁，怎么不对你自己妻子和女儿动手？上街来撒野？这是因为烦躁？而且，小张母亲是年近半百的人了，经得起你这么折腾吗？可马健的妻子却反复强调，让马健爆发的导火索，是因为小张母亲骂了他。

先被骂所以才动的手，这就是马健给自己找的理由。可即便是被骂了，就当街暴打一位近50岁的女性？你是个老爷们儿！丢人不丢人！打完你觉得撒气了？这是碰上性子烈的，想不开寻了短见，你才知道怕。如果是碰上个怯懦的，不敢吱声，你是不是还觉得自己干得挺对，教育了违反交通的人？问题是，这事儿也轮不着你教育。

表面上来看，马健伤害的是别人，遭到丧亲之痛的，是小张一家。马健只是暂时定了个寻衅滋事罪。可这件事对他的惩罚，真的是这样吗？他的这些行为，带来的影响，可远远不止于此！马健的家，红色的铁门紧闭，推开后是一个有着大约四五间房的院落，偌大的家里，只有马健的女儿一个人。

而且很显然，这个女孩不愿意多说什么。而私下里，她说，母亲为了这个事情，已经很长时间没有回家了。如今父亲也自首了，家里就剩下她一个人。总是时不时地有媒体想来采访她，让她焦头烂额。她甚至不敢出门，因为总有人说，她的爸爸害死了人。就这样，马健的女儿每天都生活在不安中，而这一切的源头，正是当时马健那所谓的，一时冲动。

两个家庭，都为那一次冲突，付出了巨大的代价。这其实是谁都不愿意看到的结果，因为在这里，其实哪家都没得到什么好处。对于马健，有句话对他说，也许法庭最后判不了你多少年，但良心上的牢，你还是慢慢坐吧！

其实，无论是在马路上行驶，还是在生活中行进，心宽了，路自然也就宽了。

人间正义

深坑里的生命奇迹

重型卡车为何坠入深坑？

生还希望渺茫，现场惨不忍睹。

状况不断，救援条件十分恶劣！

争分夺秒，消防战士能否创造奇迹？

生命就在一瞬间，深坑里也有生命的奇迹。

重卡掉深坑

这天，辽宁省大连市革镇堡消防中队，接到了一通火急火燎的报警电话，刚接起，就听电话里头一个急切切地求救声：“你们快来吧，一辆重型卡车，连人带车掉坑里了！”

也许是报警人被吓慌了，电话里说得并不清楚，但好歹地点是明确了。张指导赶紧带着一队消防战士赶往现场。可到了现场之后，即便是抢险经验丰富的张指导，也是结结实实地吓了一跳！

因为他们到现场以后，看到了一个30米的深沟。但是好好的地方，为什么会出来这么大一个坑？旁边报警的人说，这地方本来是个废弃的老矿坑，他跟坠坑的张军都是土方车司机，负责这个老坑的填埋。可“轰隆”一声巨响，他再一回头，发现开着土方车的张军不见了！

报警人说，他最后一次见张军的时候，张军也许是想掉个头，正向坑边缓缓倒车，之后，随着一声巨响后，张军消失了。消防官兵赶紧到坑边一看，那里的土又松又软，人踩上去尚且往下塌，何况近10吨的卡车呢！这么沉的东西，从10层楼高的地方，掉了下去，正常情况下，人掉下去都得摔死，何况跟车一起掉落。所以当时以为驾驶员已经死亡了。

由于当时天色已经黑透了，为了看清现场情况，消防队员们顺着报警人所指的方向，一起打起强光手电往坑底照去，当所有的光线凝聚到坑底的时候，在场的人都惊呆了，因为现场实在是太惨了！整个大货车的车头已经完全摔平了，而司机张军，正好被夹在摔瘪的车头里！人一半身子在车里，一半身子在外面露着。而车辆已经完全陷到泥土底下了，车棚也压下去了，整个车只有一半露在泥土上面。

近10吨的重型卡车都能摔成这样，司机得摔成啥样啊？人不会比铁结实，消防官兵们其实都有点不忍心看了。可就在此时，在手电光下，竟然出现了不可思议的一幕！

因为在强光手电的照射下，消防官兵发现他蹬了两下腿。

也许是感受到了手电的光芒，也许是听到了人声的嘈杂！张军用尽全身力气蹬了蹬腿！这两下简单的动作，在当时的消防官兵眼里，简直是人世间最感动的画面。

司机张军虽然奇迹般的活着，可是这坑深30米，而且靠近消防官兵那一侧，简直基本就是直上直下的峭壁！如何营救是个问题。因为消防战士们平时用来救援的大型机械，一个都派不上用场！事情到这儿就已经够让人挠头的了，可就在这时，天空竟然下起了淅淅沥沥的雨夹雪。要知道，现场是黄土地！有点儿水就和泥！而坑底情况也将随着降水变得更加复杂，而充满黑暗的坑底，对于消防官兵来说，同样是充满危险的！若按稳妥的方案，必须等照明车探清坑下情况后，消防战士才能下去！

于是指挥员立马请求调来照明车进行照明。15分钟，这是照明车赶到现场所需的最短时间。15分钟说长不长，平时也就两支烟的工夫，可对于需要争分夺秒的救援工作来说，这15分钟足以决定一个人的生死！

情况十分危急，消防战士们马上主动请愿！即便是有危险，也只能走一步算一步了！不能让张军这么等下去！张指导立刻选出一名经验丰富的消防战士，马上进入坑底！

消防战士们借助消防软梯，迅速地爬到了坑底！这个过程说起来容易，但黑暗严重影响了救援工作的展开，原来准备的软梯根本不够长，只能又在上面加了一根长绳。可到了坑底，消防战士才发现，现场的情况，远比想象中的要复杂！

坑下与坑上一样，都是松软的黄土地，由于连日降水，坑下比坑上还要泥泞，没看卡车都陷进去一半吗？这坑下，比水稻田好点，但也没强多少！

人一踩上去，马上过膝盖，由于当天还下着雨，所以就更加泥泞了。

就在消防战士深一脚浅一脚地走到货车残骸边上的时候，他却吓得寒毛直竖！因为就在张军坠车地点往前5米处，就是一个深不见底的水潭！如果当时这车再往前滚几米，那肯定连影都看不见，顶多冒几个水泡！这司机张军，命也真够大的！可是车上的玻璃全碎了，车盖上也全是淤泥，人被卡在中间。因为上面门楼塌了，人腿就从驾驶室挡风玻璃那儿出来了，头在里面，腰被驾驶室的门楼卡住了，而且正好卡在腰上。

根据现场痕迹判断，卡车在坠入坑中时，发生了翻滚，这就削弱了坠落时很大一部分的力量。而下坑的消防战士在检查后，发现张军牢牢地系着安全带，这才保证在坠落和翻滚的过程中，没有被甩出车外！而最最关键的，恰恰是让消防战士举步维艰的这些淤泥，如果没有这些作为缓冲，那就不是瘪一个车头的事了。

虽然淤泥救了张军的命，却也可能要了张军的命！就是因为这些淤泥，消防战士下去了根本使不上劲儿！因为夹住张军的车头上，全是杂物，可使劲儿一搬，东西没起来，自己倒陷下去了！

此时，坑下的队员仿佛在拿铁锤砸棉花，空有一身劲儿，就是使不出来！一使劲儿，自己就陷下去了！按说从变形的车体中救人，消防战士们也处理了不少了，正常来说，用扩张器顶起压住人的障碍物，再把人拽出来就行了。可是对于今天这情况，这招行不通！

首先，车头由于翻滚，已经严重变形，根本没有一个合适的支撑点支起来，而且上面压满了杂物，即便是用最强力的液压扩张器，也只能勉强顶开一条缝。要说一般人，有条缝也够拽出来了，可偏偏张军是车队里最壮的人，膀大腰圆，有180多斤！消防战士试了几次，根本拽不出来！而就在这个当口，大家最害怕的事情，发生了！

张军失去意识了，因为消防官兵听不到他的声音了。

此时距离卡车坠入坑中，已经过去了40分钟，张军仍然卡在车中，救援的消防队员，完全不知道他情况如何，如果有出血之类的状况，那么40分钟对于张军来说，已经太长太长。一旦张军失去意识，救援成功的希望，将会更加渺茫。

所以不能让他睡过去，因为一旦睡过去了很可能就醒不过来了。

在坑下消防战士焦急的呼喊声中，在坑上所有人的盼望中，张军的手再次动了几下。所有人都大大地松了一口气，救援工作到了这个时候，就是拼意志的时候了，拼张军的求生意志，拼消防战士的救援意志。但凡有一个没咬住牙，都会导致救援失败。

张指导命令坑下面的班长，必须随时与他沟通，要保证张军意识清醒。于是消防官兵便说："师傅啊，你试试动动腿，能不能动，动动腿，看看能不能动。"此时，张军一改之前的沉默，开始不断呼救，精神似乎已经到了崩溃的边缘！

这一声声呼救，让消防战士们明白，这也许是最后几次机会了，如果再拖下去，张军的情况将越来越危险！他们干脆放弃了扩张器，一起抬起压在张军身上的车体！同时寻求张军的主动配合！

救援官兵希望张军能自己使点儿劲儿，使点儿巧劲儿！不然弄到明天也救不出来。

终于，张军的身体有了松动的迹象，一直拍摄的战士也顾不上拍了，放下相机就抓住了张军的腿：成败在此一举！

终于，在张军被困50分钟之后，消防战士们把他从冰冷沉重的车舱里解救了出来。

到这儿，张军看起来好像是安全了。但其实根本不是！高空坠落！长时间的被困！伤势不明！脱离车的残骸只是张军生还的第一步！如果之后的几分钟内，他没得到及时的治疗，他的生命，同样难以保证！

逃出生天

可是现在的情形，别说救治了，这时候张军还在30米深的坑下！怎么上去都是大问题。

按照原计划，应该是几名消防战士带着张军爬上软梯返回，可此时天空的雨越下越大，几名消防战士的体力也严重透支，带着张军爬上软梯根本就是不可能完成的任务！而此时张军的体温也在不断下降，身体冷得吓人！他的生命危在旦夕！

就在这时，指导员张继鹏的眼睛一亮：这是工地，可以弄辆吊车来，正好可以派上用场！因为这个坑，或者说洞，是直上直下的，所以有了大吊车的话，就可以用吊车把张军给吊上来。就这样，张军终于在1个小时之后，重新回到了地面。而此时的他，虽然奄奄一息，但是意识还算清醒，竟然还能跟消防战士们进行对话！

当时用吊车把张军吊上来，落地之后，张指导看他还能说话，心里的大石头也终于落地了。

张军上来之后，等候已久的120急救车一秒钟也没耽搁，风驰电掣地开往医院。到医院之后，护士一看都惊着了！因为他们看到这个患者的伤势特别严重，于是立即开了绿色通道，将他推进了急诊室。当时张军的血压只有80、50，心率也一直在攀升，这是一种失血性休克的症状。

凌晨3点多钟，医生、护士给张军做了检查之后，发现张军并没有明显的外部大型创伤，我们一般人或许认为没有大碍，但是在医生看来，这不一定是件好事！

据大连市中心医院急诊ICU主任李政霖说，如果没有外部的严重创伤，血压却一直在下降，这说明是有体内出血的症状。很可能是因为张军当时掉下来以后，造成了损伤，并导致了大出血。

外伤好处置，内伤可就危险了。不管是内脏破损，还是血管爆裂，随便哪种，如果抢救不及时都能要人命！可现在距离张军掉进30米深坑，已经过去了1个多小时了！所以医生们当时也做了最坏的打算，如果这个内出血止不住的话，就只能找介入科，在介入的情况下把那个血管堵住。

说白了，当时医生基本上是没办法的。总不能把每个血管都堵住。如果真是大量内出血，怕是谁都救不了张军了。可就在医生们紧张的观察张军的情况时，奇迹再次出现了。因为张军后来没有再出现出血的状况，经过输液，他的体态基本平稳了。

张军再次靠着自己的求生欲望逃过了一劫，就连医生也一直感叹是奇迹。是啊，连人带车从10层楼高的地方掉下来，还能保住一条命，不是奇迹又是什么？可张军这条命虽然是保住了，但这场灾难，也给他留下了不少的伤痛！

他有多根肋骨骨折，左侧5根，右侧6根，一共11根，最严重的是骨盆骨折，而髋骨破裂，是要进行手术换骨的。

11根肋骨骨折！一个人一共才24根肋骨！张军这是将近一半的肋骨都断了！即使这都能慢慢恢复，但是盆骨碎裂呢？张军可是一个司机！盆骨碎了，他就不能再去靠此养家糊口了。但是不管怎么样，只要命还在，活着就有希望！

井下奇迹

其实消防战士们，真是忙，这边的险情刚解除，那边又出事了。2014年年底，辽宁省庄河市消防支队接到报警，有人被埋在井下了！消防战士们二话没说，风驰电掣地赶到了现场，一看情况，堵得那叫一个结实！

现场只能看到距离井口大约1米到1米半的位置，下面则已经被土石全部封死了。

被埋在井下的老梁今年42岁，是一名普通的清淤工人，平常也赚不了几个钱，就指望年底能为家家户户清个井，赚上个过年钱。就在还差10天就过年的最后一次井下作业时，他还估计着干完这活，就能安心过年了。可是万万没想到，就是这个看似十拿九稳的活，出了事！

据雇老梁清井的人说，老梁当时正在井底干活，突然说憋得难受，喘不上气，要上来。井上几个人急忙站在井口准备把他拉上来。可坏就坏在，这个井年久失修，井沿早就朽了！这么多人同时站在井边，这一踩，竟然把井踩塌了！井口 1.5 米处立刻就被堵死，而当时，老梁还在井底！

12 米深的井底！本来老梁就说喘不上气了，这回还被埋上了！在场所有人的心里，此刻都萌生了同一个念头：老梁恐怕是凶多吉少！

当时大家都站在井口朝下面喊，可是下面却没有任何回应。

不管怎么喊，老梁都没回应，这可不是什么好兆头。此时，前来救援的消防官兵们的表情，也十分凝重。

消防战士史玉伟是队里经验丰富的老队员，类似的情况也碰见了不少，可堵得这么死的，他也是第一次碰上。更别说现场复杂的救援条件了。因为像这种井，井口不大，所以史玉伟进去之后，连转个身都费劲！在这种条件下，同一个动作都会付出比平时多好几倍的努力！

这时候，虽然所有人都着急，但除了一块一块的把石头清理出来，没有别的办法！史玉伟没想那么多，他一心想着能抢出一秒是一秒！可就在这时，他猛然间听见来自井底的一声低低的呼唤！是声音特别小的一个回应，于是大家就拿手电去照他，他说能看到这个光。

老梁还活着！这个消息，让现场所有人都为之一震！而在与老梁的沟通中，消防官兵们了解到，老梁现在的情况还算稳定，但是气息十分虚弱，有一声没一声的。消防战士立刻向井下送压缩氧气，希望老梁借此可以撑下去！而井上面，现场指挥员也开始紧张地制订详细的救援计划！

但这么一研究，事就又难办了。事发地是个村子，道路特别窄，来的时候，车都开的磕磕绊绊，更别提大型救援机械了！再说了，现在老梁只是一个简单的应答，谁都不知道下面具体是什么情况。一旦没弄好，井下情况再发生点别的变化，就等于是害了老梁！不行，要救老梁，还得靠手挖！

这个方案虽然是当下最稳妥的办法，但大大小小的碎石块，要靠人力一块一块搬出来，谈何容易！而且当时井下的情况，就像是被一个粗心孩子搭起来的积木大楼，必须倍加小心的一块块拿下来，如果哪块拿的不对劲了，井下随时可能再次发生坍塌！

为了让救援工作尽量不影响到脆弱的石块结构，消防战士们选择了一个对他们消耗最大的办法——把史玉伟吊起来！脚不沾地，悬空作业！这对史玉伟将是极大的考验，如何保持平衡，如何与井上配合都是很难解决的难题。

而对于井上拉绳子的队员，这同样是个艰巨的任务。他们不仅要拉住史玉伟，还要协助他搬起大块的石头。一旦哪个队员没拽住，史玉伟一脚踩在石头上，引发坍塌的话，不但老梁会受到更重的伤害，史玉伟也将因为坍塌而受困井下！

现在消防官兵们的手上有两条人命，一条是史玉伟的命，一条是老梁的命。

时间，时间，还是时间。所有人都在心里计算着老梁落井的时间。这每多1分钟，老梁生还的希望就少一分！可这次的任务，难就难在着急没用！石头得一块一块搬，丝毫马虎不得！一筐又一筐的石头被送上来，而在众人眼中，这些石头，仿佛成了沙漏里的流沙，流逝的，是老梁的生命！

但是井底有很多的大石头，看得到大石头，但是看不到被困人员。史玉伟再次精神喊话："大哥，你坚持住，我们马上就来救你。"

就在这时，史玉伟掀起了一块大石头，瞬间他的眼前豁然开朗。看清楚情况后，史玉伟心里一喜：老梁生还的可能，越来越大了。

原来，井下有一部分井壁并没有塌陷。严重坍塌的地方，只有两处：一处在离井口9米处，另一处就在井口1米多的地方，而中间有长达七八米的井壁并没有坍塌，在井下12米深处的老梁，正是被几块塌下来的大石头隔出一片生还的空间。老梁的命真大！虽然老梁暂时没有生命危险，但长时间地被埋在黑暗中的老梁，精神却崩溃了。他一直说："我不行了，赶紧救救我。"

听到老梁的呼唤，史玉伟心里也特别着急，可此时，他已经有点力不从心了，要知道，他已经连续搬了4个多小时的石头了！下井比较浅的时候，还能找个人轮流搬石头。可随着史玉伟在井中越下越深，每一次上升到地面换班都是一次极大的危险，只要上面拉绳子的队员一个配合失误，导致史玉伟失去平衡，碰到脆弱不堪的井壁，就可能导致再一次的坍塌！所以到了晚上的时候，史玉伟干脆决定，不换了，争取一鼓作气把老梁救出来！

本来就不宽大的院子，都快被一块块，轻则一两斤，重则10多斤的花岗岩堆满了。史玉伟与老梁的距离在不断缩短，终于，史玉伟挖到了最危险的地方：支撑老梁上方的石块。

这块石头是卡在井中的，所以才给老梁隔出了生存的空间，可在这个节骨眼，一旦史玉伟拿掉了卡住其他石头的部分，那么老梁上方的石头，将会顷刻间将他淹没！史玉伟只能小心，小心，再小心。可是，所有人都不愿看到的一幕，还是发生了！

随着轰隆的声响，二次坍塌还是发生了！史玉伟焦急地不停呼喊！可是井下却再没有了回应！此时的史玉伟再也顾不得许多了，他拼了命地往外搬石头，同时不断呼喊，希望得到老梁的只言片语！

此时的史玉伟恨啊，他已经能看见老梁了，如果刚才能再小心点，下手再轻点，也许就不会发生坍塌了！可现在，毫无声息的老梁就近在咫尺，两人之间却隔着太多太多的石块！史玉伟此时也红了眼，头顶、肩扛，吃奶的劲儿都快用出来了！

终于，奄奄一息的老梁出现在了史玉伟的面前，起码，老梁的意识还在，老梁的生命还在！这对于消防战士们来说，无疑已经是最振奋人心的消息了！井上井下通力合作，用最快的速度将老梁拉了出来！此时，已经是晚上9点半了，距离老梁被埋井下，已经过去了整整12个小时！

长时间的受困井下，使得老梁十分虚弱，他被以最快的速度送往医院。

而此时，这场救援最大的功臣——史玉伟，却默默地坐到了一边，长时间的徒手挖掘，他的手上早已经起了一片片的水泡，工作服也早已被汗水打湿。可疲惫丝毫挡不住他眼中的欣喜。一个生命经过他的努力获救了，这比任何事都重要。

在随后的检查中，老梁除了一些擦伤，并没有什么大碍，还真是福大命大！

这一篇中的两个故事，其实都有点奇迹的意思。当所有人都觉得生还希望渺茫的时候，张军和老梁却都奇迹般地活了下来。可老王想问，像这么幸运的人，能有几个？明明知道土地松软，为什么坚持让工人作业？明明知道老井年久失修，为什么还雇人下井？一旦出了事，这就不叫意外了，应该叫人祸。

大难不死必有后福，希望张军和老梁，能顺利康复，从此平平安安！

来自农村的 90 后亿万富翁

贫苦少年，为何如今身价过亿？

神秘会议，为何让他目瞪口呆？

家庭破产，几经波折，他如何绝处逢生？

90 后团队，究竟如何缔造过亿奇迹？

中南海神秘电话

这是在北京召开的一场会议，看看参与人员，全部都是“大腕儿”，篮球明星姚明、影视明星陈道明、作家王蒙、教育家许宁生……虽然参加会议的一共就 10 个人，大家也能感觉到这会议的级别了吧！可让人奇怪的是，就在这星光闪耀的会堂中，正坐着一位十分年轻的小伙子。这小伙子是什么来头？能跟这些名人一起出席会议？从年龄上看，他就是个 90 后！别说大家不明白了，其实当时，这小伙子自己也正在犯迷糊！

他叫王锐旭，是个 90 后，2015 年 1 月初，他突然接到一通电话，邀请他去参加一个会议。

电话一开始就跟王锐旭说，有这样一件事，我先帮你把这个资料提交一下，也不一定能成，因为竞争者非常多，另外我也只能跟你说到这里。

一个会整得还挺神秘，起初，王锐旭也没怎么当回事，能去就去，不能去就不能去。可是没想到，他却顺利通过了选拔，成为了会议参加者之一。那时候，王锐旭也没意识到这会议的重要性，转眼就到了会议举办的那一天，主办方来接他去会场时，他就彻底蒙了！

王锐旭被接到了中南海。

中南海！那是什么地方？能去中南海开会，那这又是个什么会？王锐旭赶紧在自己的位置上坐下，这时，其他的与会者也陆陆续续抵达会场，正当王锐旭用惊诧的目光环看着周遭的一切时，一个更重要的人出现了！

这个人就是李克强总理。当时王锐旭看到李克强总理感觉非常和蔼，又有亲和力。但同时，王锐旭也非常紧张，因为这是他第一次参加这样重要的会议。

原来主持这场会议的人，不是别人，正是李克强总理，而王锐旭之所以能够参加这种级别的会议，正是因为他是 90 后的创业青年代表。

那个会议过得特别快，但是对于王锐旭来说，则好像过了整整一天。

要说王锐旭，也够幸运。能参加这样级别的会议，简直够他一生回味了。可话说回来，这 90 后创业者，国内那么多，为什么就单单选中王锐旭作为创业代表？别说，这王锐旭还真有些能耐，刚刚 25 岁，就已经身价过亿了！

要说这王锐旭，大学本科毕业也就半年多，而他手下的公司，已经成立快两年了，公司员工也有 100 来人，那么，当年还在读大学的王锐旭，究竟开创了什么样的公司，能让他拥有如今的成就？

王锐旭说，关于成功，自己要说个关键性词语：狼性。我们公司的每个同事都非常努力，但除了努力，并不是说你一天从早到晚忙到几点，而是说，要像狼群一样。狼是一群能团结能作战的群体，要用狼性带动起这个团队。

公司的员工说，最喜欢的就是王总每次做季度总结的时候，每说一句话、每说一个论题，都能激动人心，这就是他的魅力所在，很多东西都是他自己的，但是我们都是非常受益的。

从接触中，也不难发现，王锐旭这个小伙子，稳重、冷静，和其他同龄人比，有股子成熟劲儿！他现在的公司运作的项目叫“兼职猫”，是一款面向大学生的兼职软件，但不要小看这个软件，当时软件推出后短短几天，下载量便有4000之多，从2013年10月上线到现在，“兼职猫”已经有100万学生用户跟3万多企业用户，覆盖了全国40多个城市。

由于软件运营得好，他公司在最近一轮的估值中，价值已经过亿了！要说身价过亿了，怎么也得置办一身好行头吧，可是看着王锐旭，还是普普通通的一身衣服。放在一帮学生里，谁也看不出来他是身价过亿的成功商人。有人可能说，这一个90后带着一帮90后开公司，靠谱吗？可王锐旭不这么想，他们不但行，而且没人比他们更行！

王锐旭说：其实90后本来就是互联网的原住民，因为这些人的出生就是在互联网时代。而且更贴近用户，因为现在用户也大部分都是90后。确实，90后更了解90后，更知道90后需要些什么。

看来，王锐旭对互联网创业还真是有自己独特的认识。可提起他对互联网创业的创想和缘分，王锐旭笑了，他能有今天，竟源于一个巴掌。

曾经的网瘾少年

王锐旭说，自己最夸张的时候是在初中二年级，放“五一”长假，7天，他跟弟弟两个人，包了一台电脑，然后7×24个小时，每天轮流12个小时去玩游戏。

原来王锐旭初中时，父母都把时间花在了家里的毛织厂，没人管他。于是，王锐旭开始沉迷于网络，就像一匹脱了缰的野马，头也不回地冲着悬崖边跑。

要说游戏这东西，其实并不是洪水猛兽。但是像王锐旭这么玩儿，耽误学习是肯定的了，中考时，王锐旭的成绩简直惨不忍睹。而此时，家里的工厂也因为经营不善，濒临倒闭，这个家，再度风雨飘摇。

王锐旭的母亲现在想起来还要掉眼泪，那时候羊毛厂倒闭了，孩子也没管好，究竟该怎么办？

王锐旭觉得整个家庭都非常的低沉，父母也是很伤心的样子，就好像现在没有了，未来好像也没有了。

这张不及格成绩单的到来犹如雪上加霜，工厂倒闭，孩子沉迷网游，中考失利，重重压力下，王锐旭的母亲终于承受不住了，“啪”的一声，给了王锐旭重重地一巴掌，也正是这巴掌，才有了今天的王锐旭。

王锐旭很少看到母亲掉眼泪，特别是在孩子面前掉眼泪。以前如果是她非常伤心的时候，可能自己会躲到一个地方，偷偷地一个人伤心。王锐旭觉得，这或许是因为他们潮汕人都比较爱面子。所以当母亲在自己面前哭的时候，王锐旭真的觉得天快塌下来了。

天要塌了，可看着因为家庭压力痛哭不止的妈妈，再看看因为创业失败而失意沉沦的父亲，他突然明白，他不小了，家里的天塌了，他应该挺身而出，顶起来！从此，王锐旭埋头苦读，顺利通过中考、高考，就读了一个不错的大学。应该说，正是那一巴掌，打出了现在的王锐旭。

毕业后的王锐旭，其实在创业的第一步，是跟他现在的合伙人——蔼仪两个人开了一个小店，卖女装。因为王锐旭家里做过毛织，所以觉得自己在这一方面还是有点了解的。但是开了几个月后，却发现举步维艰，投进去的钱基本上没有任何回报。

创业之初，王锐旭为了赚钱做过很多兼职，做保安，摆地摊，甚至做模特经纪人，但始终没有找到出路。后来他发现校园外的大企业，都迫切地想打开高校市场，却找不到有效渠道。而正是瞅准这个商机，才让王锐旭组建了自己的第一支团队——“魔灯校园传媒”。

90 后 CEO

公司广告部的负责人林玩松说，以前有人觉得他在这工作是为了“兼职猫”，其实啊，是为了王锐旭，按林玩松的话说：“以后不管‘兼职猫’怎样，只要我们王总做什么我都会跟着。”

看来，他们之间的感情是超越工作关系的。其实在王锐旭的团队里，还有几个有趣的现象，首先，这里的员工 90% 的人都是 90 后；其次，老板的薪资始终比员工低。

就是带着这样一支年轻的团队，2014 年，王锐旭在与中国移动广东分公司的一项校园推广活动中盈利了 10 万元，也赢得了他人生中的第一桶金。

王锐旭说：我觉得现在年轻人创业一定要想清楚，因为现在有很多媒体，所以也有很多杂音。可能很多人会因为别人的鼓吹，就选择了去创业，但是这往往很危险。像我们现在的大学生，如果连一个比较好的学历都拿不到，就去创业，成功率是非常低的，因为你已经被淘汰了。被淘汰的人更不应该选择创业。创业应该是精英的青年、精英的大学生来做的事情。

这话乍听起来有点狂妄，但细一品味，确实还挺有道理。创业肯定比读书难，要是连书都读不好，这商海沉浮，你又怎么能冒头？要说这王锐旭不光挣钱厉害，读书也是一把好手。大学 4 年多次获得奖学金，最后还荣获“优秀毕业生”称号。可以说，优秀的成绩，就是他创业最大的资本。

王锐旭觉得“创业”这个词有广义，也有狭义。广义的话，不只是去开一个公司，甚至是你已经在一个公司里面，你还可以以创业的心态去做一件事情，你可能会更加融入、更加投入。所以创业在更大的层面来说，是创造自己的事业。

王锐旭的故事告诉我们，生活，本来就应该丰富多彩，年轻人更应该是这样，在信念与自信中收获成长。

其实 90 后也只不过是个标签，是个符号，青春本来就很精彩。成功，也不只有一个标准。

超级教师

深山里的一座学校，奇怪的5个学生。
90后女孩任教山村，
单纯的世界又有怎样动人的故事？

5个学生

这个故事，要从几个奇怪的小学生讲起。大家都知道，这小孩子最盼的，除了“六一”儿童节，就要数寒暑假了。可这一天，眼看就要放寒假了，湖南省邵阳市新邵县的几个小学生，却找到老师，一本正经地问：“老师，咱能不能不放寒假？”

赵文兵说自己觉得特别惊讶，因为寒暑假都是学生特别期待、特别盼望的，可是他们一点儿都不盼望，当时她就觉得很忧伤。

她之所以感到忧伤，是因为她就是这帮孩子们的老师，而且她明白这些孩子为什么不愿意放寒假。孩子们是怕她走！

破败的墙壁，破败的屋顶，还有破败的课桌，这就是赵文兵所在的学校，它坐落在湖南省邵阳市新邵县小年团村，听名字，就能感觉到这地方有多偏僻了。赵文兵去的山路上，骨头都差点颠散架了。到了之后才发现，这哪里是学校，只能算是个教学点！说实话，不怪学生们担心老师会跑，当时的赵文兵看到眼前这景象，也真差点吓跑。因为这里到处都是垃圾，全部是杂草，玻璃、教室，都很破旧。入目的，全是一片衰败的景象。

赵文兵一问才知道，在她之前，已经来过好几个老师了，但都没待长，最长一年，最短的，下车看了一眼，转身就上车走了。听到这儿，赵文兵心里也有点打鼓，但初来乍到，心中还是有一些期盼，怎么也得见见学生，可到了学生报到的时候，赵文兵又蒙了。

因为报名的那一天，赵文兵真的是等了好久，最终只来了 5 个人。那一天赵文兵连上厕所都不敢去，就怕错过学生来报名，老师却不在。一直就等着，盼着，可是到了最后，还是只有 5 个学生。

3 层楼的学校，就 5 个学生！而且还是两个年级的，而老师呢？就她自己一个人！生活在城市里的赵文兵哪里见过这个架势，然而年轻人的冲动，还是让她留了下来。

赵文兵就想着自己还年轻，想改变这里，有一股年轻人的冲劲儿。

于是，她手一挥，走！跟老师打扫卫生去！要说这学校，真是破败到不行，赵文兵领着学生，扫垃圾、擦桌子、清理杂物，用了整整一个星期的时间，总算收拾出操场和一间教室，这就算是可以上课了。可是想象一下，这两个年级的学生在一起上课，得是什么样？

上课的时候，二年级的做卷子，四年级的学加法交换定律。

因为这 5 个孩子里，有 2 个二年级的，3 个四年级的，都在一个班上课，给一个年级讲课的时候就给另外的一个年级布置任务。要是在两个教室上课，赵文兵一个老师，也照顾不过来。

然而，赵文兵在上课的时候又不知所措了，因为这样的学生，她从来就没见过！

赵文兵问孩子什么问题，孩子只会点头、摇头和一脸茫然，而且孩子们不管看谁，也总是一副怯生生的样子。直到有一天赵文兵去家访，才发现问题所在。

那次家访班里最内向的学生李鑫宇，当时他的爷爷正在干活，说起孙子的情况，爷爷别提多心疼了。

爷爷说：他的爸爸在他2岁的时候出车祸去世了，妈妈也一直在外面没回家，他是我一个人带大的。他妈妈一般过春节的时候过来看一次，平时很少回来。他总觉得做爷爷的没爸爸妈妈好，感情不一样。就连做梦都会喊爸爸妈妈。

而在随后的家访中，赵文兵惊讶地发现，其余的4个孩子，同样是留守儿童。父母都在外打工赚钱，虽说家里也陆续盖起了新房，生活的条件逐渐转好，但父母的陪伴，那是多少钱都换不来的。

赵文兵也很落寞，觉得孩子们很无辜。

缺少父母的关爱，孩子们就会下意识地把老师当作自己的亲人，可这样的亲人却不长久。拿小姑娘石崞飞来说，她才上四年级，可是已经换了6个老师了！孩子们不知道大人们的理由，他们只是觉得，自己又被抛弃了。是不是自己做错了什么？

石崞飞同学猜测，可能是因为我们太吵了，惹她们生气了，所以才会走吧。而且老师走时连一声招呼都不打，还是挺让人伤心的。以前也是这样，笑一下就走了。我们说老师再见，老师就说，走了哦。

此时再看这些孩子，赵文兵是心疼得不得了。既然来了，成了他们的老师，就要让这些留守儿童感受到温暖，感受到关爱，不再让孩子们受委屈，更重要的是，要让这里的孩子获得知识，自信起来。

超级教师

在户外玩的时候，孩子们是最开心的，于是赵文兵干脆把课堂搬到了树下，还用手机给孩子拍照片拍视频，像其他的父母一样，记录孩子童年的时光，希望等他们长大后，也能看到自己成长的点点滴滴。

因为这些孩子的爸爸妈妈都在外边，赵文兵觉得自己也可以扮演一下他们爸爸妈妈的角色，陪伴他们。

陪伴，对于当今的孩子来说，是个太奢侈的词儿了，当父母的都难得好好陪伴着孩子成长，更何况山村里的这些留守儿童。而赵文兵正是想用自己的陪伴，来填补孩子们缺失的父爱和母爱。也就是从那时候起，这个一直在被父母照顾的大孩子，也开始学着照顾他人了。

“给学生做饭的时候不知道放了多少次盐。”

这句话是赵文兵说的，是第一次给孩子们做饭的情景。自己在家就从没进过厨房，这不也是一边儿电话咨询着妈妈，一边儿用勺子不断地品尝味道，折腾半天才把尖椒炒肉端给孩子们。

因为这里学生只有 5 个，赵文兵就想，自己就是这里最大的人了，相当于他们都是孩子，我是家长，无论什么自己都要有主见。在家里的话，自己就是那个最小的，什么事情都不用想太多，也不用去操心。可是在这里不同。赵文兵每天从早到晚和孩子们学在一起，玩在一起，这些共同生活的日子，也让她渐渐成长为一个细心的姑娘。时间长了，什么时候让孩子加衣服，哪个孩子身体不舒服，她都了然于胸。

为此，赵文兵付出最多的就是时间。可以说，除了睡觉和吃早饭的时间这些孩子不是跟老师在一起，其他时间都是跟老师在一起的。

白天跟孩子们热热闹闹地上了一天课，可是等到夜幕四合，这一间办公室就被改成了卧室。此时黑漆漆、空荡荡的山村小学，只有她的房间亮着一盏灯，这时候赵文兵心里的恐惧，可想而知。

催泪陪伴

赵文兵算不上胆子大的女孩儿，刚来的时候也是吓得睡不着。晚上，连上个厕所都不敢去。那时，赵文兵最怕的就是放学。直到有一天放学后，孩子们谁也不愿意回家。

孩子们哭着喊着，家长还打了一个孩子，可是打都打不回去。爷爷奶奶们拿孩子没办法，只好答应，孩子们欢天喜地地抱来被子，把桌子拼在一起当床，一副过家家的样子。当时赵文兵也觉得奇怪，晚上就偷偷问石嵱飞，为什么一定要在学校睡？可得到的答案，却让赵文兵湿了眼眶。

石嵱飞说：“因为老师害怕呗，还有，老师应该很寂寞，没有人说话。我们觉得赵老师和父母差不多。”

别看孩子们小，那小颗心里装得满满的都是纤敏的感动和爱。他们发现赵文兵在学校不敢睡觉的秘密，这才哭着喊着要来学校，陪着她一起睡。

赵文兵一个人在这里睡的时候，真的是特别的孤单。孩子们夜间的留宿，让赵文兵感觉突然间有人给了她一个拥抱，非常温暖。

自己陪着孩子，孩子也陪着自己，赵文兵开始慢慢喜欢上这种被孩子们依赖的感觉。渐渐地，她也发现了大山里越来越多的乐趣。

也不知道从什么时候开始的，5 个孩子，开始喊赵文兵“干妈”。突然间自己成了“妈妈”，这让赵文兵也有点儿不知所措，不过她的心里却是美滋滋的。虽然孩子们这样爱她，但她心里始终有一个隐忧。

赵文兵问他们，你们的梦想是什么啊，他们说长大以后就留在这里。这让赵文兵想起了放羊娃的故事，生了孩子继续放羊。

如今的传媒互联网这么发达，然而自己的学生却对山外的世界知之甚少。赵文兵觉得这样可不行！

由于山里没有网络，只要有时间，赵文兵就坐上车，山路几十弯的到山外网络通畅的地方，下载电影、动画片、纪录片，然后返回学校带给孩子们看，给孩子们讲山外的故事，告诉他们外面世界的缤纷色彩。

小石崞飞说：“上海、非洲、四川，想起来都很美。”

赵文兵说：你选择什么样的路，你就会成为什么样的人。我不羡慕那种在外面挣大钱做生意的人，因为那是他们的付出，就该有他们的收获。我的付出在这里，所以我的收获也在这里。我觉得我很满足。

不光自己在这里，赵文兵还希望她的男朋友也可以来到这里，为山里的孩子们做些事情。孩子的未来，拥有无限可能。赵文兵愿意用她的青春，来守护孩子们的梦想与未来。就在几年前，她也还是个孩子。而现在，她是这学校里唯一的老师，孩子口中的干妈，被孩子们爱着。也许就像赵文兵说的，她的付出在这里，所以，她的收获也在这里。

最接近死亡的天使

90后美女护士，却照顾着一群特殊的病人。
离死亡最近的职业，她该如何面对工作的压力？
生命终点的守护，是怎样的温暖与感动？
在这里，她将经历怎样的欢笑与痛苦？
又将得到怎样的感悟？

最接近死亡的天使

1990年出生的女孩儿田荣，在北京当护士。虽说田荣长得乖巧可爱，但是对于其他人来说，接近她却需要勇气。为什么？因为这个女孩儿，每天护理的是一个特殊的群体。

用田荣的话来说："死亡的气息，好像就离你很近。"

死亡的气息？要说这也正常，当护士的，看到的生离死别，必定多于常人。但田荣所在的医院，可不一般，那是一所临终关怀医院。所谓临终关怀医院，就是这里不仅有暮年的老人，还有很多因病而濒临死亡的人，他们的家属希望病人在生命的尽头，能够得到更多的安慰与尊严。可是照顾他们，却并不是件容易的事。

田荣正在护士站，突然就有人叫她，“你赶紧去看看吧，李阿姨又闹情绪了！”

田荣过来后，看见李阿姨在扔饭，嘴里还说：“我不吃，接受不了。我活到这儿也不用吃饭了。”

这病人，姓李，是医院里出了名的暴脾气，脾气一上来，把饭扔了一地，这情况如果是一般的护士，最少也得皱着眉头说几句，可小田没有，而且只要小田一去，马上风平浪静。为什么？因为这病人，最听她的。

田荣很聪明：“你好了还得指导我们工作呢。我喂一口。”

李阿姨也很给面子：“我自己吃吧。”

小田说，这样的事，她都习惯了。发脾气，甚至乱发脾气，那都是因为他们重病缠身、心里不痛快给闹的。看看，这就是小田对这些人的理解。

“奶奶，张嘴做雾化就没有痰了。”

“奶奶，把嘴闭上，吸进去。”

“来，慢慢喝药，慢点儿慢点儿，先试试烫不烫，慢点儿。”

临终关怀医院有将近300个病人，都要靠像小田这样的护士，细心照料。面对这些挣扎在生命终点的特殊群体，在这儿工作的护士，要承受更多的压力，甚至压抑。

90后，这是当今社会新崛起的一代，可大多数的年轻人，正享受于青春的自在，追求新鲜向上的行业。其实也不是说临终关怀工作不好，只是在这里工作，的确考验人。想想就可以知道，这里住着的是被病痛折磨的患者，还有徘徊在死亡边缘的人，而他们的内心往往装着绝望和恐惧。小田正值青春，她又该怎样来面对他们？

田荣刚来的时候，第一次踏进病房的那一刻，有很多都不习惯。有些病人瘦得皮包骨头的样子，让人看着感觉很可怜，会有生命就快走到尽头，随时都可能走的那种感觉。

生命，在这里十分脆弱。最初小田也受不了，每天听着病房里的呻吟声，确实太折磨人了，那阵子，真是天天都在提心吊胆！

只要前台的电话一响，田荣她们的脑子就绷紧了，因为感觉会有什么事情要发生。

可时间久了，小田却体会到，这些老人对她的依赖。好多老人一看见她来，脸上就有了笑意。有的老人还要认她当干孙女！

快乐与辛酸

但凡有点儿什么好吃的，老人们总是想着小田。而小田也逐渐发现，老小孩儿老小孩儿，说的真没错，这些老人，心里面还真就住着一个小孩子！

其实想想也是，老人们在医院里，儿女都不在身边，而每天照料和陪伴自己的这些小护士，就成了他们最亲近的人。打心眼儿里，老人们就没把小田当外人。这不，他们又开始关心起小田的个人问题了！

“你多大了，你谈朋友了吗？就给你操心这些事儿。”田荣听到这话微微一笑。

当着老人的面，小田只能乐呵呵的。可其实提起这事，这姑娘的心里，也不好受。当初，就因为选择这份工作，谈了好长时间的男朋友，和她分手了！而家里对这份工作也是一百个不支持！别说家里了，就连她护理的老人们都心疼小田！

他们都会说：孩子太辛苦了，这里条件也不好，工资也不高，要不换个工作吧。

小田有多辛苦，没人比这些老人更清楚。心疼，那是真心疼。但劝归劝，小田要是真走了，估计不少老人就得抹眼泪了，其实小田又何尝不是？既然入了这行，田荣觉得，这未尝不是一种缘分。

田荣觉得自己出来的第一份工作就这么半途而废，坚持不下去的话，接下来的工作该怎么办？于是，她还是想坚持一下，看自己到底能不能干下去。

其实，开始做临终关怀的护理工作，并不是田荣如愿的职业，但她执意留下来，也只是不愿意轻易放弃。

然而，突然发生的一件事情，让她对这份工作，有了新的认识。

一天田荣在值班的时候，妈妈打来电话，说奶奶过世了，很突然的，小田问什么原因，妈妈也不说，当时小田的脑子就蒙了。

小田的奶奶当时已经80多岁，有点糊涂，由于家人的一时疏忽，老太太一个人竟失足掉进了河里。发生这样的意外，让见过太多生离死别的小田，还是难以接受。

田荣走到奶奶身边，握住奶奶手的那一刻，只感觉到一阵冰凉。因为在医院工作1年，见到的那种情况已经很多了，可是当你握到自己亲奶奶的手，那种冰凉还是不一样的感觉。因为那毕竟是你的亲人，接受不了。小田感觉奶奶没有走，不愿意相信那是事实。

奶奶的突然离世，让小田觉得，如果奶奶身边有一位专职照料她的人，这样的悲剧，就一定不会发生。就这样，小田带着遗憾，浑浑噩噩地回到了医院，可一进病房，她呆住了!

有一个奶奶跟小田的奶奶长得好像，用田荣的话说：脸圆圆的、胖嘟嘟的那种，挺可爱的。

也许是命运的善意，新来的老人和小田的奶奶长得非常像。对于刚刚经历丧亲之痛的田荣，这无疑是最好的安慰。此时，这份工作对于她的意义，已经发生了重大的变化。

小田说，有时候想奶奶了，看见这位奶奶，就像看到自己的亲奶奶。于是就坐在她旁边，看看她的那张脸，看看她的眼睛。

之前，也许这些老人在小田的眼里，只是需要照顾的病人。而如今，他们成了格外需要呵护的老人。她开始跟他们聊天，了解他们的内心，而敞开心扉之后，小田发现，自己拥有了很多温暖。

小田爱上了她的工作，爱上了这些老小孩儿。可有一个问题，她始终无法回避。那就是，离别。

难逃离别

医院里有个李爷爷，那可不是个好对付的老头儿。刚进医院的时候，脾气暴躁地还打过护士，那次老爷子动怒就是小田哄好的，后来田荣就陪着他聊天、解闷儿。再后来，俩人简直就像爷孙俩一样。

田荣说：越来越熟，越来越熟，每次去就不把他当长辈那样，我可能就是摸摸他的头，揪揪他的耳朵，摸摸他的脸啊，他就乐。我不说话，摸他他就乐。

小田自小就没有爷爷，而看似暴躁，其实却特别有趣的李爷爷，跟她小时候对爷爷的幻想简直是一模一样。“爷孙俩”就这么每天玩乐在一起，直到突然有一天，这样的画面，永远地消失了。

那天当田荣交班的时候，同事告诉她，李爷爷的情况不太好。小田就立马上去看他，而当时李爷爷已经是昏迷状态了。

小田轻轻地叫了他几声，李爷爷似乎也感觉到是小田来了。他想睁开眼睛，他想坐起来，他想像往常一样，跟这个干孙女聊聊天，说说话。但是，这些事，他再也做不到了。

离别，这是小田一直不愿意去面对的事。但是死亡对于这里，并不遥远，这里每一个人的生命，都很脆弱。离别，也只是时间的问题。每一次离别，小田都要痛哭一次。可擦干了眼泪，她还是要为她所爱的老人们，做他们生命中最后的一件事：整理遗容，让他们有尊严的离开。

田荣说：我希望他能感觉得到，也能好好地送他一程。希望他能很有精神、很有尊严的走。虽然我做遗体化妆的事情很小，但是希望做到它该有的意义。

离去的老人再也无法拉着小田说话了，但小田希望，他们走的有尊严。她知道，老人们看似年岁大了毫不在乎，但是，他们心里其实都抱着无声的希望，当儿女来送别他们时，自己能以最好的姿态，干净而体面地离开。

田荣说，家属看到老人走，情绪是很崩溃的，但是当看到你给他化完妆，老人的精神面貌很好的时候，他们的心里又有一丝丝安慰了。

生命，是脆弱的。这是小田在这里明白的最重要的道理，但她懂得，生命虽然脆弱，但与脆弱同生的，还有美丽。能把生命活出美丽，用美丽的良善和关爱去滋养生命本身，这才是人生最重要的意义。对于小田来说，她愿意用自己的爱，为老人们生命终点的旅程，送去美丽的风景。

可能这些护士是微不足道的，但是如果她们走了，就少了一个关心老人的人。小田说，自己能每天让他们笑一笑、乐一乐就很满足了。

小田说的好，有些事，总要有人来做。她用青春，为老人们生命的最后一站，带去温暖与陪伴。而她的奉献真的毫无回报吗？当然不是，她们从中得到了爱与成长。敢问世间，还有比这更好的回报吗？

当你对别人付出了爱。爱，不会减半，只会成倍增长。所以，别吝惜心中的爱，勇敢的付出吧！

以爱之名的“人皮外衣”

蹊跷病人，引出惊世惨剧。

一线生机，如何成为救命稻草？

生死难料，残酷现实击碎渺茫希望。

血的代价，能否换来亲人重生？

生与死之间，我该如何唤醒沉睡的你？

特殊的衣服

有句话叫“穿衣戴帽，各好一道”，要说当今社会的人，穿衣打扮，跟以前可大不一样了，有的是为了追求个性，有的是为了彰显身份，可要说起故事里的这位，他有一件特殊的衣服。

先卖个关子，他的姑父说：每个人都从自己身上拿了块皮，给他做了一件衣服。

这话说得可是够吓人的，拿人皮做衣服，别说看了，连听都没听说过。可话又说回来，这又是一件什么样的衣服，这人，又为什么需要这样的一件衣服呢？

故事还要从2015年4月21日说起，这天深夜，河南省新乡市第二人民医院的烧伤科，突然接到了一个让人不寒而栗的病人。

当时医生郭瑞描述说：这个病人非常罕见，从头到脚，我们基本上没有找到一片完好的皮肤。有表皮覆盖的地方我们拿纱布轻轻一擦，皮肤就跟纸一样脱落了。

当医生的心理素质可都是相当过硬的，可眼前的这位病人，浑身上下，跟纸做的一样，稍有触碰，身上的皮就成块地往下掉，一旁的大夫都有点没办法下手了。这人是怎么了？

袁父说：他妈打来电话说，发家出事了，掉到锅里头了。一说掉到锅里头了，我的心马上就揪起来了，掉到那个大锅里头，怕得很哪。

说话这人名字叫袁飞，今年60多岁了，袁飞嘴里所说的“发家”，正是自己儿子的小名，也就是现在躺在手术室里的袁志豪。通过上面的说法，此时生命垂危的袁志豪，是掉到锅里边才变成现在的样子！

事发之前，袁志豪一直和妻子侯二妮经营着一家卤肉店。要说干餐饮的，属于勤行，头一天做好的卤肉，天不亮就得送到批发市场。出事这一天晚上，跟往常一样，袁志豪领着工人，在作坊里头忙活，可到了晚上11点多，伴随着一声惨叫，一场浩劫般的灾难彻底改变了袁家的命运。

远远地听见一声惨叫，一种不祥的预感从心底涌了上来，母亲姬庄花来不及多想，趿拉着鞋子就冲过去了，可刚一进屋，一幕几乎令她窒息的场景，出现在了她的眼前。

自己的儿子在锅里边站着，手把着锅沿。

袁志豪朋友说：那水正欢的时候，他去搅那锅了，都是马上都要出锅的东西，你想想吧，“咕嘟咕嘟”直滚。

作坊里直径2米 ×2米的大锅，里边又是水又是油，翻开冒泡，人掉进去了还能上来吗？母亲姬庄花想都没想就扑上去了。

袁志豪那会儿的身体太胖了，二百零几斤。当时还有3个干活的在那儿，也不知道是吓坏了还是怎么回事，3个男的都没有人来帮忙。

也不能说人家见死不救，小水池一样的大锅，烧了几个小时，谁敢往前上，万一人没救上来，搞不好还把自己搭进去就不好了。这时候能忽略这些问题，一心想着救人的，只有当妈的了！

时至今日，我们已经无法想象体重只有不到80斤的母亲姬庄花，是如何把身高1.8米，体重200多斤的袁志豪从翻开的大锅里薅出来的。儿子的安危让这个母亲彻底忘记了恐惧、忘记了自己的疼痛。在家人的护送下，袁志豪立刻被送往了新乡市第二人民医院。

郭瑞医生说：对于他的评估，是特重度、大面积烧伤病人，但总体来说，他的烧伤面积是非常大的，因为100%的面积是非常罕见的。说白了，“肉已经煮熟了”，就是这个状态。

这话光听起来就叫人后背发凉，平时生活里哪里要是被烫得严重点，那也会疼的夜里睡不着觉，可听医生的话，袁志豪全身都快被煮熟了，恐怕疼也得把人疼死。

郭瑞医生描述，病人来的时候，所有烧伤能见到的急危重紧急情况，他基本上都反映出来了。主要是出现一个低血容量性的休克，血红蛋白尿，包括应激性的溃疡，更严重的则出现各脏器的衰竭，而且每一个情况都是致命的。

情况万分紧急，医院大夫立刻为袁志豪进行了紧急抢救。

袁志豪出现了呼吸道水肿，医生们给他做了气管切开手术，给他用的血液制品，甚至有几万毫升了，超过了他自身血液的好几倍。

这一夜，袁志豪遭的罪就不用多说，经过大夫的抢救，袁志豪的生命体征，终于逐渐恢复了平稳，眼下，命是暂时保住了，家人的心也总算稍稍放下来一点了，可医生这边却怎么也高兴不起来，一个更大的麻烦摆在了他们的面前。而这个麻烦，几乎随时可能要了袁志豪的命。

翘首以盼

据袁主任医生说：这么大面积的烧伤，怎么样来修复它，怎么样来保证病人能活下来是最大的问题。

而郭瑞医生说：大面积烧伤的病人，体液流失是非常严重的，如果你不尽快的把它覆盖起来，导致体液的不断流失，会导致病人低血容量性休克，这样病人的生命体征就没有办法维持。

医生的话不难理解，皮没了，身体中的水分、血液，都存不住了，输血抢救只是一个维持手段，如果不尽早进行植皮手术，病人失血过多那是迟早的事。

但是这个病人已经没皮了，这是最大的问题，因为是 3 度烧伤，甚至包括头也是 3 度烧伤，根本没有皮源。

简单点说，由于人的头皮，再生能力强，按照以往的疗法，对于大面积烧伤的病人，只要头皮存在，医生就可以取患者头部的皮肤，移植到烧伤创面上。可袁志豪的问题显而易见，全身 100% 重度烧伤，没有可供植皮的皮源。事到如今，只有一个办法，或许能救袁志豪的命。

郭瑞医生给出的一个结论是，前期给他做一次微粒皮加异体皮的移植手术。

微粒皮移植，就是取下袁志豪头皮部分较为健康的皮肤组织打碎，然后，像种子一样播种在烫伤最为严重的四肢区域，等种子生根发芽，最后连成一整块的皮肤。

郭瑞医生说：因为这些微型皮片，第一，包扎的话，容易丢失，要首先用异体皮覆盖保持患者的体液；第二，需要给这些微型皮片一些营养。只有在保存体液的同时，这个营养才不丢失。

要说微粒皮移植，对于专业的烧伤医院来说算不上什么难事，真正让医院为难的是，为了保护皮肤，以及种子的正常生长，修补创面需要用异体皮来覆盖，可话虽简单，由于国家对异体皮的购买要求十分严格，全国只有一家机构可以买到异体皮，价格也相当的高昂。

像指甲盖这么大一小片，就 30 多元钱。袁志豪的身体表面积大约是 6600 多平方厘米，这就需要 20 万元左右，而 20 万元对这个家来说，不是一个小数目。

尽管在外人看来袁志豪大小也算是个老板，可当媳妇的心里有数，当初开店的时候，欠了银行十几万元，就在出事前几个月，一家人刚刚把最后一笔贷款还上，无债一身轻的日子还没过上几天，家里就突然出了这么大的事。

侯二妮没有想过需要这么多钱，但是不管多少钱，只要能救他，不管多少钱，都中。

话是这么说，可丈夫一倒下，家里的大事小情都落在这个女人身上了，眼下，袁志豪在重症监护室里靠输血维持生命，每多一秒都会增加一分危险，可是一个女人，上哪里能弄来20万元。

侯二妮娘家一共姐弟6人，一听说袁志豪手术急需用钱，剩下的5个人二话没说，当天就把手术需要的费用凑过来了！

侯二妮的兄弟姐妹都是农民，都是自己种地，每个都拿了好几万元。

大姐说：只要能治袁志豪，倾家荡产，我都行，只要她有个家。

自己宁可倾家荡产，也要让妹妹有个完整的家，娘家人这话听着叫人不得不佩服，拿着来自5个家庭的20万元，侯二妮还没来得及道谢就跑到了医生的办公室，快！给袁志豪做手术！钱到啦！

侯二妮在袁志豪推进手术室的时候，跟在推车后面跟他说“放心，没有事，没有事。”

妻子的这话是在安慰丈夫，也是在安慰自己。可不管怎么说，人总算送进手术室了，剩下的状况那就交给医生处理了。几个小时以后，经历完四肢植皮手术的袁志豪，终于从手术室里被推出来了。

此时的袁志豪浑身都被纱布包裹着，只露着头，整个人是一团黑，都不像一个人了，可以说是面目全非。

儿子伤成这样，当爹的心疼那是肯定的。可毕竟这是治病，儿子手术完成了，这一家人的努力也没白费。可家属这边还没来得及高兴，又一个消息让袁家人彻底地傻在那了。

侯二妮说：手术之后，医生下了病危通知，医生说100%的深度烧伤，面积太大了，有可能……最后叫我做好思想准备。

尽管在这之前，侯二妮心里已经早有准备，可当这个噩耗真的被印在纸上递到手里的时候，这个女人，再也控制不住了。

当时侯二妮太难受了，哭的身上发凉，走路都走不了了。医生说，如果过48小时能挺着，就挺过来了，如果挺不住……

毕竟是 100% 的烧伤面积，谁也不敢保证在危险期病人会不会出现意外，而此时，侯二妮唯一能做的，就是面对人生中最漫长的 48 个小时。

侯二妮一直瞧着，眼睛都不动，一直瞧着表，太煎熬了。

痛苦的等待永远是漫长的，侯二妮不敢想，48 小时以后等待自己的会是什么，可身上的每一个细胞，又在不由自主地计算着时间。

侯二妮下午去病房探视，袁志豪竟然没认出她是谁！只是说："走吧！去死吧！"总说这几句话。

老天似乎用 48 小时去考虑袁志豪的生死，这 48 小时对于袁家人来说，就像几个世纪一样漫长，可现在回想起来，除了绝望、除了悲伤，记忆里似乎只剩下袁志豪病重时的几句胡话了。就在第三天早上，医生终于带过来一个消息：袁志豪，没事！他活过来啦！

全身 100% 特重度烫伤的袁志豪，在手术后昏迷了近 50 个小时以后，终于再一次睁开了眼睛！这对于袁家人来说，之前吃的再多的苦，受的再多的罪，在这一刻，都变得微不足道了。而袁志豪，也在大难不死之后，第一次看见了自己的家人。

侯二妮说：他麻醉劲儿醒了以后，我去探视，他说，没有事，就是烧伤了，没有事，过几天就好了。他还在安慰我，还在安慰我呀！

袁母说：到里边看到我儿子的手在那哆嗦寒战，浑身打着寒战，我都还没说话呢，儿子说，妈，别怕，有神仙保我啊，我两天就好啊，你听我说话声音。

没等亲人开口，躺在床上浑身疼得直哆嗦的袁志豪倒先安慰起这娘儿俩了，这就是家人，遇到事，心里头永远装的是对方。医生在旁边看着心里头也跟着高兴。

郭瑞医生说：他会跟我们开玩笑说，大夫，等我病好了，咱们出去喝酒。

虽然我们不是医生，不过听他这样，袁志豪这病是见好，酒瘾都上来了。袁志豪这一醒过来，老袁家是一片云彩都散了。可话又说回来，生死之间的考验哪能这么容易就过去。袁家人这边，刚消停了没几天，袁志豪那边又出事了！而这一次出事，几乎让之前所有的努力都白费了！

至亲骨肉

植皮手术几天之后，袁志豪居然发烧到40℃，还出现了全身抖动的症状，这些都提示医生们，有细菌感染，并且是严重感染的一些症状。

要说大面积的烧伤病人，感染几乎不可避免，可要命的是，袁志豪的感染偏偏在植皮手术之后爆发，一听这话，主治大夫的脑袋“嗡”的一下。

袁主任介绍说：感染的细菌，一方面是创面；另一方面是肠道，发生感染以后，任何皮肤，都难以成活。

由于感染过于严重，花了20万元买的皮刚刚移植到丈夫身上没两天，就坏死了将近一半。而大夫下面的话，更让袁家人彻底地崩溃了：

“病人的病情非常重，随时都有生命危险，这个事情必须让家人知道，有人财两空的可能性。”

侯二妮说：医生跟我说，人没有了，你还有两个小孩。不如放弃了，你还能省点钱，要么你往后怎么生活？

要说大夫说这话咱也能理解，治病救人是大夫的本分，可总得有人替家属想想，躺下的人有病得治，可站着的人日子也得过。但是一听这话，妻子侯二妮藏在心里的最后一道防线，也被彻底的击垮了。

可是袁志豪的母亲却不同意，她说：能看，一直不放弃，要一直给我儿子看，怎么能放弃啊！

儿子只有32岁，几天前还在病房里安慰自己，这时候，只要有一口气，当妈的卖房子卖地也得给儿子看病，在袁家人的坚持下，医院终于同意，为袁志豪继续治疗。而治疗的办法，只剩下一个了。

郭瑞医生说：唯一的办法就是赶在感染的高峰之前，尽早封闭创面，也就是跟细菌抢时间。长好一部分，病人脓毒血症的病情就会减轻一部分。

这边，重症监护室里的袁志豪再次命悬一线。想要救他的命，只有继续植皮，才能最大限度地阻断感染源。可问题也显而易见，买皮，得用钱。

别的不说，上一次植皮手术，买皮是20万元，加上手术费，袁家一天的时间就花了整整30万元，跟烧钱一个样。几天下来，亲戚朋友都借遍了，家底早就折腾没了。再买皮，已经没有钱了！

考虑到患者情况的特殊，医生向侯二妮提出了一个特殊的建议：第一，买皮。第二，就是用家属的皮。

医生的意思，就是从家属身上取皮，经过处理，再分批次的移植到袁志豪的身上。好处自不必说，光是费用这一块，就能节省出一多半。医生这话一出口，这个平时在别人眼里甚至有些胆小的女人，第一个站出来了。

侯二妮说：植我的皮吧。只要能救他，不管用我身上多少皮，我都愿意。不管用我身上什么东西我都愿意。只要能救他，只要他能有口气，我什么都愿意。

这个时候，除了丈夫的安危，这个女人心里什么都装不下了。就这样，为了能让丈夫走出重症监护室，妻子侯二妮毅然地走进了手术室，接受了左臂的取皮手术。

郭瑞医生说：因为移植四肢的创面，所以只能分批次的去植皮，就是头皮在他愈合的时间长好，我们尽快地进行手术，长好，再手术。

很快，从妻子身上取下的皮，就移植到了丈夫身上，侯二妮这边，麻药劲儿也过了，可你想想，整个一条胳膊的皮没了，她能不疼吗？

侯二妮说：最疼的时候，我就想，我就光一条胳膊，就把我疼得受不了，当时疼得都不想活了，再想想袁志豪可是全身，如果全身换一次药，那得多疼，我这点疼，和他比起来，太小了。而且如果我遇到这种事，他也会跟我一样对我，我敢肯定。

在令人近乎失控的疼痛下，这个女人心里头想的，还是自己的丈夫。要说夫妻之情，说浅能浅到一拍两散，说深也能深到生死相依。可话又说回来，袁志豪手术需要全身植皮，而仅仅妻子的一条胳膊，还远远不够。当初为了不让老人担心，妻子侯二妮是瞒着公公婆婆做的植皮手术，可事到如今，再也瞒不住了。

袁母说：她捐罢了咱们才知道，开始我也不知道，如果知道捐皮，我就让我妮来捐。而且让她多捐点，因为她是他姐姐嘛。心疼是归心疼，可是她没毛病，我儿子有病了，她不救谁救？

当妈的对女儿说出这话，心里头可是在滴血，可这个时候谈心疼，已经很奢侈了，远在南方打工的女儿袁艳梅当然理解母亲的心思，立刻从厦门赶了回来，当天，就将左侧大腿的皮肤移植给了弟弟。

袁艳芳说：我这个姐姐虽然是大的，却没给家里做什么贡献，自己在外面也就勉强顾着自己，我父母都是靠我弟弟来养活的，当时我就感觉天塌了，我就是这种感觉。

可事情还没完，姐姐和妻子这边能捐的都捐了，可袁志豪那边还有将近一半的皮肤没有着落。

侯二妮说：医生也不想叫我植皮，在腿上植皮，大概需要1个月才能下地。若我1个月不去见他，他会更疑心了。

故事讲到这儿，有件事不得不说了，躺在手术室里的袁志豪，此时还不知道自己身上的皮，是来自家人的。为了不让丈夫担心，刚刚完成手术的妻子，还要每天忍着剧痛去重症监护室里探望丈夫，可眼下，皮源紧缺，如果接受了腿部取皮手术，丈夫那边就没人管了。就在这个时候，又有两个人找到了医生，这两个人是谁，还用问吗？

袁父说：我说把我的皮不管植成什么样，我说只要能救我儿子，就是把我麻醉，麻醉过去，死了，把我全身的皮，都用来救我儿子，我也愿意。

袁母说：当时想，都捐出来了，最后要用多少我捐多少。用我一条腿，我都不问，只要用，我就给。

老两口这话都不用多想，是爹妈对儿女的真心实意。要说父母这一辈子图个什么，无非就是儿女安康，眼看家里出了这么大的事，当爹妈的心里边，自己的安危，根本就不重要了。

袁父说：做手术时有麻醉，不知道疼。第3天，第5天，换药的时候，真是疼死了，把皮去掉以后，换药，热辣辣的酒精，捂到这块，整条腿就跟火烧着了一样，疼死了，疼的我号啕大哭。我说医生，不能想个办法换个药，疼得实在是超过人的极限了。

这场景都没法看了，跟上刑差不多，可老两口心里咋想的谁都明白，受这点罪算什么，只要能救儿子，能和儿子换命才好。

最终，在所有人的努力下，躺在重症监护室两个多星期的袁志豪，终于再一次被推进了手术室，接受家人的特殊的馈赠。

郭瑞医生说：因为在第 2 期手术的同时，他的头皮已经愈合了，他已经给我们创造出植皮的机会，所以我们可以用病人的头皮，移植到病人自身的创面。

袁主任也说：新植的皮肤没有坏死，成活了百分之七八十。

也许是家人的诚意感动了上天，袁志豪的植皮手术异常顺利，经历了几个小时的手术后，袁志豪终于再一次，从死神的手里，逃出来了。

侯二妮的最低希望就是丈夫能离开重症，自己能照顾他，能跟自己说说话，就算将来他不能干活了，或者是残了，甚至怎么样，自己也要养活他，养活他下半辈子，侯二妮都愿意。

虽然袁志豪的植皮手术非常成功，但目前来看，还是没有脱离生命危险，可有了来自家人的这层保护，大家都相信，总有一天，袁志豪会再一次站起来，再一次回到家人的怀抱。

要说这次突如其来的灾难，给袁家人身上，带来了一辈子都难以抹去的伤疤，可明眼人都知道，那不是伤疤，是荣誉，是印记，是爱的印记。

图书在版编目（CIP）数据

故事大王王刚：热点追踪 / 辽宁卫视《故事大王》栏目组编著. —北京：中国工人出版社，2015.11
ISBN 978-7-5008-6282-6

Ⅰ. ①故… Ⅱ. ①辽… Ⅲ. ①社会生活—中国—通俗读物 Ⅳ. ①D669-49

中国版本图书馆CIP数据核字（2015）第268056号

故事大王王刚：热点追踪

出 版 人	芮宗金
责任编辑	董　虹
责任校对	董春娜
责任印制	黄　丽
出版发行	中国工人出版社
地　　址	北京市东城区鼓楼外大街45号　邮编：100120
网　　址	http://www.wp-china.com
电　　话	（010）62350006（总编室）　（010）62005039（出版物流部） （010）62379038（社科文艺分社）
发行热线	（010）62005049　（010）62005042（传真）
经　　销	各地书店
印　　刷	北京市密东印刷有限公司
开　　本	710毫米×1000毫米　1/16
印　　张	17.25　彩　插　0.5
字　　数	280千字
版　　次	2016年1月第1版　2016年1月第1次印刷
定　　价	35.00元

《故事大王》编导团队

《故事大王》录制现场

王刚近照

《故事大王》后期团队

《故事大王》编导组